DENIS MONIÈRE

ANDRÉ LAURENDEAU

et le destin d'un peuple

QUÉBEC/AMÉRIQUE

450 est, rue Sherbrooke, Suite 801,
Montréal, Québec, H2L 1J8
Tél.: (514) 288-2371

À mes parents

Un jour — prochain je l'espère — quelque chercheur scrutera pour nous le cheminement de la pensée de Laurendeau depuis les Jeunes-Canada, la crise de la conscription, le Bloc populaire, les luttes sociales du *Devoir* des années '50, la bataille de l'autonomie provinciale.

Pierre LAPORTE,
Le Devoir, 3 juin 1968, p. 4

De l'époque des Jeunes-Canada à celle de la Commission d'enquête sur le bilinguisme sans oublier la période du Bloc populaire et celle du *Devoir*, un trait domine la vie d'André Laurendeau : l'amour actif de son peuple... Il aura voué toute sa vie à l'amélioration du sort de son peuple.

Claude RYAN,
Le Devoir, 3 juin 1968, p. 4

On oublie que les idéologies sortent des hommes et que dans la mesure où elles sont imparfaites elles restent « individualisées ». C'est ainsi que l'œuvre est traversée de portraits.

André LAURENDEAU,
L'Action nationale, janvier 1937, p. 40

REMERCIEMENTS

Une telle recherche aurait été impossible à réaliser sans la courageuse générosité de la famille Laurendeau qui, en déposant des documents à caractère privé et des archives familiales récentes à la Fondation Lionel Groulx, a donné aux chercheurs accès à une documentation substantielle et essentielle sur André Laurendeau et son époque. Je tiens à exprimer ma gratitude à Mesdames Juliette Rémillard et Danielle St-Hilaire de la Fondation Lionel Groulx qui m'ont aimablement accueilli et ont grandement facilité mon travail par leurs connaissances méthodiques de la Collection André Laurendeau. Je remercie aussi ceux qui ont accepté de me recevoir et de me confier leurs souvenirs personnels en réponse à mes questions : Simonne Monet-Chartrand, Michel Chartrand, Pierre Dansereau, Paul Beaulieu, François-Albert Angers, Roger Duhamel, François Hertel, Léon Dion, Charlotte Boisjoli, Francine et Yves Laurendeau. Enfin ce livre doit beaucoup à Michèle Lalonde qui m'a soutenu intellectuellement par ses critiques et ses commentaires dans cette recherche de longue haleine.

TABLE DES MATIÈRES

10

Chapitre I

« *Voyages au pays de l'enfance* »

Le titre de ce premier chapitre est emprunté à un roman que Laurendeau publia au début des années soixante. Le choix du thème de l'enfance et le retour sur le passé qu'il implique pour l'homme mûr d'alors ne sont certainement pas dus à un hasard à l'aube de la Révolution tranquille qui réalisera plusieurs des rêves de la génération des années trente. Ainsi, le travail de l'imagination coïncide souvent avec les préoccupations ou les sensibilités d'un moment historique et les reflète de façon « symptômale » car le destin de l'individu n'est pas dissociable de la collectivité au sein de laquelle il a été formé et où il œuvre.

Ce roman n'est pas à proprement parler autobiographique, même si l'auteur y transcrit des impressions qu'il a éprouvées à la fois comme enfant et comme adulte. Il affirme plutôt sur le mode métaphorique l'irrépressible nécessité de la souvenance dans la construction de l'identité. Le devenir est tissé des expériences passées qui laissent des empreintes inscrites dans nos mémoires. Leurs réminiscences peuvent nous aider à comprendre comment et pourquoi nous agissons. Cette démarche réflexive vaut autant pour les individus que pour les collectivités qui les contiennent.

Faire le voyage dans la vie d'un homme et plus particulièrement lorsqu'il s'agit d'un homme public, c'est aussi entreprendre un voyage dans l'histoire de son pays. L'exploration de la relation dialectique entre l'individuel et le collectif mène à la découverte des composantes du subconscient collectif. Qui dit relation n'implique pas a priori une identité totale entre l'individu et son milieu, cela suggère plutôt une différence costructurante.

Cette problématique est sous-jacente à toute étude biographique. En l'occurrence, nous nous intéressons à Laurendeau parce qu'il a été un penseur politique à la fois fécond et original, qui a su affirmer une vision du monde moderne et soucieuse de continuité dynamique. En ce sens, il a assimilé les valeurs de sa société pour les adapter aux nouvelles réalités et les tourner vers l'avenir. Il a médiatisé la culture de son époque à travers sa sensibilité particulière pour l'amener à se dépasser dans une nouvelle synthèse. Chez cet intellectuel, la circulation entre l'individuel et le collectif est particulièrement intense car il a été un des agents les plus dynamiques de notre conscience collective tant par sa pensée que par son engagement nationaliste.

C'est donc au pluriel qu'il faut mettre ces voyages au pays de l'enfance car, à travers la vie d'André Laurendeau, nous retrouverons ce qui apparaît être à l'observateur d'aujourd'hui l'enfance et l'évolution d'un peuple.

Ce portrait d'un intellectuel québécois sera aussi celui d'une société à la recherche d'elle-même car à travers cette biographie nous mettrons en relief l'interaction de l'individu et de son milieu. Cette perspective s'impose en raison même du rôle qu'a joué Laurendeau dans notre histoire. Homme de pensée et homme d'action, André Laurendeau a toujours maintenu la tension dialectique entre l'engagement et la réflexion. Il a autant cherché à comprendre la société québécoise qu'à peser sur son évolution. Fernand Dumond le présente comme un homme charnière : « Il aura vécu et exprimé une période décisive de transition dans l'histoire de notre milieu... Il fut le meilleur témoin de nous-mêmes »[1].

Ceux qui l'ont connu le qualifient de penseur subtil et sensible et il peut être considéré comme la première figure exemplaire de l'intellectuel au Québec. Il a parcouru les grands réseaux de l'influence idéologique et du pouvoir politique en étant tour à tour député, journaliste, romancier, dramaturge, animateur à la télévision d'État (entre autres de la célèbre émission Pays et Merveilles) et enfin coprésident de la Commission d'enquête sur le bilinguisme et le biculturalisme.

Ses analyses ont accompagné et orienté l'histoire du Québec moderne. Il en a été un des témoins privilégiés et un des acteurs les plus dynamiques. Il a exprimé les angoisses, les ambivalences, les hésitations tout autant que les espoirs qui ont façonné notre destin collectif. Ses inquiétudes, ses incertitudes et ses passions étaient à l'image même du Québec. Son itinéraire intellectuel et politique a été balisé par les exigences du nationalisme qui est profondément enraciné dans sa pensée politique. Pour cette raison son destin n'est pas dissociable de celui du peuple québécois.

L'univers idéologique de l'individu est constitué par des couches successives d'effets de socialisation. Les multiples appartenances sociales laissent des traces qui se combinent pour former une individualité. Pour comprendre un destin individuel, il faut donc remonter la chaîne de ces influences qui ont façonné sa trajectoire en commençant par ses antécédents familiaux. Nous ne prétendons nullement expliquer les ambitions, les contradictions, les réussites ou les échecs par une causalité simpliste ; nous avons plutôt l'intention de reconstituer, en utilisant les archives personnelles, les témoignages, les connaissances historiques et sociologiques, l'histoire intellectuelle d'un homme qui a tenté de concilier le développement personnel et le développement collectif.

Ceux qui ont connu intimement André Laurendeau le décrivent comme un homme inquiet et divisé, et relient cet état d'esprit à l'influence de son milieu familial. Son père, Arthur Laurendeau, et sa mère, Blanche Hardy, incarnent deux tempéraments et deux horizons qui vont se combiner et s'entrechoquer dans la personnalité de leur fils unique qui oscillera tout au long de sa carrière entre les exigences de l'engagement politique et les tensions de l'expression artistique.

La famille Laurendeau appartenait à la petite bourgeoisie professionnelle. Mais, fait inusité dans ce milieu qui, au début du siècle, se compose surtout d'avocats, de médecins et de notaires, les Laurendeau choisiront de vivre de la musique. Cette différence professionnelle donnera une sensibilité particulière au jeune Laurendeau. Ce choix atteste à tout le moins que la culture n'est plus dans la société canadienne-française seulement un passe-temps gracieux qui agrémente les loisirs mais qu'elle devient peu à peu un moyen de subsister et de se faire valoir.

Cette famille jouit donc d'une situation exceptionnelle car elle vit de la « grande culture ». L'accès à la culture secondaire était alors réservé à une infime élite qui le plus souvent se recrutait dans la grande bourgeoisie anglophone de Montréal. Au début du siècle, seule l'Université McGill était en mesure de dispenser un enseignement musical sérieux grâce à son Conservatoire fondé en 1904 [2]. Les francophones étaient peu nombreux dans le monde des arts. Il n'y avait pas de tradition de mécénat. On considérait alors la musique comme un luxe ou une fantaisie de dilettantes. Pour ceux qui s'aventuraient dans cette carrière, l'Église était le principal sinon l'unique débouché, ce qui réduisait tout de même les possibilités d'expression à l'art religieux. La bourgeoisie anglophone était plus ouverte aux arts profanes. Elle disposait des ressources financières nécessaires pour soutenir la liberté de création. Elle attirait de cette façon les jeunes francophones cultivés. Ainsi, même s'ils n'avaient pas une position sociale élevée, les Laurendeau pouvaient, grâce à leur talent musical, côtoyer la haute société montréalaise. La culture favorise souvent l'ascension sociale et entretient la conscience de faire partie de l'élite. La musique se prête bien à la communication entre élites de communautés linguistiques différentes. Elle élargit aussi les horizons car elle ne connaît pas de frontières et circule librement entre les cultures.

Arthur Laurendeau est originaire de Saint-Gabriel-de-Brandon où son père était médecin. Après avoir fait son cours classique au collège de Joliette, il entreprend des études musicales à Montréal et à Paris. Un voyage en Europe, au début du siècle, n'était pas chose courante. Il en reviendra imbu de la grandeur de la culture française et fervent partisan du nationalisme.

À son retour d'Europe, il épouse Blanche Hardy qui est elle-même musicienne et professeure de chant. Le père de Blanche, Edmond Hardy, était chef d'orchestre. Il avait fondé en 1874 l'Harmonie de Montréal. Il dirigeait aussi un commerce de musique et d'instruments [3]. Arthur Laurendeau se verra confier, en 1914, le poste de maître de chapelle à la cathédrale Saint-Jacques. Il fonde en 1917 la Société nationale d'opéra comique et dirige avec sa femme un studio de musique. Toute l'enfance d'André Laurendeau, qui naît le 21 mars 1912, sera baignée par le culte de la musique et des œuvres de l'esprit. Il a lui-même expliqué comment ce climat avait orienté ses goûts pour le théâtre et les arts : « si je cherche la racine de mon amour pour le théâtre, c'est dans l'atmosphère des coulisses, respirée à cinq ou six ans que je le trouve » [4]. Il accompagnait fréquemment ses parents à des concerts où son père dirigeait l'orchestre :

> mon père chef d'orchestre, dirige de la fosse obscure où je reconnais sa silhouette ; quelque part dans l'obscurité, ma mère est au piano, mon grand-père maternel joue de la contrebasse — c'est presque une entreprise familiale [5].

André pensait bien à ce moment-là faire partie de cette entreprise familiale. Il étudie le piano et pratique même le ballet classique, ce qui était peu orthodoxe pour un jeune garçon à cette époque. Il envisage à l'âge de treize ans de consacrer sa vie à la musique mais ses parents l'en dissuadent et l'encouragent à poursuivre ses études.

Son univers familial sera marqué par la prédominance de l'influence maternelle. Parce qu'il était fils unique et parce qu'il avait une santé fragile, André Laurendeau a probablement été surprotégé par sa mère. Il a vécu une enfance en serre chaude. Cette emprise maternelle sera encore plus accentuée à la suite d'un séjour d'un an à Londres en 1919.

Blanche Hardy enseignait le chant et affectionnait tout particulièrement une de ses étudiantes, Sarah Fischer [6], qui devait aller se perfectionner à Londres au Royal College of Music. Madame Laurendeau laissera donc son mari à Montréal pour accompagner son amie et amènera le jeune André avec elle.

Il était plutôt rare à cette époque qu'une femme décide de voyager seule à l'étranger. Une telle décision sortait du cadre des conventions sociales du milieu, régi par l'idéologie selon laquelle la femme demeurait au foyer. Il faut rappeler à cet égard que les nationalistes n'avaient aucune sympathie pour le mouvement des suffragettes. L'émancipation de la femme allait à l'encontre de leur stratégie nataliste. Henri Bourassa avait sur ce sujet une position catégorique : « La principale fonction de la femme, écrivait-il, est et restera... la maternité qui fait véritablement la femme l'égale de l'homme » [7]. Dans ce climat intellectuel, un tel choix représentait un défi majeur et devait être soutenu par des motifs impérieux. Il témoigne à tout le moins d'une originalité de caractère et d'une grande indépendance d'esprit qui ne sont pas exactement conformes au modèle de l'époque.

La séparation temporaire du couple affectera beaucoup l'enfant qui était déjà sujet à des crises nerveuses. L'absence du père laissera une grande place aux valeurs féminines, d'autant plus qu'à Londres la mère et l'enfant sont confinés à un monde de femmes. Déjà à cette époque, André ressemblait beaucoup plus à sa mère qu'à son père qui, d'après ceux qui l'ont connu, était exubérant, généreux et jovial, « un véritable spadassin à la Cyrano de Bergerac » selon François-Albert Angers. D'autres le décrivent comme un homme de mœurs rigides à la pensée tranchante [8]. Arthur Laurendeau a lui-même noté la ressemblance de la mère et du fils.

> Je retrouve en toi cette finesse de race qui caractérise ta maman, ce vibrant des âmes fières qui m'enchante. Je puis te dire sans manquer aux convenances que ta maman est une personne de sentiments très délicats, d'un tact rare et que tu parais en tenir pas mal... Tu ressembles beaucoup à ta maman et heureusement moins à ton papa [9].

Durant ce séjour londonien, le père et le fils auront une correspondance assidue. Dans ses lettres, Arthur Laurendeau est prodigue en conseils paternels. Ces lettres sont révélatrices des valeurs morales qui imprégnaient la pédagogie de l'époque. Elles apportent aussi des témoignages de première main sur le caractère et la formation du jeune Laurendeau. Dans ses lettres, le père insiste peut-être fortement sur les valeurs traditionnelles avec l'intention de faire contrepoids aux influences ambiguës qu'il perçoit dans le climat psychologique et les circonstances particulières qui peuvent entourer son fils à Londres.

Dans les conseils qu'il donne à son fils, Arthur Laurendeau tente de lui inculquer des valeurs religieuses et nationales. Il lui parle constamment de Dieu, de Jésus et des saints et lui recommande de communier et de prier fréquemment :

> As-tu pensé dire une dizaine de chapelet quand tu t'ennuies. Cela te rapprochera de moi mieux que tout. Dieu est tout puissant et il a tant pitié des petites âmes d'enfants comme toi trop sensibles et trop réfléchies [10].

Il le met aussi en garde contre la colère, la violence et la passion. Il l'incite plutôt à la sagesse et à la tranquillité : « Je voudrais que tu restes toujours aussi bon et aussi pur que tu l'es maintenant... j'aimerais mieux te voir mort que méchant et vicieux » [11].

Esprit impétueux et capable d'engagement, Arthur Laurendeau était un ardent nationaliste. Disciple de Bourassa, il a collaboré à *L'Action française* dirigée par l'Abbé Groulx et il sera plus tard directeur de *L'Action nationale*. Ses maîtres à penser étaient Louis Veuillot, journaliste ultramontain, Léon Daudet et Charles Maurras, les fondateurs de l'Action française, mouvement nationaliste et royaliste.

Son nationalisme est essentiellement culturel et fortement tempéré par l'esprit chrétien. En dépit des attitudes impérialistes du Canada anglais et des injustices commises envers les Canadiens français à l'occasion du règlement 17 en Ontario et de la crise de la conscription, les nationalistes prêchent la bonne entente et le respect mutuel des deux races. Ce point de vue est bien exprimé par Henri Bourassa :

> Le seul terrain sur lequel il soit possible de placer la solution de nos problèmes nationaux c'est celui du respect mutuel à nos sympathies de races et du devoir exclusif à la patrie commune. Il n'y a ici ni maîtres ni valets, ni vainqueurs ni vaincus ; il y a deux alliés dont l'association s'est conclue sur des bases équitables et bien définies [12].

Bourassa affirme la nécessité d'un nationalisme canadien qui se compose de deux nationalismes culturels différenciés. La patrie, c'est d'abord le Canada tout entier, mais dans son esprit, le Canada est une fédération de deux races distinctes et de provinces autonomes. Il croit au patriotisme à trait d'union. Il s'avoue à l'occasion désenchanté par la Confédération, déçu des vexations et des injustices qu'y subissent les Canadiens français, mais l'amertume de ces expériences doulou- reuses ne l'amène pas à abandonner son credo politique. Il refuse de désespérer. Même si les faits contredisent sa vision d'un Canada autonome et bilingue, il veut continuer à agir comme si ça pouvait fonctionner. Il rejette avec vigueur ce qu'il appelle le nationalisme immodéré de Tardivel qui prône la sécession.

Bourassa fait partie des héros de l'enfance de Laurendeau qui le voyait comme « le chevalier sacré par Dieu pour défendre les Canadiens français contre les injustices de la Grande-Bretagne et les gouvernements canadiens » [13]. Il fut donc sensibilisé très tôt à l'idéologie nationaliste et aux problèmes collectifs. Les luttes pour la défense de la langue et de la culture française étaient souvent évoquées par son père. Dans l'esprit des nationalistes de l'époque, l'affirmation de soi s'exprimait beaucoup plus par la revalorisation du français que par la mise en question de la domination économique. La France redevient au début du XXe siècle, pour les nationalistes, un pôle d'attraction et d'inspiration. Arthur Laurendeau enseignera à son fils le respect de la langue et l'amour de la France. Il lui promettra d'ailleurs un séjour à Paris à la fin de son cours classique [14]. La fierté dans les milieux cultivés consistait à bien parler le français, à parler la langue la plus pure qui soit. La correction du langage tenait lieu d'amancipation personnelle.

L'enfance d'André Laurendeau s'est déroulée dans un milieu privilégié qui lui a permis de se sensibiliser très tôt aux grands débats qui animaient la société québécoise et ainsi d'acquérir une culture nationaliste qui allait plus tard lui permettre de s'affirmer comme leader politique. La culture musicale et littéraire ambiante l'a prédisposé à la réflexion et à l'écriture. Ces influences du milieu familial étaient à ce point intenses que son père pouvait, déjà en 1919, prévoir une dimension de son destin. Il voyait ainsi l'avenir d'André Laurendeau :

> Sais-tu à quoi je rêve ? Que tu sois un homme très instruit et que tu écrives de beaux livres comme ceux de Daudet et de Veuillot. Si tu n'es pas musicien, je ne t'en ferai aucun reproche, il me semble que c'est plutôt dans la littérature que tu réussiras. Tu as la sensibilité très vive, le mot juste, de la fougue. Tâche aussi d'avoir la santé [15].

NOTES

1. F. DUMONT, « Préface » à André Laurendeau, *Ces choses qui nous arrivent.* Montréal, H.M.H., 1970, p. XIII et XXI.

2. Voir Annette LASALLE-LEDUC, *La Vie musicale au Canada français.* Québec, ministère des Affaires culturelles, 1964.

3. Voir *Encyclopédie de la musique au Canada.* Montréal, Fides, 1983, p. 430.

4. André LAURENDEAU, *Ces choses qui nous arrivent.* Montréal, H.M.H., 1970, p. 267.

5. *Ibid.*

6. Sarah Fischer, après avoir fait une carrière internationale à Covent Garden et à l'Opéra comique de Paris, revient à Montréal en 1940 et fonde les Concerts Sarah Fischer.

7. H. BOURASSA, « Le droit de voter — la lutte des sexes — laisserons-nous avilir nos femmes », cité par Michèle JEAN, *Québécoises du XXᵉ siècle.* Montréal, Éditions du Jour, 1974, p. 197.

8. Voir Robert RUMILLY, *Histoire de la province de Québec.* Montréal, Fides, t. 33, p. 216 et L. GROULX, *Mes mémoires.* Montréal, Fides, t. 2, p. 36.

9. Collection André Laurendeau. Lettre d'Arthur Laurendeau à son fils, 24 décembre et 24 novembre 1919. P2B2

10. *Ibid.* Lettre d'Arthur Laurendeau à son fils, 18 avril 1919. P2B2

11. *Ibid.* Lettre d'Arthur Laurendeau à son fils, 18 janvier 1920. P2B2

12. Cité par André LAURENDEAU, « Le Nationalisme de Bourassa ». *L'Action nationale*, janvier 1954, p. 17.

13. André LAURENDEAU, « Le nationalisme de Bourassa ». *L'Action nationale*, janvier 1954, p. 17.

14. Collection André Laurendeau. Lettre d'Arthur Laurendeau à son fils, 28 décembre 1919. P2B2

15. *Ibid.* Lettre d'Arthur Laurendeau à son fils, 28 décembre 1919. P2B2

Chapitre **II**

Le
« Purgatoire jésuite »

L'entrée au collège signifiait une rupture avec le milieu familial. L'enfant passait pour ainsi dire de la famille génitrice à la famille spirituelle et pénétrait dans un univers étrange qui prenait possession de lui. Tous ceux qui ont franchi le portail du collège Sainte-Marie n'ont jamais pu effacer de leur esprit l'impression des premiers jours. L'institution s'imposait d'abord physiquement par les odeurs de cuisine et d'encaustique, les couloirs sombres et poussiéreux, les escaliers grinçants et la lumière aveuglante du réfectoire. Le nouveau devait ensuite assimiler le code rigide des règlements et des rapports d'autorité. Pierre Dansereau, qui était confrère de Laurendeau au collège Sainte-Marie, a qualifié ces années de collège de « purgatoire jésuite ». « C'était donc la discipline vingt-quatre heures par jour, sept jours par semaine. Il était interdit d'aller à la messe avec ses parents, le dimanche. Il fallait venir à la messe au collège, vêtu d'un effroyable uniforme de serge noire »[1]. Le collège Sainte-Marie, peut-être à cause de ce climat austère, était une des institutions d'enseignement les plus réputées que fréquentaient les fils de bonnes familles. Laurendeau y fut inscrit comme interne en septembre 1923 et y côtoya les Saint-Denys Garneau, Paul Beaulieu, Claude Robillard, Lucien l'Allier, Bernard Hogue et Pierre Dansereau.

Le système d'éducation d'alors reposait sur le recours systématique à l'argument d'autorité. La pédagogie ne favorisait guère la liberté d'expression et l'originalité de pensée. L'expérience personnelle n'était pas valorisée. Penser par soi-même était mal vu. L'étudiant devait s'en remettre à des modèles préétablis et fixes. L'important n'était pas tant de comprendre que de croire aux dogmes et d'obéir. Le doute n'avait pas de place dans ce système pédagogique. Il n'y avait pas de question ouverte puisque saint Thomas avait réponse à tout. Il suffisait de se donner la peine de chercher l'explication dans les textes et de l'accepter, même si elle était contredite par les observations et les expériences personnelles. Puisqu'il s'agissait avant tout de perpétuer l'hégémonie cléricale, le développement de l'intelligence et de la curiosité intellectuelle n'était pas l'objectif principal de l'éducation mais un effet dérivé et fortuit. « Ad Majorem Dei Gloriam », telle était la devise inculquée et tout devait être subordonné à ce principe moteur. L'étudiant était alors considéré comme un prêtre potentiel ; il devait être formé pour répondre à l'appel de Dieu. Dès lors la religion imprégnait tous les moments de la vie au collège et l'enseignement visait la gloire de Dieu, le salut de l'âme et la crainte du péché.

Le magistère social de l'Église exigeait la formation de relais qui, en agissant comme diffuseurs idéologiques, répercutaient l'influence cléricale dans les moindres fibres du tissu social. Le contrôle des institutions d'enseignement qui formaient les cadres de la société lui assurait une autorité spirituelle et temporelle sur la société canadienne-française. Pour préparer les jeunes à jouer ce rôle, les collèges classiques distillaient une idéologie élitiste axée sur la conscience de leur supériorité et sur le respect de la hiérarchie religieuse et civile, la première ayant préséance sur la seconde. Laurendeau comme les autres avait acquis cette conscience : « Quand j'étais collégien, explique-t-il, la certitude de former l'élite nous était vigoureusement communiquée »[2].

Le collège classique était pratiquement la seule voie d'accès à la réussite sociale et matérielle pour les jeunes Canadiens français qui, étant pour la plupart dépourvus de capital ou de crédit, devaient se rabattre sur les professions libérales. Mais pour y arriver, ils devaient subir l'épreuve décisive des huit années de férule ecclésiastique. Dans un tel contexte, résister au moulage idéologique et culturel tenait du prodige, d'autant plus que le conformisme était aussi la règle de la vie sociale et professionnelle.

La pensée catholique brillait alors de tous ses feux et rien ne devait entraver son rayonnement, car elle était source de vérité absolue tant dans le domaine spirituel que temporel, ce qu'exprime sans équivoque l'abbé Courchesne lorsqu'il écrit : « La pensée humaine s'élève ou s'abaisse selon qu'elle est ou non en accord avec la vérité catholique »[3]. Ainsi armé de la foi, le futur bachelier se préparait à devenir le bouclier de l'ordre social catholique. Appelé à occuper le haut de la hiérarchie sociale canadienne-française, il avait intérêt à la faire respecter et à maintenir l'alliance avec l'Église car la religion légitimait cette hiérarchie sociale et assurait la cohésion de la société.

En plus d'être religieux, spiritualiste et humaniste, l'enseignement des Pères Jésuites était aussi reconnu pour être à forte saveur nationaliste. Dans un environnement anglo-saxon et protestant, religion et nation faisaient partie du même combat. Le collège Sainte-Marie a toujours été une pépinière de leaders nationalistes et ce jusqu'à son intégration à l'Université du Québec en 1969. Les Jésuites d'alors, en plus d'entretenir la ferveur patriotique par leurs enseignements, soutenaient activement les mouvements nationalistes comme la revue L'Action française dirigée par L. Groulx et l'Action catholique de la jeunesse canadienne-française. Le père Thomas Mignault, qui fut confident et professeur estimé d'André Laurendeau, préconisait déjà un État laurentien indépendant qui seul saurait sauvegarder nos valeurs traditionnelles.

Le nationalisme à cette époque est une idéologie conservatrice qui refuse le monde moderne. L'Église et la petite bourgeoisie professionnelle se sentent menacées par l'industrialisation et l'urbanisation et mettent en place un système de défense pour résister aux changements. Le messianisme, l'anti-étatisme et l'agriculturisme balisent l'idéal collectif. Pour persister, l'élite traditionnelle s'appuie sur des valeurs de sacrifice, de résignation et d'obéissance à l'autorité. Le modèle de société proposé par l'idéologie dominante est fondé sur la suprématie des valeurs spirituelles, sur la primauté de l'agriculture, la permanence des traditions, la paix sociale par la collaboration des classes, le repli sur soi, le refus de la richesse matérielle, la peur des autres et de tout ce qui est nouveau. Les principaux leitmotive de cette idéologie sont : « l'essentiel c'est le ciel », « nous sommes pauvres, catholiques et français », « l'anglais est responsable de notre déchéance nationale ». Ce nationalisme est foncièrement négatif, et essentiellement tourné vers le passé. La Providence avait attribué à notre peuple une grande mission : porter le flambeau de la civilisation et de la chrétienté en Amérique. Les aspirations du clergé étaient devenues les intérêts de la nation. Nous devions, pour notre sanctification collective, dédaigner l'hégémonie de l'industrie et de la finance pour ambitionner les palmes de l'apostolat et le mérite agricole.

Laurendeau a éprouvé l'incongruité de ce projet collectif proposé à de jeunes urbains :

> Pour moi l'agriculturisme vécu a consisté en ceci : que des maîtres ont défendu devant de jeunes urbains le mythe de la terre, de son infinie supériorité morale sur les modes de vie suscités par la ville et surtout par les grandes villes. C'est l'enseignement très souvent implicite que plusieurs d'entre nous avons reçu à Montréal... Dans cette optique la ville apparaissait comme une sorte de péché... Ainsi nos vrais projets personnels devenaient autant de fautes morales puisqu'au fond de notre cœur nous savions bien que nous continuerions à vivre dans les villes [4].

Comment des étudiants intelligents pouvaient-ils adhérer sans réserve à une idéologie agriculturiste et passéiste prêchée dans un collège situé au cœur de la plus grande ville du Canada ? Ce témoignage de Laurendeau exprime le malaise et les tourments d'une génération qui devait vivre selon deux morales : l'une publique, l'autre privée. Dans les années vingt, le hiatus entre le discours dominant et la réalité commence à se manifester de façon tangible car la majorité des Québécois sont devenus des urbains.

L'aliénation collective laisse des traces sur la psychologie des individus car ce décalage engendrait un sentiment de culpabilité. Les individus devaient se conformer à une vision du monde qui entrait en contradiction avec leur vécu et leur itinéraire personnel. Comme la contestation de ce système de valeurs archaïques était impossible, ils se tournaient vers l'introspection et développaient des comportements morbides. En intériorisant la culpabilité, ils libéraient le système de valeurs de toute responsabilité, ce qui accroissait sa capacité de contrôle social. Ce décalage structurel entre le vécu et le conçu est probablement à l'origine de l'ambivalence des attitudes et des comportements de l'élite canadienne-française qui recevait dans les collèges classiques de fortes doses d'endoctrinement clérical.

L'entrée au collège produit un effet de rupture et de dépaysement, car l'enfant est soustrait à l'autorité de ses parents et mis à l'écart du monde. Sa vie est désormais régie par un ensemble de règlements impersonnels. Il doit se soumettre à une autorité abstraite et à une discipline collective. Il est constamment sous surveillance. De la salle d'étude à la cour de récréation, du réfectoire à la chapelle et au dortoir, le prêtre est omniprésent. L'isolement est quasi interdit. L'obsession du péché de la chair pervertit tous les rapports humains à l'intérieur du collège où règnent méfiance et suspicion. L'attention

particulière du directeur de conscience prolonge même cette surveillance tracassière dans la vie intérieure de l'élève.

Le collège est aussi un monde exclusivement masculin, ce qui
accentue l'effet de rupture avec le milieu familial qui était souvent
dominé par la mère. L'éloignement du monde féminin provoque en
retour une idéalisation de la femme-vierge-mère. Mais parce que la
femme réelle est définie par la morale puritaine comme objet du
péché, elle sera souvent méprisée par ces jeunes mâles tiraillés entre
leurs désirs et la morale idéaliste qu'on leur inculque. Dans un roman
publié en 1930, Pierre Dupuy décrit bien l'image qu'un jeune homme
se faisait de la femme :

> Pour lui, les femmes se divisaient en deux catégories. Les saintes femmes
> dont sa mère et tante Corinne représentaient à ses yeux le type idéal. Celles-
> là ont presque toutes un certain âge et leur féminité se manifeste par une
> ferveur religieuse... Elles sont maternelles, candides et angéliques... Les
> autres... étaient fausses, charnelles et dangereuses... [5]

Il faut dire aussi que dans le contexte clérical, le mépris de la femme
était fonctionnel car celle-ci représentait une menace sérieuse pour le
recrutement sacerdotal. L'Église estimait sans doute cette concurrence
déloyale compte tenu de l'ampleur de la mission civilisatrice qui
restait encore à accomplir sur le continent.

Le collège classique est donc un lieu de socialisation où se
fabrique la culture dominante de la société québécoise.

Apprendre à bien parler et à bien écrire étaient les deux
principaux objectifs pédagogiques poursuivis par les collèges classiques dont la mission était de former des prêtres, des avocats, des
notaires et des médecins. Le latin, langue de l'Église, occupait la
première place dans le programme de cours. Le grec était enseigné
comme complément car il permettait de retracer l'étymologie des
mots. Pour réussir ses classes de philosophie, l'étudiant devait être
capable de lire et de parler le latin. C. Galarneau décrit ainsi le
contenu de cet enseignement :

> Au cœur de cet enseignement du latin se trouve l'explication latine, la
> *praelectio*, la leçon magistrale où le professeur lit le texte à haute voix, en
> dégage l'essentiel avant de le traduire phrase par phrase. Le maître fait
> certes remarquer aux élèves les règles de grammaire ou de style, allant de
> l'étude des mots jusqu'à la perfection de la forme selon les classes,
> s'attachant surtout en rhétorique, à l'élocution, aux arguments et au
> raisonnement des auteurs faisant une cueillette attentive des lieux communs,

ces phrases bien frappées que chaque élève devait consigner dans son calepin. Ceci dans le but d'enrichir son vocabulaire et de constituer un trésor où puiser de belles citations à insérer dans les compositions, les discours ou les sermons [6].

À ce fond de culture générale où les formules toutes faites servaient de pensée, s'ajoutaient l'étude du français, de l'anglais, de l'histoire, de la géographie, des mathématiques, des rudiments de science et la philosophie, la science maîtresse.

Dans cette dernière discipline, seul saint Thomas était considéré digne d'intérêt. Les manuels et recueils de textes étaient en latin et la réflexion philosophique consistait à apprendre les textes par cœur et à jouer du syllogisme. Ainsi, l'honnête homme catholique, armé de cette culture générale, de son répertoire de citations et de quelques trucs oratoires, pouvait s'illustrer dans l'exercice d'une profession libérale.

Laurendeau s'accommode facilement de cette ambiance compassée. Il était considéré par ses professeurs comme un étudiant paisible et sérieux. Handicapé par une santé fragile, il ne pouvait pratiquer de sports et préférait le théâtre et la musique aux exercices violents. Parce qu'il était réfléchi et studieux, on l'avait surnommé « l'hébété » [7]. Laurendeau révèle dans une lettre à sa mère qu'il a adopté une devise personnelle qui traduit son état d'esprit : « Age quod agis » (Fais ton devoir). Il s'explique :

> Cette devise quand elle est suivie est très astreignante mais belle, c'est le devoir bien accompli de chaque jour qui a non seulement contribué au développement du caractère mais a fait de grands saints. J'essaie autant que possible de prendre cette devise pour modèle [8].

S'il excelle en version latine et est faible en mathématiques, c'est l'histoire qui est sa discipline préférée. Dès le collège, se manifeste chez lui une vive conscience nationale comme en témoigne cet extrait :

> Même si je suis arrivé second en histoire du Canada, c'est dans cette matière que je suis le plus fort, elle m'intéresse beaucoup. Je veux savoir l'histoire de mon pays pour pouvoir le défendre lorsque le temps en sera venu [9].

En dépit de leurs succès scolaires et de l'obtention du titre de bacheliers ès arts, Laurendeau et ses amis ne sont pas satisfaits de la formation reçue au collège. Ils ont appris à écrire, ils ont acquis une discipline de travail mais ils n'ont pas appris à penser par eux-mêmes et à devenir de véritables humanistes. Ils ont faim de nourritures spirituelles plus consistantes. Il reprochent à l'enseignement de ne pas être assez vivant. Les langues et l'histoire leur ont été présentées comme des objets fossilisés. François Rinfret, dans une lettre qu'il écrit à Laurendeau à la fin de ses études, trace un bilan sévère de la formation qu'ils ont reçue :

> L'enseignement n'apprend pas à ses victimes à penser par elles-mêmes. L'argument d'autorité est le plus souvent employé... Ce qui reste le privilège des illettrés, des faibles d'esprit dans d'autres pays est ici le fait de tous. Les gens qui raisonnent sont tenus pour des trouble-fête, les seules raisons admises sont les injures ou l'argument d'autorité. On craint moins la syphilis que l'esprit critique. Nos gens ont le culte du faire comme les autres [10].

Ils devront puiser à d'autres sources pour combler les lacunes de leur formation. La lecture et les voyages leur ouvriront de nouveaux horizons spirituels et culturels.

Nous avons insisté jusqu'à présent sur les tendances conservatrices et autoritaires de l'enseignement des Jésuites parce qu'elles étaient prédominantes mais il faut dire aussi qu'elles n'étaient pas absolues. Certains professeurs échappaient au conformisme ignacien et se distinguaient par leur ouverture d'esprit et le dynamisme de leur pédagogie car ils donnaient préséance à l'esprit sur la discipline.

De l'avis de Pierre Dansereau, le meilleur professeur au collège Sainte-Marie était le père d'Auteuil qui enseignera à Laurendeau en classe de belles-lettres [11]. Il était très apprécié parce qu'il dérogeait à la règle du cours magistral et osait demander l'opinion de ses étudiants sur des sujets littéraires et philosophiques. Pierre Dansereau relate l'impression produite alors par ce nouveau professeur :

> D'Auteuil a fait éclater les murs. Il est arrivé en classe au mois de septembre et il nous a consultés. Il interrompait son cours et il nous disait : « Vous, qu'est-ce que vous en pensez ? ». Me faire demander à seize ans ce que je pensais par un professeur, cela ne s'était jamais vu... [12]

Il appliquait l'abc de la pédagogie active en acceptant de dialoguer avec ses étudiants et en démontrant la relativité des opinions. « Enfin l'ambiguïté était permise » [13]. Il respectait la libre expression de ses étudiants et les encourageait à se former une opinion personnelle des choses. Cette conception de l'enseignement, peu orthodoxe pour l'époque, stimulait l'ardeur au travail et la curiosité de Laurendeau et de ses amis, qui goûtèrent au plaisir de l'écriture dans cette classe de belles-lettres. Le père d'Auteuil valorisait les compositions de ses étudiants en commentant à haute voix les meilleurs textes durant la classe du samedi. Il ne ratait pas une occasion de mettre en évidence des idées qui débordaient la doctrine officielle de l'Église ou des textes d'écrivains qui ne faisaient pas partie de la bibliothèque catholique. Le clergé ayant peur de la littérature, les règles de l'Index étaient alors appliquées avec rigueur et les livres jugés dangereux étaient bannis implacablement des bibliothèques. On était alors obligé d'écrire à l'évêché de Montréal pour obtenir la permission de lire un livre proscrit, ce que fit Laurendeau pour lire Montaigne. On peut ainsi mieux comprendre l'effet de séduction de l'enseignement du père d'Auteuil, qui avait l'audace de faire référence à des auteurs interdits.

L'obscurantisme littéraire ne faisait pas l'unanimité. Certaines familles et certains libraires se faisaient complices pour goûter aux nourritures défendues. Si l'Église, par l'imprimatur, pouvait contrôler l'édition au Québec, elle ne pouvait pas imposer une étanchéité parfaite et empêcher la circulation des idées car sa juridiction ne s'étendait pas à la demande sur le marché privé. Les milieux cultivés n'étaient pas coupés des nouveaux courants littéraires français et pouvaient se procurer les dernières parutions parisiennes. Certes, l'Église tentait de colmater les brèches et d'orienter les choix littéraires des lecteurs par le biais de la critique littéraire catholique ; mais cette pression morale n'était pas toujours suffisante pour enrayer l'attrait de la nouveauté et le plaisir de transgresser l'interdit, qui donnait à bon compte l'illusion de l'affranchissement. Les œuvres qui passaient à travers le filtre ne pouvaient à elles seules ébranler l'autorité morale de l'Église. Elles servaient surtout à la pondérer en diversifiant les sources de pensée pour une infime partie de la société.

Les jeunes gens affirmaient leur indépendance d'esprit en dehors du collège en se nourrissant de fruits défendus ou non recommandés. « La Robe prétexte » de Mauriac. « Du côté de chez Swann » et « À la recherche du temps perdu » de Proust étaient en demande en 1928. François Rinfret écrit d'ailleurs à Laurendeau à ce propos : « Ce bon Proust n'est certes pas un auteur recommandable pour celles des poires de notre connaissance qui abhorrent les écrivains pervertissants » [14]. Mauriac était le libérateur par excellence puisqu'il était catholique et qu'il appartenait en même temps à la littérature vraiment contemporaine. De plus, il légitimait l'usage des plaisirs défendus ou l'épreuve du péché comme moyens de fortifier la foi.

Dans un roman qu'il fit paraître au début des années trente, Claude Robillard exprime ce besoin de transgresser le cadre intellectuel étroit imposé par le clergé à ces jeunes esprits qui veulent participer à l'aventure du monde moderne. Le dilemme entre la foi et les désirs personnels est résumé dans ce dialogue entre Jérôme et le romancier Renaud Beaudry :

> — Alors vous êtes catholique pratiquant convaincu ? Et vous pratiquez jusqu'aux moindres observances ? Formidable. Je suppose que l'Index est aussi pour vous une barrière infranchissable ?
> — Oui.
> — Alors vous n'avez pas lu *Madame Bovary*, ni *La Chartreuse de Parme* ni la *Vie de Jésus*. Et vous voulez être littérateur ?![15]

La jeune génération prend conscience des limites et de l'insuffisance de la culture cléricale pour être honnête homme au XXe siècle. Ces jeunes souffrent de sous-alimentation intellectuelle et veulent puiser à d'autres sources. Ce sont les premiers signes de l'effritement du pouvoir clérical qui sera de plus en plus concurrencé par des influences extérieures. La rigidité de l'enseignement et le poids social du cléricalisme engendreront un conflit moral qui obligera cette génération à fonctionner avec deux échelles de valeurs.

En plus de Mauriac et Proust, les jeunes fréquentent aussi Baudelaire, Gide, Loti et Valéry. Ils se procurent ces nouveautés littéraires grâce à la complaisance de la librairie Déom, ce dont témoigne Pierre Dansereau :

> Moi, tout l'argent que mes parents me donnaient passait dans la lecture. Alors j'allais chez Déom. Je choisissais des livres qu'il mettait de côté, jusqu'à ce que j'aie assez d'argent pour les payer. « À la recherche du temps perdu », ça m'a pris plusieurs mois à le payer. C'est par Déom que nous étions au courant de ce qui se publiait. Déom était notre saint-patron[16].

La littérature ne suffit pas à absorber toutes les ambitions culturelles de cette jeunesse qui se passionne aussi pour le théâtre et la musique.

Au collège Sainte-Marie, on encourageait l'élève à pratiquer l'art dramatique et l'art oratoire. Le théâtre permettait à l'étudiant de prendre la parole en public, ce qui le préparait à mieux s'exprimer au parlement, au prétoire ou en chaire. Laurendeau eut donc l'occasion de retrouver avec plaisir l'atmosphère de merveilleux qui avait marqué son enfance :

> Les Jésuites survinrent, ils faisaient monter des spectacles à leurs élèves au Gésu ; ainsi l'occasion revint de vagabonder dans les coulisses, de humer les fards et les poudres, de porter chausses et perruques, de devenir autre. Cependant l'aventure était moins pure, il s'y mêlait de la vanité, des calculs,

le souvenir des leçons et des devoirs négligés. Bientôt d'ailleurs, on m'installa au piano [17].

Le théâtre dans sa vie signifie plus qu'une béquille professionnelle ou un divertissement car il a l'impression d'être constamment obligé de jouer un rôle, de vivre avec un masque, de ne pas pouvoir être complètement lui-même. Cette fascination du jeu des apparences ne le quittera jamais. L'attachement indéfectible qu'il éprouve envers cette forme d'expression artistique le poussera même à écrire quelques pièces qui, dans un style métaphorique, manifesteront sa difficulté d'être. Ce désir persistant d'être autre, de changer de peau traduit peut-être la difficulté de vivre une identité déchirée tant au niveau collectif qu'individuel. L'insoluble conflit entre le vécu et le conçu, entre le permis et l'interdit, entre la norme et le désir, a pour conséquences le refus de soi et la peur de choisir ce qui provoque le dédoublement de personnalité. Jean Bouthillette a écrit cette phrase lumineuse qui résume le théâtre de Laurendeau et peut-être aussi ses angoisses personnelles : « Dans le huis clos ténébreux de la culpabilité, l'enfer c'est nous-même et il a la flamme froide du suicide » [18]. L'obsession d'être autre était peut-être son seul recours pour survivre aux tensions contradictoires qui s'agitaient en lui.

La musique sera son véritable champ de liberté. Ce mode d'expression permet de s'échapper plus facilement des contradictions sociales que traduisent et véhiculent la langue et les valeurs qui sont indispensables aux autres formes d'art. La musique permet de se réconcilier avec soi-même et de s'extraire de la société. Ses référents n'échappent-ils pas aux contraintes du milieu ? Enfin l'univers musical admet qu'on donne libre cours à l'expression des émotions et de la sensibilité.

Dès l'âge de cinq ans, dans la maison de ses grands-parents rue Notre-Dame, il avait vibré aux sonorités des instruments qu'on essayait à l'étage au-dessous où se trouvait le magasin de musique et à la musique de tous les élèves qui venaient prendre leurs cours de chant ou de piano. Il avait lui-même appris le piano dans une méthode Schmoll et il aimait déjà à cette époque les sonorités modernes de Ravel et Debussy [19]. Plus tard, sous la direction de Léopold Morin, il apprendra à aimer les œuvres classiques de Chopin, Bach, Beethoven et Mozart. Il a même envisagé de faire une carrière musicale. Il écrit en ce sens à sa mère en 1926 : « Je crois avoir définitivement fait le choix de ma profession future, je me livrerai à la musique » [20].

L'engagement politique le détournera de ce projet. Mais avant de faire ce choix, il aura le temps de composer la musique d'une opérette sur un libretto écrit par Claude Robillard et dont le titre, « L'argent fait le bonheur », témoignait d'un esprit de contradiction compte tenu du caractère antimatérialiste de l'idéologie cléricale. Cette comédie musicale fut donc jouée en 1933 grâce au patronage de Martha Allen, la fille de Sir Hugh Allen, qui avait fondé le Montreal Repertory Theatre. L'interprète principale était Jeanne Maubourg-Roberval, une mezzo-soprano qui avait fait les belles soirées du Théâtre de la Monnaie à Bruxelles, qui avait chanté avec Caruso à Covent Garden et passé six ans au Met sous la direction de Toscanini. La mise en scène avait été conçue par Pacifique Plante. On retrouvait aussi parmi les choristes Saint-Denys Garneau et Ghislaine Perreault.

Même s'il n'y eut que deux représentations, Laurendeau et ses amis étaient gonflés d'orgueil par cet événement car il était rare que des Canadiens français, à peine à leurs débuts, reçoivent autant de considération de la part des milieux cultivés montréalais. Ils se considéraient eux-mêmes comme représentant l'amorce d'un renouveau culturel au Canada français. La jeune génération, prenant conscience de l'absence d'œuvres d'art de qualité et du caractère étriqué de la culture canadienne-française, se donne pour mission de combler cette lacune en créant des œuvres littéraires ou musicales qui soient de portée universelle. Ces jeunes gens avaient le sentiment d'être exceptionnels. Fiers et ambitieux mais, en même temps, malheureux de la pusillanimité et de la médiocrité de leur milieu, ils voudront relever le défi de créer des œuvres durables au diapason du monde moderne. Cette génération a l'obsession de l'agir car elle brûle de relever la situation du peuple canadien-français. Les uns et les autres mettent la confiance au poste de commande de leur destin.

Les Jésuites avaient créé un cercle de discussion où les étudiants s'habituaient à parler en public, à déclamer ou à argumenter sur des sujets variés. Cette tribune s'appelait l'Académie France et était sous la haute direction des Pères. Afin de voler de leurs propres ailes et de donner libre cours à leurs goûts littéraires, Laurendeau, Robillard et Dansereau décidèrent de fonder le cercle Crémazie qui se réunissait une fois par mois chez André Laurendeau. Saint-Denys Garneau, François Rinfret, Jean-Louis Dorais, Gilbert Manseau, Lucien l'Allier, Bernard Hogue, Clément Latour, Rex Desmarchais participaient régulièrement à ces réunions où l'on ne traitait que de sujets littéraires. Pierre Dansereau décrit ainsi ces soirées :

On se réunissait régulièrement et on se faisait mutuellement des conférences ou des rapports de lecture très fouillés, très sérieux. Occasionnellement nous avions des aînés comme Robert Choquette, qui nous avait pris en affection et venait nous donner des conférences sur la poésie moderne [21].

Ces jeunes gens ne se préoccupaient aucunement des questions sociales ou politiques. Leur conscience nationale se manifestait surtout par une profonde déception ressentie à l'égard de l'héritage culturel que leur laissaient les aînés. Laurendeau, dans une conférence sur le mouvement littéraire au Bas-Canada, donne une explication nationaliste de la vacuité culturelle et intellectuelle du Canada français :

> Notre anglophobie a cependant — et malheureusement disparu au Canada. Elle a été remplacée par l'anglomanie. De ces deux travers le premier était de beaucoup celui qui aurait le plus favorisé notre expansion littéraire. Car l'anglomanie est une assimilation passive et tout de même effrénée des mœurs et surtout de la langue anglaise et par conséquent l'abandon absolu et voulu de la personnalité canadienne-française. Or précisément, ce reniement de tout un passé qui fait que désormais l'on bâtit dans le vide est le plus nuisible empêchement à l'éclosion de la personnalité en général. En effet, toute assimilation et toute imitation excessive est nécessairement pernicieuse : un poète n'est original — et cela va de soi — que lorsqu'il est vraiment lui-même. Voyez par exemple un Barrès dont les œuvres sont bien banales lorsqu'il décrit Paris, qui reprend possession de lui-même en chantant son pays natal, sa petite patrie [22].

Cette critique implicite des élites révèle un nouvel état d'esprit de la jeunesse qui croit suffisamment en elle pour juger ses prédécesseurs. On ne parle pas encore de révolution mais on refuse de continuer sans rien changer. Cette génération a franchi le seuil de la confiance. Elle a la conviction qu'elle peut faire quelque chose non pas en imitant les autres, en faisant un peu moins bien que les Français, les Anglais ou les Américains mais en étant sur un pied d'égalité avec les autres cultures. Elle aspire au dépassement et ne se résigne plus aux entraves posées par l'hégémonie culturelle du clergé. La fondation du cercle Crémazie est le symptôme de ce désir d'autonomie culturelle. Ces jeunes loups veulent en finir avec le règne de la banalité. Ils veulent s'affirmer. Ils exaltent l'audace et le goût du risque comme principes de vie. Laurendeau y voit même la solution au problème canadien-français :

> L'avenir du Canada français préoccupe actuellement beaucoup de Canadiens français que la crise fait réfléchir. On offre plusieurs solutions. Solution de l'abdication : anglicisons-nous, ou plutôt solution de désespoir :

c'est fini, mourons en beauté. Solution de l'inconscience : ça ne va pas si mal continuons comme nos pères valeureux à garder le foyer et l'autel. Solution bête : imitons les autres et nous réussirons. Je propose l'audace. La jeunesse choisira l'audace parce qu'elle fait confiance à la vie [23].

Deux romans écrits par deux membres du cercle Crémazie expriment l'état d'esprit de la jeunesse au début des années trente [24]. Ils illustrent la différence de culture qui s'installe entre les générations, les fils ne parlant plus le même langage, n'ayant plus les mêmes repères culturels que leurs parents.

Dans le roman de Rex Desmarchais, *Le Feu intérieur*, le personnage principal, Robert, désire s'extraire de sa condition et de son milieu qu'il juge médiocre. Il veut réussir en devenant écrivain, en accédant « à un rang supérieur du monde social ». Il rêve de publier à Paris et, pourquoi pas, d'obtenir le prix Goncourt. Réussir par l'art et la culture et non plus par le droit ou la médecine, tel est le nouvel idéal qui s'avère toutefois difficilement conciliable avec la structure de la société canadienne-française, où les élites sont peu diversifiées et trop restreintes pour donner une assise matérielle à ces nouvelles prétentions. Il en résulte un sentiment de rejet. Cette frustration alimente la révolte contre les aînés, la volonté de rupture.

La nouvelle génération éprouve une soif intense de liberté et de réalisation personnelle. Les jeunes ont le goût de vivre différemment. Ils veulent échapper au climat étouffant de la société traditionnelle. Ils jugent sévèrement les élites qui se complaisent dans le conformisme, la routine et les préoccupations terre à terre. Ils ne veulent plus vivre dans l'ombre, se contenter d'une vie terne régie par les préjugés et les ambitions mesquines.

Cette jeunesse petite bourgeoise croit à son destin. Elle refuse de restreindre ses horizons et d'étouffer ses passions. Elle veut ouvrir la route du possible, sortir des sentiers battus, innover, ne pas suivre les traces du père, ne pas faire comme les autres. Elle a le projet de se distinguer.

Cette sourde contestation de l'autorité s'accompagne d'un mépris ouvertement affiché envers la famille et la société. Deux extraits illustrent cette attitude de la nouvelle intelligentsia :

> Il se voyait dans l'obligation de mépriser des personnes qu'il chérissait. Ou mieux de mépriser en ces personnes, une étroitesse d'esprit congénitale, une médiocrité dont il n'était pas responsable [25].

Mes anciens amis canadiens-français ne me pardonnent pas de ne frayer à peu près qu'avec les Anglais... Grands Dieux! Oui! Ils ne sont pas moins insipides mais ils ont du chic, il sont civilisés! Ah! pays de platitude! Je déteste les Canadiens [26].

Dans ses mémoires, Robert Charbonneau confirme cette tendance des jeunes intellectuels des années trente à adopter comme standard d'excellence la culture dominante anglo-saxonne et à dévaloriser leur culture d'origine:

Pourquoi les Canadiens français ne deviennent-ils eux-mêmes dans ce pays qu'au contact des Anglo-Canadiens? Dans les nouveaux quartiers du nord et de l'ouest de la ville, ils ont pris à leurs adversaires leurs plus belles qualités et une envergure d'esprit qui leur fait cruellement défaut partout où ils donnent le ton... La fréquentation des étrangers empêchait la formation d'un monolithisme de superstitions, de sujétions au ghetto [27].

La honte de soi rendait l'identité problématique. Ces sentiments extrêmes n'étaient pas partagés entièrement par Laurendeau et ses amis, mais les héros de ces deux romans exprimaient à tout le moins la conscience malheureuse de cette génération en voie d'affirmation, déchirée entre ses aspirations et son appartenance. Ils ne parviendront jamais à se défaire de ce complexe d'ambiguïté. Comment réconcilier ce désir d'être différent, d'être autre tout en restant enraciné à son pays et attaché aux siens?

Pour comprendre les trajectoires personnelles des membres de ce groupe, il faut souligner le fait que leur révolte est avant tout spirituelle. Elle ne comporte pas encore de dimension sociale. Ces jeunes qui n'ont pratiquement pas de soucis matériels ne mettent pas leur origine sociale en question. Ils n'ambitionnent pas, comme certains de leurs homologues français à la même époque, de se mettre au service de la classe ouvrière. Ces enfants de familles aisées n'aperçoivent pas la pauvreté ambiante. Ainsi, au début des années trente, au plus fort de la crise, on ne trouve pas traces de préoccupations sociales ou économiques dans la correspondance de Laurendeau. Leur révolte reste à l'intérieur de leur classe. D'ailleurs, ils ne dédaignent pas les marques de snobisme et de distinction sociale. Ils cherchent à renouveler la vision du monde de la petite bourgeoisie en lui donnant des habits neufs. Il s'agit avant tout, pour eux, de se défaire des contraintes et des artifices du rigorisme moral et d'effectuer une modernisation culturelle en s'ouvrant aux influences extérieures. On pensait échapper à ses atavismes en élargissant le champ du mimétisme culturel.

L'influence culturelle se dissocie rarement de la puissance économique. Ainsi l'entrée massive du capital monopoliste américain au Québec favorisera la pénétration de la culture américaine. Le mode de vie traditionnel ne pouvait concurrencer les attraits de l'« american way of life ». La jeune génération recevra avec enthousiasme les nouveautés culturelles américaines. Elle est fascinée par le jazz et elle accourt voir les films américains. Dans les soirées dansantes, on jouait presque exclusivement des disques américains.

La danse, même si elle avait été interdite dans la région de Québec par le cardinal Villeneuve, était le divertissement favori des jeunes Montréalais. Elle fournissait le prétexte de rapprochements physiques sous les regards attendris des parents qui, dans les milieux bourgeois, encourageaient ces activités propices au mariage. Une fois mariés, les jeunes perdaient leur intérêt pour la danse.

Pour Laurendeau et ses amis, le dilettantisme était la forme suprême du bon goût. Leur existence se partageait entre les études, les lectures, les expositions de peinture, les concerts, le théâtre et les discussions littéraires agrémentées de marivaudages. Ces jeunes gens cultivent la conscience de leur supériorité.

Ils nagent dans l'insouciance car leurs familles pourvoient à leurs besoins. Ils vivent une jeunesse dorée. Se cultiver et s'amuser les occupent à plein temps. L'été, ils voyagent beaucoup. On les retrouve en Europe, à North-Hatley, à Notre-Dame-du-Portage, à Percé ou sur les plages du Maine. Laurendeau se réfugie la plupart du temps à la maison de campagne de ses parents à Saint-Gabriel-de-Brandon. La lecture, le tennis et les séductions innocentes sont ses principales activités.

Alors que leurs correspondantes féminines s'intéressent surtout aux balades « en machine » et demeurent pudiques dans leurs effusions sentimentales, les garçons au contraire ont des amitiés sentimentales et s'épanchent librement sur leurs émotions personnelles, comme en témoigne cette lettre de Saint-Denys Garneau à André Laurendeau :

> Je m'étais figuré, je me figure encore dans mon regret quelque chose de touchant, une heure de communion d'âmes perdues dans la foule, la tienne et la mienne, qui se comprennent probablement un peu, beaucoup peut-être, et qui s'aiment, je crois comme des sœurs, toi la grande et moi la petite, la toute petite qui vivra et s'en ira petite, une infirme. Car mon âme qui est presque tout mon cœur aime la tienne et ton cœur d'une façon un peu étrange, où il entre de l'amitié, de la compréhension, de l'admiration et quelque chose qui ressemble singulièrement à de l'amour [28].

L'équivoque de cette déclaration est plus littéraire que sensuelle car dans une autre lettre, Saint-Denys Garneau écrit :

> J'aime ma jeunesse et je l'admire parce qu'en elle, je n'ai pas trouvé de chair, et c'est la chair qui empoisonne tout... La jeunesse, c'est l'ange qui n'est pas tout à fait déchu [29].

Ces extraits de lettres témoignent de l'exaltation littéraire qui anime ces jeunes lettrés. Laurendeau avouera plus tard avoir éprouvé un léger malaise en lisant les lettres de Saint-Denys Garneau [30].

La survalorisation de l'amitié masculine et les sentiments troubles qui paraissent ici aller de pair semblent compenser l'absence de communication réelle avec les jeunes femmes. Les correspondantes féminines de Laurendeau se confinent à la banalité. Elles n'expriment pas la même qualité de réflexion et d'introspection. Elle retiennent ou déguisent leurs sentiments.

S'il faut en croire les commentaires de sa cousine Claire, Laurendeau avait beaucoup de charme [31]. Son air rêveur, son allure romantique plaisaient aux femmes. Il savait mettre à profit ses talents de danseur pour séduire ses partenaires dans les soirées mondaines d'Outremont ou de Saint-Gabriel. Infailliblement, on lui demandait de se mettre au piano où il exécutait le plus souvent l'air de la Valse triste, ce qui créait à la fin d'une soirée le climat intime propice aux confidences.

Ce fut à l'occasion d'une de ces soirées chez son ami Chateaugay Perreault qu'il rencontra sa future épouse Ghislaine Perreault. On peut suivre les péripéties de leur relation grâce à une correspondance assidue qui débuta en 1931 et dura jusqu'à leur mariage en 1935. En raison du puritanisme ambiant et de l'interdit imposé à Ghislaine par son père, ils vécurent un bonheur nerveux et agité. Ils devaient se fréquenter en se cachant des parents. Cette surveillance tatillonne et les conflits qui en résultèrent entre Ghislaine et ses parents exacerbèrent le romantisme de leur relation. Ils se rencontraient grâce à la complicité de Jacques Perreault, le frère de Ghislaine qui arrangeait leurs rendez-vous et leur fournissait les alibis nécessaires. Laurendeau, tel un Roméo, était souvent obligé de faire le guet sous les fenêtres des Perreault afin d'apercevoir Ghislaine à l'improviste. Dans ce contexte répressif, les cérémonies religieuses étaient un bon prétexte pour se rencontrer. Ils se retrouvent donc tous les jeudis à la messe du Gésu où ils communient ensemble. Ils pouvaient aussi se voir au cours de l'abbé Groulx le mercredi, de même que le samedi après le cours de piano. Ils vont alors au « grill » du grand magasin à rayons Morgan ou encore dans un restaurant grec de la rue Saint-Denis pour avoir plus d'intimité.

On peut suivre les hauts et les bas de leur idylle dans le journal intime qu'ils écrivirent conjointement du 4 septembre 1932 au 12 juin 1935. La lecture de ce journal surprendrait par sa pudeur et sa naïveté les jeunes gens d'aujourd'hui. C'est un document intéressant sur les mœurs de l'époque. On peut ainsi constater que leur relation resta platonique jusqu'au jour de leur mariage, moment où ils cessèrent d'ailleurs de se vouvoyer. La société d'alors ne permettait pas l'expression de la sensualité qui était considérée comme un manque de respect à l'égard d'une jeune fille. Cette distance de la chair était par ailleurs propice à l'exaltation sentimentale car ainsi la passion refoulée s'évadait dans l'expression poétique. L'abstinence favorisait le lyrisme, comme en témoigne l'extrait suivant :

> Je voudrais faire de votre vie un temple silencieux, où vous passeriez, grave et lente insoucieuse des efforts humains qui avortent et des espoirs fallacieux sur un tapis de velours sombre, parmi les draperies lourdes qui étouffent les plaintes, je vous verrais marcher, mon bonheur, ce serait le bonheur que je vous aurais fait. Et je m'abriterais sous le portrait de votre vie [32].

La séparation des sexes imposée par le système scolaire, les interdits sur la sexualité, de même que l'exclusivisme des amitiés masculines se conjuguaient pour entretenir une libido axée sur une vision abstraite et étriquée de la femme. Le rapport à la femme a été idéalisé par les intellectuels de cette génération. La femme est pour eux un objet de contemplation. Comme le suggère cette lettre de Laurendeau, elle est un être désincarné qui doit vivre en dehors du monde, protégée de la vie, enfermée dans un écrin d'irréalité. Ce modèle de femme éthérée s'inscrivait en partie dans le rejet de l'idéologie nataliste où la femme ménagère « mater dolorosa » était valorisée par sa fonction reproductrice. Surgit alors un nouveau modèle qui paraît valoriser « l'essence féminine ».

La famille Perreault désapprouvait les fréquentations de leur fille. Antonio Perreault, qui était un avocat réputé, pensait que le jeune Laurendeau n'était pas un bon parti pour sa fille. Espérant mettre fin à leur fréquentation, il décida d'éloigner Ghislaine en l'envoyant étudier à Paris. Il interdit même à sa fille de revoir André sans son consentement. Ces attitudes rigides n'eurent pas l'effet escompté. Après cinq mois passés à Paris, Ghislaine annonce à son père son intention de revenir au Québec pour retrouver André. Cet entêtement indispose encore plus M. Perreault qui convoque Laurendeau à son bureau pour « tirer la situation au clair ». André Laurendeau a raconté cet entretien dans une lettre à Ghislaine :

> *Antonio Perreault :*
> Je connais ma fille, ce n'est pas elle qui a écrit la lettre de ce matin. C'est l'amoureuse. Elle habite Paris depuis cinq mois, elle a perdu son temps. Paris l'ennuie, Paris la dégoûte. Ma fille n'est pas une abrutie. En d'autres circonstances elle aurait profité des belles choses de Paris. Vous auriez dû l'encourager. Mais non, vous avez écrit vingt-cinq pages par semaine...

M. Perreault prétend qu'on ne peut voir une jeune fille régulièrement que quand on est en état de l'épouser. Il reproche à André Laurendeau de ne pas poursuivre ses études, de perdre son temps à jouer du piano. Il l'accuse de compromettre l'avenir de sa fille :

> Vous n'avez pas de situation. Vous ne pouvez même pas travailler à vous en faire une puisque vous vous prétendez trop malade pour vous inscrire à l'université. Vous ne savez pas si vous aurez une position dans trente ans.

Piqué au vif par cette remarque, Laurendeau répliqua sèchement : « J'ai assez confiance en moi pour savoir que j'aurai une position avant trente ans. » Cette déclaration péremptoire ne convainquit pas M. Perreault qui termina l'entretien brutalement par des mots blessants :

> Nous sommes aux antipodes l'un de l'autre et nous ne pourrons jamais nous entendre. Vous êtes comme tous les Canadiens qui ont un peu de talent, vous ne vous en servirez pas, et vous serez un raté[33].

NOTES

1. Pierre DANSEREAU, *L'Écologiste aux pieds nus.* Montréal, Nouvelle Optique, 1981, p. 29.
2. André LAURENDEAU, *Ces choses qui nous arrivent.* Montréal, H.M.H., 1970, p. 178.
3. Cité par C. GALARNEAU, *Les Collèges classiques au Canada français : (1620-1970).* Montréal, Fides, 1978, p. 234.
4. André LAURENDEAU, *op. cit.,* p. 302.

5. Pierre DUPUY, *André Laurence*. Paris, Plon, 1930, p. 40.
6. C. GALARNEAU, *op. cit.*, p. 169.
7. Lettre d'André Laurendeau à Lucien Parizeau, été 1928. P2A5
8. Collection André Laurendeau. Lettre d'André Laurendeau à sa mère, début 1923. P2B226.
9. Collection André Laurendeau. Lettre à sa mère, décembre 1924. P2B226.
10. Collection André Laurendeau. Lettre de François Rinfret à André Laurendeau, 14 août 1932. P2B13.
11. Entretien avec Pierre Dansereau, 24 octobre 1982.
12. *Ibid.*
13. *Ibid.*
14. Collection André Laurendeau. Lettre de François Rinfret à André Laurendeau, 26 juin 1928. P2A5.
15. Claude ROBILLARD, *Dilettante*. Montréal, Lévesque, 1931, 131 p.
16. Entretien avec Pierre DANSEREAU, *op. cit.*
17. André LAURENDEAU, *Ces choses qui nous arrivent*, p. 268.
18. Jean BOUTHILLETTE, *Le Canadien français et son double*. Montréal, L'Hexagone, 1972, p. 76.
19. Voir *Le Devoir*, (L'Actualité), 3 novembre 1950.
20. Collection André Laurendeau. Lettre à sa mère, 1er mars 1926. P2B226.
21. Entretien avec Pierre Dansereau, 24 octobre 1982.
22. Collection André Laurendeau, conférence non datée. P2B70a.
23. Collection André Laurendeau. Réflexions personnelles d'André Laurendeau entre 1930–1935. P2B67.
24. Voir Claude ROBILLARD, *Dilettantes*, op. cit. et Rex DESMARCHAIS, *Le Feu intérieur*. Montréal, Lévesque, 1933, 197 p.
25. Rex DESMARCHAIS, *Le Feu intérieur*, p. 62.
26. Claude ROBILLARD, *Dilettante*, p. 155.
27. Robert CHARBONNEAU, *Chronique de l'âge amer*. Montréal, Éditions du Sablier, 1967, p. 25.
28. Collection André Laurendeau. Lettre de Saint-Denys Garneau à André Laurendeau, 1931. P2A10.
29. *Ibid.*, lettre du 1er août 1931.
30. Entretien avec Wilfrid Lemoyne, émission « Aujourd'hui » diffusée le 3 juin 1968 à Radio-Canada.
31. Voir Collection André Laurendeau. Lettre de sa cousine Claire, 31 juillet 1930. P2A9.
32. Collection André Laurendeau. Lettre d'André Laurendeau à Ghislaine Perreault, 21 juillet 1931. P2B126.
33. Collection André Laurendeau. Lettre d'André Laurendeau à Ghislaine Perreault, 11 février 1931. P2B126.

Chapitre III

De l'inquiétude à l'engagement nationaliste

Le problème de l'inquiétude qui hante les jeunes Canadiens français frais émoulus des collèges classiques débouche forcément sur celui de la destinée. En pleine crise économique, à l'aube des années trente, la nouvelle génération envisage l'avenir individuel et collectif avec angoisse. Groulx a résumé de façon saisissante leur état d'esprit :

> Un pays ne traverse pas impunément ses régressions économiques. La jeunesse entre dans la vie, piaffante, bruissante d'ambitions. Elle voit devant elle toutes portes fermées. Volontiers s'en prend-elle aux aînés qu'elle tient responsables de ses malheurs. Alors qui s'étonnera qu'en ces dix années 1930–1940 foisonnent les mouvements de jeunesse d'allure plus ou moins révolutionnaire ? On y a le verbe haut, le poing levé, l'anathème en bouche contre les gens en place, les politiciens impuissants [1].

Dès le collège, ils se sont heurtés aux absurdités des conformismes. Ils ont manœuvré pour s'affirmer intellectuellement. Ils se sont donné des manières, des modèles, des aspirations nouvelles ; mais ils n'ont pas osé rompre. Ils ont découvert de nouveaux espoirs mais ils se sentent déchirés car ils vivent sur la frontière entre deux mondes. François Hertel décrit leurs états d'âme par les expressions « désir d'évasion du réel, insatisfaction essentielle du présent, retour douloureux sur le passé, regard anxieux vers l'avenir » [2]. Au lieu de résoudre le dilemme, ils en feront un idéal de vie. L'inquiétude était célébrée comme état supérieur de l'esprit humain parce qu'elle exprimait la volonté de recherche et l'ouverture d'esprit. Hertel écrit en ce sens : « Je voudrais que l'on ne dise que très tard adieu à une inquiétude » [3]. On découvrit même que la conscience malheureuse se conciliait avec la vision catholique du monde. L'homme ne doit-il pas trouver son salut dans les transes et les douleurs ? Dès lors la souffrance de l'esprit pouvait être une des voies de la destinée chrétienne.

François Mauriac saura donner une forme littéraire au combat intérieur entre le bien et le mal. Il plonge ses personnages dans la tourmente de la dialectique de la faute et du repentir, en montrant comment l'attrait du fruit défendu, le vertige de la chute développe le sens du remords et la crainte de la souillure. Dans *Adieu à l'adolescence, L'Enfant chargé de chaînes, Le Baiser aux lépreux*, il explore la tragique beauté de la jeunesse et propose une nouvelle morale légitimant la sanctification par l'épreuve du péché.

Les œuvres de Gide, Maritain, Péguy et Mauriac, au lieu de privilégier la vertu, donnaient une valeur positive à l'intériorité souffrante et autorisaient ainsi l'individu à prendre au sérieux ses états d'âme et à assumer ses doutes et ses troubles. *Le Culte du moi*[4] était désormais permis.

Tous ces romans enflammaient l'imagination des jeunes lettrés canadiens-français qui s'essayèrent à transposer dans leurs écrits romanesques leurs angoisses, leurs élans mystiques et leurs peurs de la chair. *La Relève*[5] sera le principal véhicule de cette recherche de l'expression personnelle. L'inquiétude deviendra même pour certains un véritable système de pensée, la seule attitude intellectuellement valable à poursuivre comme un but en soi. On confondait allègrement ambiguïté et interrogation philosophique. On présentait cette attitude comme l'antidote progressiste et moderne du dogmatisme et de la foi aveugle. Elle servait aussi à marquer une distance critique vis-à-vis des détenteurs de l'autorité et de l'héritage culturel.

Cette inquiétude olympienne cède souvent à la tentation du mépris[6], car, pour ces intellectuels, être au-dessus des masses, être différent de la plèbe ignare et moutonnière représente l'idéal de la réussite. Ce mépris s'appuyait souvent sur un clivage linguistique; c'est du moins l'explication que nous a donnée Pierre Dansereau:

> Nous méprisions profondément tous nos hommes politiques sans presque faire d'exception pour qui que ce fût. Nous méprisions encore plus la Société Saint-Jean-Baptiste... Nous parlions un français exquis par comparaison avec ce que ces gens-là parlaient, c'étaient des chaussons, des habitants, des gens avec qui on n'avait pas grand-chose à échanger[7].

Imbus d'un tel sentiment de supériorité, ils souffrent forcément de l'incompréhension de leur milieu qui ne peut les reconnaître et leur procurer de surcroît une base matérielle pour vivre leur marginalité.

Cette révolution spiritualiste désincarnée fonctionnait à vide et menait à un cul-de-sac. L'individualité en soi et pour soi n'avait pas de sens. Une réorientation de la problématique du développement de la personnalité s'imposait pour tenir compte de l'interaction dynamique entre l'individuel et le collectif. Les circonstances imposées par la crise économique favoriseront cette découverte du social et le désir d'agir. Dans une lettre à Ghislaine, André Laurendeau explique ainsi ce changement de perspective qui s'amorce chez lui :

> Alors partir pour se fuir. Comme si on ne se retrouvait pas toujours où qu'on aille. On peut quitter ses amis, son pays, il est impossible d'échapper à soi-même... Il n'y a qu'un moyen d'en sortir, étudier, participer à une œuvre collective, élargir son paysage intérieur... J'en ai soupé de cet égoïsme étroit, sans but que je défendais autrefois. Il ne mène à rien, sinon au dégoût, à la négation de tout, même à l'annihilation de la personnalité [8].

Ce retour critique sur sa vie de collégien l'amène à remettre en cause certains choix faits beaucoup plus par déception et défi à l'autorité que par conviction. Il était aux prises avec un conflit de valeurs entre, d'une part, l'ouverture aux changements et la recherche de la liberté individuelle et, d'autre part, le sentiment d'appartenance et l'insertion dans le collectif inculqués par l'influence familiale et collégiale. Tout au long de sa vie il oscillera entre ces deux tendances, cherchant à les concilier dans une nouvelle synthèse. Contrairement à certains intellectuels de sa génération, il ne cherchera pas à construire son identité en s'affirmant contre la société canadienne-française. Après un long processus de maturation, il en arrivera à la conclusion que la libération de l'individu ne peut être un acte de conscience pure mais qu'elle suppose une transformation du milieu, ce qui exige l'engagement. Il s'éloigne donc du dandysme et du dilettantisme de son adolescence où il n'y avait place que pour l'individualité. Cela ne le satisfait plus. Il écrit à ce propos : « Nous sommes tous des individualistes forcenés, ignares du danger que nous courons, les yeux bridés par notre intérêt personnel [9]. »

L'éveil de sa conscience nationaliste procède d'une révolte contre la pauvreté culturelle du Canada français. Pourquoi un tel désert se demante-t-il ?

> Nous avons tellement de magnificence déployée tout à côté de nous, parmi nous, qui demande à être chantée, humanisée par les poètes, les peintres, les musiciens et nous demeurons muets, bâillonnés par un siècle de paresse intellectuelle, de parasitisme saxon, les bras croisés, les yeux fermés [10].

Il se réfère alors explicitement à la situation collective pour expliquer l'absence d'œuvres d'art de qualité, comparables à celles qui sont produites en Europe et en Amérique. La responsabilité de ce retard culturel n'est pas attribuée aux individus, elle dépend de notre subordination collective et de l'anglomanie qui édulcore la personnalité canadienne-française. Il avait déjà, lors d'une conférence sur le mouvement littéraire au Canada français, avancé cette argumentation sociologique. Le cheminement intellectuel de Laurendeau démontre que l'ouverture sur le monde entraîne un retour critique sur le groupe d'appartenance. Ayant acquis d'autres points de repère, il peut mieux évaluer son milieu et découvrir les causes de l'inégalité de développement.

Cette prise de conscience du problème national sera aussi stimulée par l'influence de l'abbé Groulx qui deviendra son maître à penser. Groulx était un ami intime d'Arthur Laurendeau. Ils avaient travaillé ensemble à *L'Action française*. Cette revue avait cessé de paraître en 1928, à la suite d'une faillite provoquée par le trop grand nombre de vols de livres à la librairie de la revue. Au début des années trente, Groulx fréquente assidûment la maison des Laurendeau car il prépare la fondation de *L'Action nationale*, dont le premier numéro paraîtra en janvier 1933. Ces rencontres cimenteront l'amitié entre l'historien et le fils de son collaborateur.

Après avoir obtenu son titre de bachelier ès arts à l'âge de 19 ans, Laurendeau est forcé d'interrompre ses études. Il souffre alors de dépression nerveuse, ce qui l'oblige à rester inactif pendant deux ans. Il décrit lui-même sa maladie en ces termes :

> J'ai toujours le même mal de tête. J'ai à peine plus d'appétit. Mon sommeil s'est très peu amélioré. Mais je me sens plus de vie, plus de force, un peu plus de résistance physique... Avec les nerfs on ne sait jamais [11].

Cet état dépressif est probablement le résultat d'une crise d'orientation. En effet, la fin du cours classique marquait pour ainsi dire l'entrée dans le monde adulte car elle impliquait un choix de vie qui se faisait publiquement, à l'occasion d'une cérémonie pompeuse appelée la prise des rubans où le jeune homme devait déclarer ses intentions professionnelles. D'après son confrère Pierre Dansereau, Laurendeau n'avait pas arrêté son choix. Les disciplines universitaires offertes n'étaient pas encore assez diversifiées pour satisfaire la curiosité et les nouvelles aspirations de la jeunesse. La faculté des lettres semblait lui offrir un débouché naturel mais le programme ne l'attirait pas car les cours ne correspondaient pas à son projet de carrière. Ses goûts pour le ballet classique ou la musique ne pouvaient s'épanouir dans le climat puritain et rigoriste du Canada français. Ce conflit entre ses aspirations et l'intolérance du milieu peut être à l'origine du déséquilibre nerveux qu'il éprouve alors.

Cette neurasthénie le cantonne à la maison familiale et favorise une redécouverte du père. Ses parents acceptent d'autant plus aisément cette situation qu'elle leur permet de reprendre possession de lui. L'influence familiale renforcera son adhésion passionnée au destin du Canada français. Il profite de ce temps libre pour lire et réfléchir à la situation des Canadiens français.

Même si la maladie l'éloigne de l'université, il garde un contact suivi avec ses amis du collège Sainte-Marie qui, pour la plupart, se sont inscrits à la faculté de droit de l'Université de Montréal, qui est alors située sur la rue Saint-Denis. Parce qu'ils sont désœuvrés et qu'ils s'ennuient à l'université, les anciens membres du cercle Crémazie décident de suivre l'exemple des jeunes Américains qui, sur les campus, se regroupaient en « fraternités ». Laissons Pierre Dansereau relater son initiative :

> J'ai donc réuni quelques amis pour jeter les bases d'une fraternité. Nous avons loué un local rue Berri, près de la place Viger : un immense salon double dans une maison de chambres... Nous nous retrouvions là pour deviser, pour parler, pour critiquer la société mais surtout pour faire de la littérature et du théâtre [12].

Ces jeunes hommes se réunissaient pour le simple plaisir d'échanger leurs points de vue sur les problèmes d'actualité, sur la revue *Sept*, sur la littérature. S'il faut en croire les souvenirs de Robert Charbonneau, les discussions littéraires débouchaient sur une prise de conscience nationaliste car « chacun souffrait de vivre dans un pays où il se sentait étranger... Nous ne sommes rien, nous n'avons rien, tel était le sentiment prédominant dans la jeunesse canadienne-française des années '30 » [13].

Ces énergies étaient disponibles pour l'action politique et elles furent orientées vers l'engagement nationaliste par deux incidents qui indignèrent ces jeunes Canadiens français.

Le Canada était un pays indépendant depuis la signature du traité de Westminster en 1931. Depuis le début du siècle, le mouvement nationaliste réclamait à cor et à cri l'indépendance du Canada et une égalité de traitement pour les francophones, en particulier dans la fonction publique fédérale. La discrimination dans l'accès à la fonction publique était depuis la Conquête un des principaux griefs des nationalistes canadiens-français qui se voyaient à cause d'elle privés d'un débouché important pour les membres des professions libérales. Or l'obtention du nouveau statut ne changeait rien aux injustices commises envers les francophones. En effet le Canada, pour souligner son nouveau statut de pays indépendant, avait accepté d'accueillir la conférence impériale en juillet 1932. Sur les soixante-quatre fonctionnaires désignés par le gouvernement Bennett pour participer à cette conférence, il n'y a pas un seul Canadien français. Les protestations et la campagne de pression orchestrée par *Le Devoir* réussiront à arracher au gouvernement canadien la nomination *d'un* francophone, ce qui revenait à ajouter l'insulte à l'injustice.

Le mois suivant, Ottawa récidive en toute inconscience et nomme un fonctionnaire unilingue anglais au poste de percepteur des douanes à Montréal. Dans un contexte de crise économique, alors que le chômage affectait plus sévèrement les francophones nouvellement arrivés sur le marché du travail et touchait particulièrement les jeunes professionnels, ce mépris allait alimenter une nouvelle prise de conscience nationaliste. Laurendeau, inspiré par les discussions avec son père et l'abbé Groulx, prendra le leadership du mouvement de protestation. Groulx a relaté dans ses mémoires la réaction indignée de ses jeunes disciples :

> Ces vexations multipliées ont fait déborder le vase et donner le haut-le-cœur à ces jeunes étudiants. Et voici ce qu'ils ont machiné : en fin de semaine, ils se rendront à la gare du Canadien national ; à la descente du train d'Ottawa, ils se saisiront de deux ministres canadiens-français du cabinet R.B. Bennett — en l'espèce M. Alfred Duranleau et Arthur Sauvé — ; auxdits ministres, ils administreront une bonne et louable fessée et si je me souviens bien — les barbouilleront d'encre... Je m'emploie à dissuader ces jeunes de leur esclandre... Au lieu de votre esclandre peut-être vaine, que ne faites-vous appel à la jeunesse universitaire, à la jeunesse tout court pour un réveil, un soulèvement général ? Lancez un manifeste [14].

En 1962, Laurendeau a expliqué dans un article du *Maclean's* les raisons de son engagement :

> Il s'agit d'une réaction de fierté blessée. Nous nous sentions humiliés, nous nous rebellions devant le fait de notre inexistence. Ce nationalisme est à la fois très émotif et très formel : donc profond car ce qui joue c'est un sentiment de dignité personnelle, nous nous sentions solidaires d'un groupe humain traité avec mépris [15].

Animé par cette forte conscience de l'injustice, il organise la riposte avec ses amis, qui sont inquiets pour leur avenir personnel et commencent à se préoccuper des questions économiques car ils devront à brève échéance affronter la vie professionnelle. D'ailleurs la fréquentation du droit et de la médecine les éloigne progressivement du romantisme littéraire de leur adolescence. Ils se coulent dans le prosaïque. Claude Robillard a bien saisi cette évolution dans son roman :

> Jérôme avait maintenant vingt-deux ans et terminait ses études de droit. Il n'aimait pas beaucoup sa carrière... Comme il aurait aimé mieux faire des lettres plutôt que de la procédure ! Il y rêvait encore ; si la situation de son père le lui avait permis... Mais il faudrait bientôt gagner sa vie et rimer à temps perdu [16].

Ces sonneurs d'idéal investiront provisoirement leur créativité dans la cause nationale tout en caressant l'espoir de réaliser un jour une œuvre littéraire.

Ils se réunissent dans leur repaire de la rue Berri pour préparer leur réplique au mépris d'Ottawa. Pour ce faire ils ne comptent que sur eux-mêmes car ils jugent les organisations nationalistes comme la SSJB et l'ACJC trop ineptes pour réagir à cette injustice. Ils décident donc d'organiser une assemblée publique au Gésu et d'y lancer « le manifeste de la jeune génération ». S'ils veulent se démarquer du « nationalisme patriotard et niaiseux » véhiculé par les élites traditionnelles trop conformistes à leurs yeux, ils ne récusent pas pour autant tous les leaders nationalistes. Ils admirent Armand Lavergne, Olivar Asselin, Esdras Minville et Lionel Groulx qui sont eux-mêmes plus ou moins marginalisés par l'idéologie officielle. Ils les invitent donc à l'assemblée du Gésu qui sera présidée par Armand Lavergne.

Deux mille personnes se pressent pour entendre la parole de la jeune génération et accueillent avec enthousiasme la lecture du manifeste faite par André Laurendeau. La connivence du *Devoir* donnera une grande audience au texte du manifeste qui sera signé par 70 000 personnes.

L'essentiel du texte consistait à dénoncer la situation des francophones à l'intérieur de la fédération canadienne :

> Nous n'entendons pas rallumer de vieilles animosités. Nous croyons au contraire que le seul moyen de ne pas exacerber un nationalisme légitime chez les Canadiens français, c'est de s'appliquer de part et d'autre au respect

scrupuleux des droits de chacune des deux races... Le particularisme canadien-français a été une des raisons déterminantes du fédéralisme canadien. Nous entendons que l'on ne dénature point cette pensée des Pères de la Confédération. Nous voulons que les nôtres soient équitablement représentés dans le fonctionnarisme d'État... Nous payons notre part d'impôt ; c'est notre droit d'exiger une représentation équitable dans tous les ministères fédéraux [17].

Cette revendication d'une égalité de traitement pour les francophones sera une constante de la pensée de Laurendeau et le conduira à la coprésidence de la Commission d'enquête sur le bilinguisme et le biculturalisme.

En plus de s'attaquer à la discrimination linguistique, ces jeunes tentent d'évaluer les dangers de l'infériorité économique des francophones qui s'accroît avec la pénétration des capitaux américains :

Les Canadiens français sont en train de devenir chez eux un vaste peuple de prolétaires. Nous demandons à nos politiques et à nos économistes de redresser la situation. Nous n'entendons point que l'on se serve des richesses naturelles de notre province pour compromettre ou nous ravir notre patrimoine moral et nous imposer la pire des dictatures [18].

En plus de réclamer l'émancipation économique, ils exigent la revalorisation du français comme langue du commerce et des affaires. Leur programme d'action ne se limite pas à la défense des droits du français, il fait aussi appel à l'ardeur et au sens du défi des jeunes et les incite à assumer de façon compétente les responsabilités qui les attendent :

C'est à un vaste labeur intellectuel, artistique, scientifique, économique, national que nous les jeunes sommes conviés par les exigences de notre temps. Souvenez-vous que nous ne serons maîtres chez nous que si nous devenons dignes de l'être [19].

L'effet choc de ce manifeste ne tenait pas tant aux arguments déployés qu'au ton nouveau et à la combativité manifestée par ces jeunes turcs du nationalisme.

Depuis la crise de la conscription, le mouvement nationaliste somnolait. Le contrôle exercé par l'Église sur les organisations nationalistes avait eu pour effets de le dépolitiser et de l'asservir aux finalités religieuses. Le principal chef de file du mouvement depuis le début du XXe siècle, Henri Bourassa, encouragea cette tendance à la suite des remontrances que lui fit le pape Pie XI en 1929. Ce dernier le persuada que le premier devoir d'un journaliste catholique était de défendre les causes de Dieu et de l'Église. Les intérêts de la religion passaient avant ceux de la nation.

Les jeunes n'acceptent pas cette démission. Ils ne font plus confiance aux autorités, qui sont dépassées par les nouveaux problèmes que posent l'entrée du Québec dans la phase monopoliste du capitalisme et la crise économique. Ils veulent prendre la relève et renouveler le contenu du nationalisme. Pour ce faire, ils reprennent une problématique qui circulait jusque-là dans des cercles intellectuels restreints. Des thèmes comme l'émancipation économique, la lutte contre les trusts, la francisation du commerce, l'achat chez nous, avaient été développés par Minville, Montpetit et Groulx. On innove très peu, en fait, d'une génération à l'autre, tant que le réel résiste aux changements. Ce qui varie, ce sont surtout les attitudes et la vigueur des engagements qui dépendent de la conjoncture.

La crise donnera une intensité particulière à l'activisme de la jeune génération car la faillite des valeurs libérales et de ceux qui occupent les postes de pouvoir crée un vacuum qui favorise l'émergence de nouvelles idéologies.

L'irruption de la jeunesse sur la scène politique découlait du désarroi engendré par la crise. Avec l'écroulement de l'économie capitaliste, s'effondre en même temps l'autorité morale et politique des establishments. La génération qui, depuis la Première Guerre mondiale, exerçait le pouvoir fut dévalorisée par la Dépression et perdit sa crédibilité. Comme il n'y a pas de vide en politique, la jeunesse se précipita avec enthousiasme sur la place publique pour exiger le renouvellement des élites. Ce scénario de l'irruption de la jeunesse sur la scène politique se répétera, à quelques variantes près, dans la plupart des sociétés occidentales. Au Québec on voit apparaître en même temps que les Jeunes-Canada d'autres mouvements comme les Jeunes réformistes, les Jeunesses patriotiques, la Ligue de la jeune génération, la JOC, la JEC et la JIC.

Le radicalisme de la nouvelle génération se manifeste davantage par la forme du discours que par le fond. En 1930, la nouvelle intelligentsia a certes acquis de nouvelles valeurs et une nouvelle esthétique mais elle a aussi intégré les idées forces du nationalisme canadien-français. Elle se distinguera surtout par la volonté de moderniser les moyens de les réaliser. Ces jeunes sont animés par une conscience de génération qui les porte à refuser de faire confiance à ceux qui les ont précédés. Ils ont un parti-pris pour eux-mêmes. Par leur ardeur ils insuffleront une vie nouvelle au mouvement nationaliste. Mais si l'audace a des vertus, elle peut aussi engendrer des excès lorsque la passion l'emporte sur la rigueur de l'analyse.

Après le succès retentissant obtenu par cette première assemblée publique, « le groupe du manifeste » décida de se baptiser Jeunes-Canada. Cette appellation fut proposée par Robert Choquette en souvenir des Jeunes-France de la révolution de 1830. Les membres fondateurs sont : André Laurendeau, Pierre Dansereau, Dollard Dansereau, Pierre Dagenais, René Monette, Gilbert Manseau, Jacques Vadeboncœur, Bernard Hogue, Paul Simard, Lucien L'Allier, Claude Robillard, Gérard Filion, les frères O'Leary et Thurbide Belzile. On n'entre pas facilement dans ce club sélect qui ne comptera jamais plus de vingt membres. Roger Duhamel, Jacques Laurence et Hector Grenon viendront se joindre au noyau initial en 1935.

L'objectif du mouvement est d'étendre l'influence de la pensée nationaliste en organisant des assemblées, des causeries radiophoniques et en écrivant des lettres aux journaux. Les Jeunes-Canada mettront ainsi en ondes de courtes émissions à CKAC et à CHRC. L'usage politique et idéologique de la radio n'était pas fréquent à cette époque. L'impact de leurs interventions était d'autant plus grand que les sources d'information étaient peu diversifiées. Ils pouvaient ainsi atteindre de larges auditoires. Ils publieront aussi des cahiers et des tracts dont certains seront tirés à 9 000 exemplaires et vendus cinq sous le numéro. Ils envisageront même de publier leur propre journal et d'en confier la direction à Léopold Richer qui était correspondant parlementaire à Ottawa. Ce projet ne se matérialisa pas, faute de fonds. Mais cette lacune dans la panoplie des moyens d'influence sera compensée par la couverture très sympathique que leur réservent *Le Devoir* et *L'Action catholique*.

Leurs activités étaient suivies et encouragées par des intellectuels plus chevronnés comme l'abbé Groulx, Louis Dupire du *Devoir*, Albert Pelletier, René Garneau et le père Papin Archambault qui les encadraient à distance et le plus souvent avec discrétion. On aurait bien aimé dans certains milieux cléricaux orienter ce mouvement de jeunes. Le père Charlebois, oblat d'Ottawa, écrit en ce sens à Laurendeau :

> Le mouvement des Jeunes-Canada m'intéresse beaucoup. Je demande tous les jours au bon Dieu de le bénir et de le diriger. L'avenir est aux jeunes.

> Hitler et Mussolini étaient relativement jeunes quand ils ont lancé leur campagne de restauration sociale. Et ils étaient beaucoup moins renseignés que nos jeunes sur les problèmes sociaux [20].

Il veut convaincre les Jeunes-Canada de lancer une offensive contre les « Cécéifs »[21] et de s'allier avec des personnes influentes du Canada anglais.

L'engagement politique de Laurendeau coïncide avec son retour aux études. Il a finalement décidé de s'inscrire à la faculté des lettres de l'Université de Montréal. Il y suivra tous les mercredis, en compagnie de quelques cornettes et soutanes, les cours de l'abbé Groulx sur la fin de l'Union des Canadas. La qualité des autres cours de littérature n'étant pas à la hauteur de sa curiosité intellectuelle, il préfère s'instruire par lui-même en lisant Péguy, Gilson et Maritain qui alimentent sa réflexion philosophique. Il assiste d'ailleurs aux conférences que Maritain prononce cette année-là à Montréal.

L'abbé Groulx aura une influence déterminante sur sa pensée et sur l'orientation de sa vie. Il deviendra son maître à penser :

> Vous semblez satisfait de l'élève que vous avez eu. Moi, j'ai rencontré un vrai maître, plus, infiniment plus qu'un professeur. De plus dans un moment difficile de ma vie, vous avez guidé ma conduite. Vous m'avez sauvé du désespoir. Je laisse aux actes plutôt qu'aux mots le soin de vous remercier [22].

Groulx avait consacré sa vie à l'action intellectuelle. Il avait choisi l'éducation de la jeunesse comme lieu d'intervention privilégié : « L'école, disait-il, c'est le château-fort ou le tombeau des croyances ou des nationalités »[23]. Son ambition était d'élaborer une doctrine et de former une élite qui s'en servirait pour guider l'action nationale.

Il cherche à légitimer la nationalité canadienne-française et à découvrir par l'étude de l'histoire le sens de son destin. Groulx pense redresser la situation des Canadiens français par l'arme de l'histoire qu'il présente comme garante de l'unité, de la cohésion et de l'identité nationale. « Ce qu'il nous faut, dit-il, c'est une mystique... Point d'État français, point de peuple français sans une mystique française »[24]. En exaltant la grandeur de notre passé et nos origines françaises, il rejoignait la sensibilité des nouveaux intellectuels qui, sur le plan littéraire, s'identifiaient au génie créateur des écrivains français et qui voulaient s'extraire de la médiocrité des temps présents.

56

Ce passé qui s'enracine dans le régime français définit l'essence de ce que nous sommes et les valeurs qu'il faut préserver. Pour Groulx, nos ancêtres étaient avant tout des paysans ; il s'agit donc de conserver à la société canadienne-française sa vocation agricole pour assurer sa survivance. Groulx glorifie aussi le rôle protecteur de l'Église. Dans ses fresques historiques, il cherche à démontrer le rôle bénéfique de la religion et des évêques pour le Canada français. Dans son esprit le catholicisme est indissociable du nationalisme. Cette vision l'amène à rejeter la séparation de l'Église et de l'État et à se méfier de la démocratie libérale. Dans sa perspective, l'État doit être subordonné à l'Église car dit-il : « elle est la source de tout pouvoir, toute puissance lui a été donnée au ciel et sur la terre, elle est maîtresse des peuples et des rois »[25].

Adhérant à un modèle de société rurale, il ne peut accepter les progrès modernes comme l'industrialisation, l'urbanisation et sa conséquence, le dépeuplement des campagnes, qui sont à son avis les causes de notre déchéance nationale. Dans la perspective de l'idéologie cléricale, les questions économiques devaient être subordonnées à la morale, l'économie devait avant tout servir la culture et la foi. Le clergé et les nationalistes ont une attitude ambivalente envers le capital étranger. D'un côté, ils ne s'opposent pas aux investissements massifs américains dans le secteur des ressources naturelles parce qu'ils créent des emplois et freinent l'émigration. Mais en même temps ils dénoncent les changements de valeurs qu'ils provoquent car la civilisation industrielle étant d'origine étrangère, elle comporte des risques d'assimilation et d'acculturation pour les francophones. Groulx propose donc aux Canadiens français de pratiquer un nationalisme économique visant le contrôle par des francophones de l'épargne et des ressources naturelles. Pour éviter que l'industrialisation n'entraîne la dégénérescence de l'identité canadienne-française, il faut autant que possible la contrôler en limitant la grande industrie et en favorisant la petite entreprise familiale, la seule qui soit à la portée des Canadiens français dont le capital est faible. Il préconise donc un modèle de société agricole et artisanale fondée sur le petit commerce et la petite production et constituée sur la base des corporations professionnelles.

Sur le plan constitutionnel, Groulx, en dépit d'un flirt temporaire dans les années vingt avec le rêve d'un État français indépendant (La Laurentie), reste fidèle au dogme de la pensée nationaliste traditionnelle : l'appartenance du Québec à la Confédération. Il estime que la constitution de 1867 est le point de départ de la renaissance du Canada français parce qu'elle a redonné au Québec un statut politique distinct : « la Confédération, c'est nous qui l'avons voulue, nous qui l'avons exigée »[26]. Il n'est pas question pour les nationalistes d'alors de modifier la constitution. Ils s'acharnent plutôt à la faire respecter en résistant aux tendances centralisatrices et aux intrusions du gouvernement fédéral dans les champs de juridiction des provinces. En effet, Ottawa utilisera le traumatisme de la crise pour imposer son autorité dans le domaine des politiques sociales. Groulx, dans *Notre avenir politique*, prévoit que cette orientation risque d'entraîner l'effondrement de la Confédération, mais il ne veut pas pousser à la roue de l'histoire. Il estime que le Québec doit défendre à tout prix l'autonomie provinciale. À cet égard, il ne fait pas confiance aux partis politiques traditionnels qui sont plus préoccupés par la défense des intérêts partisans que par la promotion des intérêts de la nation. Il dénonce à cet égard le gouvernement Taschereau qui, par son laisser-faire, ouvre le Québec à la pénétration des capitaux américains. Il le rend responsable de la déchéance de la nation.

Les nationalistes dénoncent la dictature économique des trusts mais ce n'est pas la rationalité capitaliste qu'ils mettent en question ; ils contestent plutôt l'origine étrangère de la propriété. Ils se conforment ainsi à la doctrine sociale de l'Église qui reconnaît que le système capitaliste est réformable, qu'on peut corriger ses abus. La critique de la concentration des capitaux et des trusts, si fréquente dans la littérature nationaliste des années trente, était cautionnée intellectuellement par l'encyclique Quadragesimo Anno, publiée en 1931, et dans laquelle Pie XI s'en prenait à la dictature économique et à l'individualisme qui avilissaient les mœurs chrétiennes.

La dépression des années trente rendait manifestes l'anarchie et le désordre social inhérents au principe du laisser-faire et de la libre entreprise. On adoptait alors un point de vue moral et on jugeait le capitalisme détestable parce que ce système était inhumain, irresponsable, égoïste et cupide. À l'instar du politique, l'économique ne pouvait constituer une fin en soi. Groulx exprime clairement ce point de vue largement répandu dans l'intelligentsia :

> Nous l'avons dit au début : un programme d'action économique se rattache étroitement à des problèmes d'ordre moral. N'étant pas une fin, l'action économique ne saurait absorber toutes les activités d'un peuple, ni prendre la première place dans ses pensées [27].

Dans la hiérarchie des valeurs, le spirituel devait avoir préséance sur le matériel et l'économie être au service de la foi. On voyait dans la crise du capitalisme le signe d'une crise de civilisation où le sens de l'être avait été subjugué par la frénésie de l'avoir.

Groulx rêve d'une société consensuelle, unie derrière une doctrine et un chef : « Que nous vienne un rassembleur d'esprits et de volontés qui, au-dessus de toutes nos désunions, nous fera nous retrouver »[28]. On peut imaginer qu'il ait pensé à Laurendeau pour jouer ce rôle providentiel, surtout après les déceptions causées par le premier mandat de Duplessis et l'échec du Dr Hamel.

Selon Pierre Dansereau, Groulx participa aux Jeunes-Canada en agissant comme conseiller. Il faisait confiance à ces jeunes loups qui projetaient de ravaler l'édifice idéologique du nationalisme :

> Groulx était toujours prêt à étudier avec nous les conséquences des déclarations que nous voulions faire, à discuter les raisons que nous pouvions avoir : « si vous n'y croyez pas, ne le dites pas. Ne pensez pas nécessairement comme moi »[29].

Il avait d'autant plus d'influence qu'il était respectueux des opinions de ses jeunes interlocuteurs ; ce qui n'était pas le cas du père Papin-Archambault, semble-t-il.

Encouragés par le succès obtenu lors de l'assemblée du Gésu, les Jeunes-Canada revinrent à la charge le 20 avril 1933 en convoquant une assemblée sur le thème suivant : « Les politiciens et les Juifs ».

Les Juifs de Montréal avaient organisé quelques jours plus tôt (le 6 avril), à l'aréna Mont-Royal, une assemblée de protestation contre le nazisme. Le maire de Montréal, Fernand Rinfret, ainsi que le sénateur et ancien président de la Société des Nations, Raoul Dandurand, avaient pris la parole pour dénoncer le sort réservé aux Juifs en Allemagne.

Peu familiers avec les questions de politique internationale et obnubilés par l'antisémitisme ambiant, les jeunes nationalistes prirent à partie ces politiciens canadiens-français. Leur objectif n'était pas d'appuyer la politique raciale nazie. Ils voulaient plutôt profiter de l'occasion pour démontrer l'inégalité de traitement que les politiciens réservaient aux minorités et mettre en évidence la démission des élites politiques francophones.

Les Jeunes-Canada reprochent aux politiciens canadiens-français de s'occuper des affaires juives alors qu'ils sont restés silencieux sur les persécutions religieuses au Mexique, en Espagne et en Russie et qu'ils n'ont rien fait pour corriger les injustices commises envers les francophones dans leur propre pays. Ils sont exaspérés par l'inertie des gens en place et surtout des politiciens qui manquent de sens national, ce dont témoigne l'extrait suivant du discours prononcé par Laurendeau :

> D'ailleurs, s'ils veulent que les droits des minorités comme ils disent, soient universellement respectés, s'ils bataillent éperdument au nom de la liberté et de la tolérance... Pourquoi ne se sont-ils pas élevés contre cet ignoble règlement XVII qui spoliait en Ontario les droits naturels des pères de famille canadiens-français et catholiques, leurs frères du sang, du cœur et de l'esprit ? Et cependant ils se sont tus. Ils n'ont pas ouvert la bouche parce que leur intervention risquait d'être mal interprétée par les pères libéraux ou les pères conservateurs des autres provinces. Ils ont usé contre nous d'une diplomatie lâche et complice [30].

L'essentiel des discours tenus ce soir-là visait les effets néfastes de la partisanerie, qui poussait les députés des vieux partis à penser plus à leur réélection qu'à l'avenir de leur peuple. Ils rageaient devant l'inconscience des leurs. Cette haine des politiciens et la frustration qui en découlait les amenèrent à commettre des excès de langage. Laurendeau a expliqué en ces termes les débordements antisémites auxquels lui et ses amis se livrèrent durant cette assemblée :

> C'était la crise, chacun souffrait, chacun se cherchait un bouc émissaire. J'ai participé à cette assemblée où j'ai beaucoup parlé des politiciens et peu des Juifs — ce qui était encore trop... nous avons prononcé d'affreux discours ; l'un d'entre nous est allé jusqu'à déclarer qu'il est impossible de piler en Allemagne sur la queue de cette chienne de juiverie sans qu'on entende japper au Canada... Au moment où Hitler s'apprêtait à tuer six millions de Juifs, ils parlaient très sincèrement d'une « supposée persécution », de « prétendues exécutions », qu'ils opposaient aux mauvais traitements « très réels ceux-là » que les Canadiens français subissent ici. Je me revois et m'entends gueulant de mon mieux à cette assemblée. Pardonnez-leur Seigneur car ils ne savaient ce qu'ils disaient. Vraiment nous ne le savions pas. Les discours de garçons de vingt ans reflètent les idées courantes de leur milieu, celles qui traînaient alors n'étaient pas toujours belles et lucides [31].

Le Devoir, qui à cette époque participait au concert de l'antisémitisme, donna une publicité sympathique aux déclarations des jeunes nationalistes et attisa la polémique en publiant un échange de lettres entre le sénateur Dandurand et André Laurendeau. Dans un texte publié le 27 avril 1933, Laurendeau expose ses arguments contre les

Juifs. Il affirme d'abord que les Juifs ont reçu un traitement de faveur à leur arrivée au Canada, ce qui était partiellement vrai puisque la politique canadienne d'immigration était relativement généreuse car, pour combler les besoins de l'industrialisation, il fallait attirer massivement les immigrants dont les Juifs. Ainsi, de 2 703 qu'ils étaient en 1891, leur nombre passa à 60 087 en 1931. Les nationalistes estimaient que cet afflux de population menaçait l'équilibre linguistique car les nouveaux arrivants s'intégraient à la communauté anglophone qui dominait le monde des affaires et de la politique.

Mais là n'était pas leur tort principal car, selon Laurendeau, ils représentaient en plus un danger social: l'internationalisme et le communisme. Laurendeau poursuit son raisonnement sans se rendre compte de son illogisme. Il soutient en effet que les Juifs, tout bons communistes qu'ils sont, s'emparent du commerce et de la finance et qu'ils sont les agents de notre prolétarisation collective. Il conclut sa démonstration en affirmant que le principal responsable du mal qui anémie la société canadienne-française, c'est la lèpre de l'esprit de parti [32].

Cette assemblée ne fut certainement pas l'épisode le plus glorieux de la courte existence des Jeunes-Canada — Laurendeau et Dansereau regretteront amèrement leurs propos par la suite — mais elle attira l'attention de l'opinion publique sur les jeunes leaders du mouvement qui attaquaient de front les partis politiques et leurs respectés dirigeants. La contestation publique des élites n'était pas chose fréquente dans le Québec d'alors. La jeune génération n'accepte plus « la gouverne des moutons » [33]. Elle tente donc de s'imposer comme force intellectuelle en apostrophant les politiciens. C'est la nouvelle stratégie de marketing politique des intellectuels qui ont découvert l'arme de la critique, qu'ils utilisent pour accéder à la notoriété et à la mobilité sociale.

Malgré leur révolte individuelle et leurs prétentions à l'originalité, ces nouveaux intellectuels ne sont pas en dissonance avec les valeurs dominantes de leur milieu. Ils ont intégré les effets de socialisation et reproduisent les lignes de force du discours nationaliste comme nous le prouve leur attitude envers le communisme et l'antisémitisme. Ils se distinguent toutefois de leurs prédécesseurs par une culture plus étendue et par une plus grande curiosité intellectuelle qui les amènera par la suite à prendre une distance critique envers les aspects les plus conservateurs du nationalisme.

La xénophobie apparaît dans le champ idéologique québécois dans les situations d'insécurité collective. Cette attitude n'est pas un fait de culture, elle relève plutôt de la conjoncture socio-économique et doit être comprise comme un effet pervers du colonialisme. En ce sens, l'antisémitisme a servi d'exutoire aux angoisses éprouvées par la société canadienne-française qui, durant la crise, a subi des mutations imposées de l'extérieur. Cette réaction fut dans une certaine mesure motivée par des intérêts matériels. Ainsi à cette époque, les Juifs sont perçus comme une menace par la petite bourgeoisie urbaine car leurs sources de mobilité sociale sont les mêmes que celles des Canadiens français, qu'ils concurrencent dans le petit commerce et dans les professions libérales. Enfin dans les situations de domination coloniale, le colonisateur applique une stratégie de diversion qui a pour effet d'attiser les rivalités ethniques pour diviser les groupes dominés et les détourner des causes réelles de leur subordination. Dans un tel contexte, le Juif deviendra le bouc émissaire, le responsable de nos malheurs. Mais en même temps, la relation aux Juifs est ambiguë car on leur reproche de pratiquer ce que les Canadiens français sont eux-mêmes incapables de faire. On les critique parce qu'ils refusent de s'assimiler et qu'ils pratiquent la solidarité économique et dans le même souffle on demande aux Canadiens français de faire la même chose. On peut donc penser qu'au Canada français l'antisémitisme se nourrit de notre infériorité économique et de notre subordination politique, ce qui expliquerait l'attitude des Jeunes-Canada qui sortent à peine des collèges classiques, se sentent démunis devant les problèmes socio-économiques et acceptent presque sans examen critique les idées que leur milieu propose.

Jusqu'à l'été 1933, l'action intellectuelle des Jeunes-Canada procède par indignation viscérale. Elle est portée par leur fougue juvénile mais elle ne s'appuie pas sur une doctrine bien articulée. Elle fonctionne par spasmes de conscience. Profitant de leurs vacances scolaires, Laurendeau et Dansereau se donnent pour tâche de structurer la doctrine du mouvement et d'élaborer un plan de réflexion. Ils s'interrogent sur l'avenir politique du Canada français et sur le rôle des monopoles dans l'asservissement économique des Canadiens français. Cette réflexion leur fournira les munitions pour l'offensive d'automne qu'ils s'apprêtent à lancer contre le régime Taschereau.

Après le règne de Gouin qui avait duré quinze ans, Taschereau avait pris la relève. Il était au pouvoir depuis treize ans lorsqu'il fut interpellé publiquement par les Jeunes-Canada. Sous sa direction, le Parti libéral s'était fait le champion du laisser-faire et de l'entreprise privée et avait favorisé la pénétration des capitaux étrangers [34]. Alexandre Taschereau se vantait ouvertement de sa conception extravertie de l'industrialisation, comme en témoigne cette réplique au chef de l'opposition Camilien Houde :

> Oui, il y a de l'argent américain dans la province et il est le bienvenu, tant que moi-même et mes collègues, nous serons ici nous inviterons le capital étranger à venir nous aider à développer notre province [35].

Sa politique visait à couvrir la province de centres manufacturiers. Pour ce faire, les libéraux avaient interdit en 1910 l'exportation du bois de pulpe aux États-Unis, ce qui avait obligé les Américains à venir établir leurs usines de pulpes et de pâtes à papier au Québec. L'implantation de ces compagnies avait aussi été encouragée par des concessions à bon compte d'immenses territoires forestiers et de droits d'exploitation des ressources hydrauliques de la province. Les investissements de la Shawinigan Water and Power et l'expansion de la Canadian International Paper étaient les symboles de cette politique de développement. Cette stratégie industrielle, même si elle favorisait l'ouverture de nouveaux territoires de colonisation, indisposait les milieux nationalistes qui dénonçaient l'aliénation de nos richesses naturelles à des étrangers. Ils accusaient Taschereau de livrer la province aux Américains.

Les Jeunes-Canada décidèrent donc de lancer la lutte aux trusts à l'occasion d'une assemblée publique tenue au Gésu le 13 novembre 1933. La question à l'ordre du jour était : « Les Canadiens français en ont-ils assez d'être trahis et grugés par les trustards étrangers qui les ont asservis ? ». Deux mille cinq cents personnes se pressent pour entendre Pierre Dansereau, Georges Étienne Cartier, Paul Simard et André Laurendeau fustiger les trusts de l'électricité et de la gazoline et dénoncer la complicité des politiciens dans l'exploitation du peuple. Le journaliste du *Devoir*, Paul Auger, décrit ainsi les porte-parole de la jeune génération :

> À la tribune se succèdent les orateurs, les uns grands, les autres moins, mais tous minces, élancés dont l'attitude, le timbre de voix encore incertain crient l'extrême jeunesse... Les discours sont logiques, informés, fondés sur des faits. Ici et là une raillerie, une pointe qui est parfois un jeu de mot à

l'emporte-pièce ou à l'emporte peau. Mais ce sont des traits qui visent plutôt un régime qu'un homme[36].

L'exposé de Laurendeau s'intitule : « Le trust, danger social et matériel ». Il résume l'argumentation des Jeunes-Canada en disant que c'est parce qu'ils sont catholiques et français qu'ils s'opposent aux trusts. À son avis, la patrie et la religion sont menacées par la « gangrène des trusts », qui doivent être combattus parce qu'ils sont sources de misère et qu'ils exploitent le peuple :

> La houille blanche du Québec est contrôlée par des étrangers, lesquels étrangers nous exploitent à qui mieux mieux. C'est un fait assez curieux et qui ne doit pas avoir son pareil dans beaucoup de pays, voici des étrangers qui s'implantent chez nous, qui accaparent nos chutes d'eau, nos forêts, nos mines, qui les utilisent à leur bénéfice et qui non contents de vivre à nos dépens, exploitent outrageusement le peuple qu'ils ont dépouillé[37].

Laurendeau ne conteste pas la nature du capitalisme. Conformément à la doctrine sociale de l'Église, il en critique les abus qui sont causes de désordre : « Loin de nous, dit-il, l'idée d'attaquer le capitalisme, c'est pour le défendre au contraire que nous stigmatisons ces désordres »[38]. Les Jeunes-Canada réclament de la Montreal Light Heat and Power qu'elle vende son électricité à un prix raisonnable, soit deux sous le kilowatt-heure.

Dès 1933 Laurendeau tente d'articuler le rapport entre le social et le national ; cette préoccupation sera une des principales constantes de sa pensée nationaliste. Dans cette perspective, il soutient que les trusts maintiennent la dépendance économique de la nation, accentuent l'asservissement de la collectivité, qui se traduit par la servilité des individus, des journaux et des politiciens :

> Nous sommes un peuple de serviteurs. Le stigmate qui nous marque au front, bien plus que celui de vaincu par les armes est celui d'un asservi, d'un esclave. Nos techniciens industriels, nos ingénieurs, nos économistes gagnent leur pain chez les trustards... Et voilà, des Canadiens français muselés, des fonctionnaires d'une nouvelle espèce, des bureaucrates de la finance, des ronds de cuir de l'industrie qui monteront en grade en autant qu'ils se seront tus... Le trust est maître à Ottawa. Il est maître à Québec[39].

Enfin les Jeunes-Canada font la lutte aux trusts parce que ceux-ci favorisent les progrès du socialisme. Les nationalistes craignent que la misère engendrée par la crise économique facilite la pénétration de l'idéologie communiste dans la classe ouvrière. Laurendeau participe alors à la paranoïa anticommuniste. Il écrit :

> Les trustards fournissent actuellement aux miséreux et à l'apôtre com-
> muniste des armes contre nous... Quel sera notre sort, si malgré la crise nous
> ne mettons pas un terme aux abus? Le danger est lointain, mais nous ne
> pouvons pas le nier. À Montréal, vous pouvez obtenir au premier kiosque
> venu la *Vie ouvrière*, qui enseigne aux populations prolétariennes la lutte des
> classes. Prenons garde [40].

La pensée de Laurendeau est à la remorque de l'idéologie dominante. Il se conforme aux thèses de l'encyclique *Quadragesimo Anno* qui explique la crise par l'accaparement excessif des richesses par une petite minorité. Comme tel le système capitaliste n'est pas jugé néfaste. La doctrine sociale de l'Église reconnaît que le droit à la propriété est légitime mais comme il peut entraîner des abus, l'exercice de ce droit doit être soumis à des préceptes moraux. En conséquence, l'Église préconise une réforme du capitalisme qui l'humaniserait. Pour cela, il faut que l'activité économique soit orientée par l'amour, la charité chrétienne et la recherche de l'harmonie entre les classes.

La domination des capitalistes étrangers avait fait l'objet depuis le début des années vingt de nombreux discours et articles publiés dans les journaux nationalistes. Ce qui est toutefois nouveau dans l'argumentation des nationalistes durant les années trente, ce sont les solutions préconisées, car en plus de l'achat chez nous et du coopératisme, on commence à envisager la possibilité de faire appel à l'État et à la nationalisation. Pour combattre les monopoles et les amener à réduire leurs tarifs, on souhaite la concurrence de l'État. Cette idée est défendue avec obstination par le Dr Philippe Hamel, qui se bat chiffres en main contre le trust de l'électricité au nom de la libération économique du Québec.

Ces déclarations des Jeunes-Canada provoquèrent l'ire du Premier ministre Taschereau qui était reconnu pour son irascibilité. Fait inusité dans les annales politiques du Québec, celui-ci engagea la polémique avec ses jeunes contradicteurs qu'il appelle «les jeunes insurgés de la Métropole» [41]. Le débat qui s'engage alors amplifie l'influence des Jeunes-Canada qui se voient ainsi reconnus comme interlocuteurs par le chef du gouvernement. Avec la complicité du *Devoir*, les Jeunes-Canada s'ingénieront à prolonger cette polémique qui leur assurait une publicité gratuite.

Taschereau fera sa grande sortie contre les Jeunes-Canada à l'occasion du dîner de la Jeunesse libérale de Québec, le 16 décembre 1933. Mais il avait déjà réagi au lendemain de la réunion du Gésu en mettant en branle toute la machine libérale pour intimider les Pères Jésuites qui avaient accueilli les contestataires dans leur amphithéâtre. Laurendeau qualifia ce procédé de sous-inquisition et répondit aux insinuations du Parti libéral dans une lettre au *Devoir* :

> Le grand inspirateur de notre mouvement c'est d'abord et au-dessus de tout notre peuple, c'est la grande pitié d'une nationalité qui était faite estimons-nous pour autre chose que la déchéance ou le rôle serve auquel une politique sans envergure et imprévoyante est en train de la condamner pour jamais... C'est ce peuple qui est derrière nous comme au fond de nos pensées. C'est pour lui que nous sommes entrés en lice. C'est de sa ténacité paysanne que nous apprenons à ne pas lâcher, à ne jamais reculer [42].

Il affirme que même si les Jeunes-Canada font appel à des conseillers occasionnels, ils n'ont pas d'inspirateur ou de directeur spirituel, qu'ils n'ont donc aucune attache et qu'ils sont indépendants d'esprit.

Taschereau tente de discréditer les orateurs du Gésu en les faisant passer pour des révolutionnaires. Il dénonce le ton vitriolique des discours tenus par les Jeunes-Canada :

> Ce n'est pas quand la misère étreint les foyers, que l'État est obligé de nourrir une grande partie de la population que l'on doit parler ainsi. Des appels comme ceux-là, c'est de la démagogie [43].

Il accuse les orateurs d'avoir prononcé des paroles criminelles et s'en prend surtout à Pierre Dansereau qui avait déclaré :

> Le temps n'est plus aux moyens modérés. Ce n'est pas avec de l'eau de rose que nous purifierons notre système social, s'il faut du vitriol pour nous délivrer de ces microbes de la spéculation et du trust, employons-le [44].

Pour le Premier ministre, cet esprit de sédition est encouragé par les Jésuites. Il leur rappelle leur devoir envers l'autorité légitime de même que les généreuses subventions que le gouvernement leur a accordées. Il souligne avec ironie que les Jésuites sont toujours les premiers à être chassés par les révolutions. En clair, il les incite à se dissocier publiquement de leurs turbulents élèves.

Les Jeunes-Canada décident de contre-attaquer en organisant une assemblée publique au palais Montcalm, à Québec, le 18 décembre. Ils font salle comble. Mille cinq cents personnes accueillent les orateurs par des applaudissements soutenus. Paul Simard est le premier à donner la réplique au Premier ministre :

> Nous soutenons que c'est malhonnête d'induire sciemment le peuple en erreur en accusant les Jeunes-Canada de faire appel à la sédition quand ils

ne dénoncent en somme que les abus criants et dangereux pour tous, les puissants de ce monde compris. Nous affirmons qu'il est moins grave de prononcer le mot révolution que d'en laisser croître les ferments comme on peut le constater à Montréal. Il faut aujourd'hui autre chose que des adulations, des ménagements ou la platitude d'un silence coupable [45].

Pour amortir l'effet choc de sa critique du capitalisme, Georges E. Cartier invoque l'autorité du cardinal Villeneuve qui, dans un récent discours, avait lui-même dénoncé les abus du capitalisme en affirmant qu'il y avait des « patrons égoïstes, avares, cruels, trompeurs, sans pitié et sans honneur ».

Selon René Chaloult qui était dans l'assistance ce soir-là, ce fut le discours de Laurendeau qui impressionna le plus fortement le public québécois par « sa logique rigoureuse et une passion contenue mais intense » [46]. Comme il l'avait fait à Montréal, il fustige l'emprise des trusts sur le parti au pouvoir et profite de l'occasion pour lancer un défi au Premier ministre qui est aussi procureur général de la province :

> Si nos discours sont de nature à troubler la paix, si nous faisons appel à la sédition, nous sommons le Procureur général de nous faire coffrer... Qu'il nous traîne devant les tribunaux. Là nous verrons qui a menti. Mais non, on aime mieux distiller le poison. On nous accuse de faire de la démagogie. Qui est le démagogue ? Celui qui s'attaque aux abus du capitalisme ou celui qui fait attaquer par ses valets de plume (*Le Soleil* et le *Canada*) un ordre religieux qui défend la vérité et la justice mieux que tous les gouvernements et dont le seul crime est d'avoir loué une salle à des jeunes gens ? [47]

Taschereau ne se laissera pas prendre au piège de la provocation et laissera mourir la polémique. Cette action rhétorique aura toutefois permis à Laurendeau de s'imposer comme figure de proue du mouvement nationaliste.

Parallèlement à ses activités politiques, Laurendeau s'engage aussi dans l'action catholique. Il accepte à la fin de 1933 de faire partie du comité central de l'Association catholique de la jeunesse canadienne-française, mouvement qui était sous la haute autorité morale du père Papin-Archambault.

Il considère cet engagement comme un prolongement de son action nationale puisque la défense de la religion est intimement mêlée au sort de la nation dans le nationalisme traditionnel. À l'automne 1934, il sera nommé directeur de la revue *Le Semeur* qui était l'organe officiel de l'A.C.J.C. À l'exemple de Lionel Groulx, il veut par son action intellectuelle former une armée de chefs, de jeunes hommes d'action. Il se fixe pour mission d'insuffler un nouvel esprit et un nouveau dynamisme à cette revue qui se mourait de conformisme et ainsi secouer l'indolence de la jeunesse canadienne. Dans le numéro de septembre 1934, il explique son point de vue :

> La jeunesse hait les poncifs et ne respecte point les formules. Elle désire du panache, de l'allant, de la liberté. Et s'il faut de la combativité, elle en veut. Donc nous tâcherons d'être jeunes... Voici l'essentiel, création chez nous d'un esprit nouveau, répondant à des temps nouveaux, à des courants nouveaux, s'exprimant avec fraîcheur d'un ton direct [48].

L'obsession de l'action, la glorification de la jeunesse, l'appel aux forces vives se retrouvaient à cette époque dans tous les discours des mouvements de jeunes, qu'ils soient de tendance fasciste, communiste ou catholique. À cet égard, Laurendeau est fortement influencé par le père Doncœur, fondateur des Cadets de France. Il le rencontre à Montréal en avril 1934 à l'occasion du prêche du Carême à l'église Notre-Dame, qui était assuré cette année-là par le père Doncœur. Ce dernier prononça aussi une conférence au Gésu sur la jeunesse chrétienne face à la crise mondiale, conférence qui enthousiasma les Jeunes-Canada [49]. Le 3 avril, ils soupèrent au Cercle universitaire avec cet invité de marque qui les encouragea à poursuivre leur action. Cette caution morale rasséréna les Jeunes-Canada, qui avaient maille à partir avec certains religieux qui auraient préféré les tenir à l'écart de l'A.C.J.C.

Durant l'année qu'il passe à la direction de cette revue, Laurendeau aborde le problème particulièrement épineux des relations entre le catholicisme et le nationalisme. Il est à cette époque un catholique fervent et pratiquant. Mais sa foi appelle une spiritualité plus exigeante que celle qu'il trouve dans le catholicisme canadien-français. Il sent l'urgence d'une restauration du christianisme.

Il s'en prend au catholicisme d'apparat, à « l'odieuse pieusarderie satisfaite d'elle-même » [50]. Inspiré sans doute par l'esprit de Mounier, il ne se satisfait pas d'une religion pharisienne, d'une religion de forme, sans amour, où seule compte la discipline exhibitionniste. Il refuse de se soumettre aveuglément à l'autorité cléricale et veut conserver son libre arbitre.

Au début des années trente, la relation entre nationalisme et catholicisme est devenue problématique. Depuis la condamnation de Charles Maurras par Rome en 1926 et le changement d'attitude d'Henri Bourassa qui, après sa rencontre avec Pie XI, fit primer la défense de la religion sur la défense de la langue, les nationalistes étaient désorientés. La prohibition cléricale entravait leur lutte pour le respect des droits des francophones. Les chantres de la bonne entente invoquaient la mission universelle de l'Église et tentaient de minimiser les inégalités entre les deux communautés linguistiques. Au nom de la fraternité on récusait l'existence d'un lien organique entre la langue et la foi. Cette nouvelle stratégie de l'Église était appliquée au sein des mouvements d'action catholique où on tentait de marginaliser l'action nationale.

Laurendeau combat cette tendance à l'intérieur de l'A.C.J.C. Dans un article publié par *Le Semeur*, il soutient qu'il y a un lien historique et sociologique indissoluble entre la langue et la foi :

> La langue synthétise les traditions d'un peuple, c'est elle qui dans l'ordinaire de la vie fait de la nation un tout bien défini et limité. Et par le milieu qu'elle tend à maintenir, elle possède une influence conservatrice, elle défend le passé contre le présent et l'avenir incertain. C'est ainsi que les Canadiens français ont réussi à garder leur catholicisme [51].

Il conclut en mettant les acéfistes en garde contre l'anglicisation qui conduit directement à l'assimilation protestante. « De grâce, écrit-il, par "largeur d'esprit", "tolérance" ou snobisme, en un mot par niaiserie, n'allons point préparer dans nos foyers de ces trahisons nationales qui nous mèneront droit à l'apostasie » [52].

Il dénonce l'inconscience et l'irresponsabilité des élites cléricales et bourgeoises qui présentent la langue anglaise comme étant le symbole de la réussite et la panacée à tous nos maux.

La défense du catholicisme ne peut réussir que par la résistance à l'assimilation. Dès lors, l'action nationale est une composante indissociable de l'action catholique. À son avis, il n'est pas nécessaire de renier le nationalisme, comme le prêchent certains membres de la hiérarchie cléricale, pour être un fervent catholique.

Ce questionnement est particulièrement intense en 1935 car la prédominance de l'A.C.J.C. est remise en cause par la création de la Jeunesse étudiante catholique suscitée par les Pères de Sainte-Croix. Contrairement à l'A.C.J.C., la J.E.C. se veut apolitique et dégagée de toute préoccupation nationaliste. Les incidences de ce débat et de ce changement d'orientation de la stratégie cléricale pèseront lourdement sur le destin du Québec car la J.E.C. deviendra l'école de formation et de recrutement des cadres de la future élite politique fédéraliste de *Cité Libre* au gouvernement Trudeau.

Afin de dissiper la confusion intellectuelle qui gagnait les milieux nationalistes et de clarifier les positions des Jeunes-Canada, Laurendeau écrivit un essai sur le nationalisme durant l'été 1935. À cette occasion il fait le point sur deux années d'action nationaliste dans un Québec éprouvé par la crise. Il tente de définir la position du chrétien face au nationalisme et de justifier le droit de la nation à exister. Il examine aussi les diverses options pouvant solutionner le problème canadien-français. Il s'agissait surtout pour lui de revaloriser la lutte nationale en s'appuyant sur des principes chrétiens. « Nier la nation, écrit-il, le devoir national, cela n'est pas selon l'idéal catholique »[53]. Il prétend que si le pape a condamné le nationalisme en France cette condamnation ne vaut pas pour tous les nationalismes car il y a des nationalismes chrétiens et d'autres qui sont païens :

> Puis en voyant le nationalisme condamné par Rome, en France, des esprits timorés ont tremblé comme s'il ne pouvait pas y avoir un nationalisme chrétien et un nationalisme païen... Comme si notre nationalisme à nous en était un d'attaque et d'ambitions illégitimes plutôt qu'un nationalisme de défense (sur le plan culturel avant tout) et de respect de nous-mêmes. Comme si notre Saint-Père en s'attaquant à cet « égoïsme sacré » des peuples européens, traduisez à cet égoïsme féroce, démesuré, condamnait à mort toutes les petites nations de la terre »[54].

Si le nationalisme peut conduire à des excès, c'est, pense-t-il, parce que l'existence collective est précaire, menacée par des forces extérieures. Il estime qu'en situation normale, lorsqu'une nation peut s'épanouir librement, elle n'a pas tendance à être égoïste. Il ne faut donc pas confondre les petites nations qui luttent pour leur survie avec les nations conquérantes qui tentent de les écraser car alors on risque d'affaiblir encore plus la résistance des peuples menacés et de favoriser leur disparition au profit des grandes puissances.

Il souligne aussi le fait que pour un catholique le nationalisme n'est pas tout car le sentiment d'appartenance est balisé par la prééminence de la famille et l'existence des autres nations. Le nationalisme n'est pas en soi agressif ou conquérant. Il peut se développer dans le respect des autres et accepter les différences. Il peut y avoir un nationalisme sain :

> Cette doctrine accepte davantage : étrange, quoiqu'à des titres différents le régionalisme. Loin de s'en offusquer, elle s'en enrichit. Un Canadien

français du Québec n'est pas exactement un Franco-Ontarien, encore moins un Acadien. Notre nationalisme respecte les personnalités [55].

Sa théorie du nationalisme s'appuie sur une hiérarchie de principes qui définissent les rapports entre l'individu et la nation. Ce sont Dieu, la famille, la nation et l'État.

Laurendeau explique ainsi l'origine et la nécessité de la nation. Dieu est le principe premier qui crée l'homme et le place dans un milieu naturel. C'est ensuite la famille qui prend le relais et fait de chacun une personne en lui donnant une identité. Mais la famille n'est pas suffisante pour assurer le développement de la personnalité. Elle doit vivre dans un milieu plus vaste : la nation qui est définie comme l'ensemble des hommes capables de communiquer entre eux parce qu'ils partagent une culture commune, des façons semblables de penser, de sentir et d'agir. Enfin, l'État c'est la nation organisée :

> L'État n'est autre chose que l'aboutissement final d'une série d'éléments (territoire, langue, religion, histoire, traditions communes, joies et tristesses partagées, se manifestant par la volonté d'une vie commune et indépendante c.-à-d. par un vouloir vivre collectif assez fort pour se traduire pratiquement par la création d'un gouvernement autonome) avec comme caractéristique essentielle l'autorité politique, le droit de décision définitive, donc l'indépendance, la souveraineté [56].

Cette réflexion sur les fondements théoriques de l'État-nation avait été amorcée l'année précédente afin de doter les Jeunes-Canada d'un programme politique. Laurendeau avait assumé la rédaction du chapitre intitulé : « L'individu face à la nation ». Il y a développé les idées forces qui orienteront ses analyses et ses prises de position.

Il pose en principe que l'individu ne peut exister sans la nation car c'est elle qui lui donne la culture. « Nous agissons par l'intermédiaire de coutumes qui sont en nous sans être de nous... C'est pourquoi deux cultures ne peuvent s'additionner » [57]. L'individu a donc le devoir non seulement d'accepter et de conserver les biens culturels de la nation mais aussi de les accroître. Pour Laurendeau c'est la culture qui est le fondement de la nation :

> Le phénomène nationalitaire est essentiellement un phénomène de culture, non de volonté individuelle ou collective [58].

Tout comme les différences individuelles constituent la richesse d'un groupe, de la même façon la diversité des personnalités nationales doit être préservée car si chaque individu est nécessaire à la nation parce que les destinées ne sont pas interchangeables, il en va de même pour chaque nation qui est nécessaire à l'humanité. En raison de cette interdépendance, l'individu a le devoir de défendre la nation contre ceux qui tenteraient de l'anéantir. Laurendeau croit à l'interdépendance dynamique de l'individuel et du collectif. Il y engagera son destin.

La relation entre l'État et la nation était problématique au Canada. Les Jeunes-Canada confièrent à Thurbide Belzile le soin de résoudre la difficulté théorique que présente une situation où la nation est distincte de l'État. Celui-ci appuie sa démonstration sur le principe suivant :

> Chaque nation devrait former un État et inversement chaque État ne devrait comprendre qu'une seule nation. La nation est à la base de l'État et chaque nation doit tendre à devenir en fait un État constitué [59].

Mais cet idéal ne correspond pas à la réalité puisqu'il y a des États qui se composent de plusieurs nationalités. Dans ces situations, l'État a des devoirs particuliers. Il doit donner un traitement égal à toutes les nations qu'il regroupe en assurant à chacune le droit de vivre sa vie nationale sans entrave et sans subordination. Belzile poursuit son raisonnement en précisant les règles que doit suivre cet État pour faire respecter la justice :

1) Admettre comme officielles les langues de ces diverses nations.
2) Favoriser le libre exercice des religions officielles de ces diverses nations.
3) Respecter et maintenir les us et coutumes.
4) Accorder à chacune d'elles, aux mêmes conditions et sur un pied d'égalité, la faculté de pourvoir à son éducation.
5) Leur accorder une représentation proportionnelle dans le fonctionnarisme et dans les corps publics dépendant de l'État.
6) Répartir équitablement les impôts entre ces diverses nations [60].

Les Jeunes-Canada prévoient qu'au cas où ces règles de justice ne seraient pas respectées la nation a alors le droit de se séparer de l'État.

Cet effort de systématisation des principes qui doivent guider leurs actions amène les Jeunes-Canada à examiner les différentes options politiques qui s'offrent au Canada français. Ils rejettent a priori le statu quo et l'annexion aux États-Unis. Ils croient par contre qu'une séparation entre l'Est et l'Ouest du pays est probable. Dans cette éventualité, le Canada oriental serait un État de transition qui permettrait aux Canadiens français de se préparer à constituer un État français qui comprendrait les provinces maritimes, la province de Québec, le nord de l'Ontario et même un jour une partie de la Nouvelle-Angleterre. Fidèles à l'enseignement de Lionel Groulx, ils étaient Canadiens français « superlativement » [61] et assumaient le rêve atavique de l'empire français d'Amérique.

Dans la foulée de Groulx, Laurendeau s'identifie d'abord au Canada français : « Notre patrie réelle, c'est le Canada français qu'après d'autres nous nommons Laurentie » [62]. Il estime que le Canada comme unité géographique et la Confédération comme unité politique ne sont pas en mesure de répondre aux aspirations nationales des Canadiens français ; il désespère du sort de ceux-ci à l'intérieur de la Confédération, « cette duperie parmi les duperies ». Dans un article publié en 1934, il expliquait sa position :

> La nation canadienne-française, si elle y aspire, n'est pas arrivée à cette étape de nation adulte. Elle partage avec la nation canadienne-anglaise la souveraineté politique. Elle n'est en théorie qu'à moitié maîtresse de ses destinées, en fait elle ne l'est pas. Et nous nous trouvons en face de l'antinomie irréductible d'un État qui ne remplit pas son devoir, puisque son appareil de lois au lieu de favoriser tous ses ressortissants en gêne un bon tiers et grignote quotidiennement ses libertés [63].

Laurendeau défend ici la thèse du pacte entre les deux nations qui signifie pour lui égalité politique entre deux nations qui se partagent la souveraineté.

La jeune génération ne croit pas à l'avenir du Canada français à l'intérieur de la Confédération. Elle est inquiète pour son avenir dans un Québec dominé par les trusts où l'accès à des postes rémunérateurs est réservé à des étrangers. Les perspectives du chômage après l'université avivent les angoisses. L'infériorité économique des Canadiens français ne leur apparaît pas naturelle et les Jeunes-Canada accusent le régime politique et les partis politiques traditionnels d'être responsables de cette situation de fait. Ils sont révoltés par l'attitude complaisante et démissionnaire des élites. En même temps, ils se sentent investis d'une mission. Ils se sentent responsables de la survivance française, du triomphe de l'esprit et de la religion en Amérique du Nord. Ils sont déchirés entre ces tâches supérieures et leurs aspirations personnelles.

Dans le contexte de la crise économique, ces jeunes intellectuels se sentent étrangers au Canada, pays qui ne leur appartient pas. Ils croient que la rupture du lien fédéral se fera fatalement en raison de facteurs géographiques et ethnographiques. Ce sentiment d'inéluctabilité est bien exprimé dans une lettre de Thurbide Belzile à André Laurendeau : « Une réforme de la constitution pourrait aplanir certaines difficultés mais elle ne changerait rien au fond même de la situation. La séparation entre l'Est et l'Ouest s'avère inévitable. [64] » Les jeunes nationalistes ne se perçoivent pas comme des éléments actifs et dynamiques dans ce processus de désintégration. Ils pratiquent le « wait and see ». Ils attendent et se préparent à prendre la relève lorsque se produira l'éclatement fatal du Canada. Certes on discute de la séparation et de l'indépendance de la Laurentie mais le séparatisme des Jeunes-Canada est conditionnel comme l'exprime clairement J.L. Dorais :

> Nous serions même justifiables d'exiger la sécession *si la volonté impérieuse d'une majorité dictatoriale* tentait de vider, malgré l'opposition formelle du groupe canadien-français, notre particularisme national consacré par le pacte fédéral de 1867 [65].

Le plus souvent l'hypothèse séparatiste n'est envisagée qu'en dernier recours et non pas comme un idéal ou un objectif en soi. Cette idée n'est formulée que sous le mode du rêve, de l'espoir messianique. Laurendeau traduit bien cet état d'esprit dans son manifeste intitulé *Notre nationalisme* :

> Oui la tâche incombe à ma génération de créer aux Américains de langue française des conditions de vie. De vie et non de survie. Oui, il importe au salut de l'Amérique qu'il y ait une Laurentie... Là, un jour, un Pays naîtra. Il est né dans nos cœurs. Nous concevons un très grand pays. Il faudra que ces tronçons se lient car autrement il manquera toujours quelque chose... Cela surviendra quand les États-Unis se désagrégeront sous le choc d'influences contradictoires [66].

Le concept de Laurentie est imprécis sur le plan géographique. Il n'a pas de dimension territoriale clairement définie. C'est l'espace où il y a des Canadiens français. Le sentiment d'appartenance est déterminé par la référence aux particularités culturelles et non pas au territoire commun.

Laurendeau a jonglé avec l'hypothèse séparatiste. Il a accepté le choix de cette solution par les Jeunes-Canada, ce qu'a refusé de faire son ami Pierre Dansereau. Mais son adhésion a été circonstancielle. Il est d'ailleurs significatif de constater que dans ce texte, qui devait être la position de doctrine des Jeunes-Canada sur le nationalisme, la notion de séparatisme n'est évoquée qu'une seule fois en 52 pages. Le séparatisme n'est pour Laurendeau que de l'ordre du rêve ; ce n'est pas encore un projet politique.

Son nationalisme était motivé par un souci passionné de justice pour les francophones et la recherche de conditions normales d'épanouissement. Son nationalisme est profondément lié aux valeurs religieuses et contient à l'occasion des accents de mysticisme, comme en témoigne cet extrait :

> Savez-vous pourquoi j'ai confiance, indéfectiblement confiance ? Je me dis que Dieu ne peut pas abandonner la seule nation catholique du continent américain. J'ai confiance parce que c'est en catholiques intégraux que nous entendons envisager la patrie... Il faut que la nation soit belle, soit pure, soit forte. Si nous la voulons ainsi c'est pour la donner plus digne de lui au Christ-Roi [67].

Laurendeau ne semble pas faire de partage entre sa vision mystique du destin de la nation et celle de son destin personnel. Cette unité de perspective transparaît au moment où il fait des choix décisifs pour son avenir :

> Ma fonction ne sera pas d'écrire des livres, de voir des pays étrangers, d'étudier la philosophie ou d'être un grand politique. Dieu veuille que je sois tout cela, que cela sorte de moi comme une surabondance. Ma fonction sera celle de tout homme : aller à Dieu [68].

NOTES

1. Lionel GROULX, *Mes mémoires.* Montréal, Fides, 1972, t. III, p. 269.
2. François HERTEL, *Leur inquiétude.* Montréal, Éditions Albert Lévesque, 1936, p. 14.
3. *Ibid.*, p. 30.
4. C'est le titre d'un roman de Maurice Barrès.
5. *La Relève* est une revue littéraire où s'exprime la jeune génération. Elle fut publiée pour la première fois en mars 1934.
6. Voir à ce propos les romans déjà cités de Claude Robillard et Rex Desmarchais.
7. Entretien avec Pierre Dansereau, 24 octobre 1982.
8. Collection André Laurendeau. Lettre d'André Laurendeau à Ghislaine Perreault, 8 juillet 1931. P2B127.
9. Collection André Laurendeau. Lettre d'André Laurendeau à Ghislaine Perreault, 28 juillet 1931. P2B127.

10. Collection André Laurendeau. Lettre d'André Laurendeau à Ghislaine Perreault, 28 juillet 1931. P2B27.

11. Collection André Laurendeau. Lettre d'André Laurendeau à Ghislaine Perreault, 11 février 1931. P2B126.

12. Pierre DANSEREAU, *L'Écologiste aux pieds nus*. Montréal, Éditions Nouvelle Optique, 1981, p. 39.

13. Robert CHARBONNEAU, *Chronique de l'âge amer*. Montréal, Éditions du Sablier, 1967, p. 19 et 30.

14. L. GROULX, *Mes mémoires, op. cit.*, p. 274-275.

15. André LAURENDEAU, *Ces choses qui nous arrivent*, p. 52.

16. Claude ROBILLARD, *Dilettante*, p. 18.

17. *Le Devoir*, 17 décembre 1932, « Le Manifeste de la jeune génération ».

18. *Ibid.*

19. *Ibid.*

20. Collection André Laurendeau. Lettre du père Charlebois à André Laurendeau, 6 septembre 1933. P2B15.

21. La CCF avait été fondée au Congrès de Regina en 1932.

22. Collection André Laurendeau. Lettre d'André Laurendeau à l'abbé Groulx, 19 août 1933.

23. L. GROULX, *La Confédération canadienne, ses origines*. Montréal, Le Devoir, 1918, p. 158-159.

24. L. GROULX, *Orientations*. Montréal, Éditions du Zodiaque, 1935, p. 266.

25. Cité par J.P. GABOURY, *Le Nationalisme de Lionel Groulx : aspects idéologiques*. Ottawa, Éditions de l'Université d'Ottawa, 1970, p. 137.

26. Cité par A.J. BÉLANGER, *L'Apolitisme des idéologies québécoises*. Québec, Presses de l'Université Laval, 1974, p. 250.

27. GROULX, *Directives*. Montréal, Déom, 1937, p. 24-25.

28. Cité par A.J. BÉLANGER, « Lionel Groulx et le Culte du Chef». *Le Jour*, 30 janvier 1975, p. 1.

29. Entretien avec Pierre Dansereau, 24 octobre 1982.

30. *Politiciens et Juifs*, Les cahiers des Jeunes-Canada, n° 1, 1933, p. 57.

31. André LAURENDEAU, *Ces choses qui nous arrivent*, p. 118-119.

32. Voir *Le Devoir*, 27 avril 1933, p. 1.

33. C'était le titre d'une pièce de théâtre que Claude Robillard devait écrire pour les Jeunes-Canada.

34. Voir Yves ROBY, *Les Québécois et les investissements américains (1918–1929)*. Québec, Presses de l'Université Laval, 1976.

35. Cité par Mason WADE, *Les Canadiens français de 1760 à nos jours*. Montréal, Cercle du livre de France, 1966, t. II, p. 230.

36. *Le Devoir*, 14 novembre 1933.

37. André LAURENDEAU, *Le Devoir*, 14 novembre 1933.

38. *Ibid.*

39. Conférence d'André Laurendeau rapportée par *L'Action catholique*, 14 novembre 1933.

40. *Le Devoir*, 14 novembre 1933 et 19 décembre 1933.

41. Voir Hector GRENON, *Notre peuple découvre le sport de la politique*. Montréal, Éditions de l'homme, 1967, p. 85.

42. *Le Devoir*, 2 décembre 1933.

43. Propos rapportés par *Le Devoir*, 18 décembre 1933.

44. Cité par *Le Devoir*, 18 décembre 1933.

45. Cité par *Le Devoir*, 19 décembre 1933.

46. Voir René CHALOULT, *Mémoires politiques*. Montréal, Éditions du Jour, 1969, p. 149.

47. Cité par *Le Devoir*, 19 décembre 1933.

48. *Le Semeur*, septembre-octobre 1934, p. 3 et 5.

49. Voir Collection André Laurendeau. *Journal intime*. P2B190.

50. Voir *Le Semeur*, septembre-octobre 1934, p. 2.

51. André LAURENDEAU, « La langue gardienne de la foi », *Le Semeur*, mars-avril 1934, vol. 30, n° 7-8.

52. *Ibid.*

53. *Notre nationalisme*, p. 6.

54. André LAURENDEAU, « Armand Lavergne », *L'Action nationale*, juin 1935, p. 361.

55. André LAURENDEAU, *Notre nationalisme*, tracts des Jeunes-Canada n° 5, 1935, p. 40.

56. Collection des Jeunes-Canada, P21/A, 1, p. 6.

57. *Ibid.*, p. 7.

58. *Ibid.*, p. 9.

59. *Ibid.*, p. 13.

60. *Ibid.*, p. 15.

61. Voir Lionel GROULX, *Mes mémoires*. Montréal, Fides, 1972, t. 3, p. 255.

62. André LAURENDEAU, *Notre nationalisme*, tracts des Jeunes-Canada n° 5, 1935, p. 44.

63. André LAURENDEAU, *Qui sauvera Québec*. Les cahiers des Jeunes-Canada, 1934, p. 56-57.

64. Collection André Laurendeau. Lettre de Thurbide Belzile à André Laurendeau, 15 juin 1934. P2A18.

65. *Qui sauvera Québec*, p. 20.

66. André LAURENDEAU, *Notre nationalisme*, p. 49-50-51.

67. André LAURENDEAU, *L'Action nationale*, juin 1935.

68. Collection André Laurendeau, été 1935. P2B74.

Chapitre IV

Pèlerinage en vraie France

L'année 1935 marque une date charnière pour André Laurendeau, autant dans sa vie personnelle que sur le plan de sa trajectoire intellectuelle car il est amené à faire des choix déterminants. Après cinq années de fréquentations, il épouse Ghislaine Perreault le 4 juin et prend le parti d'abandonner les Jeunes-Canada à leur destinée pour aller poursuivre ses études en France. Cette décision n'est pas facile car elle l'oblige à décliner l'offre de l'abbé Groulx d'assurer sa succession comme professeur d'histoire à l'Université de Montréal. À l'attrait de ce poste assuré, il préfère le risque de la découverte. Il éprouve le besoin de nouveaux horizons intellectuels. À cet égard, en effet, les ressources de la société canadienne-française étaient trop limitées pour répondre aux exigences de la nouvelle intelligentsia.

Le voyage en Europe commençait à faire partie de l'itinéraire de perfectionnement des jeunes professionnels canadiens-français. La France représentait, à l'époque, un idéal de culture et de civilisation. Elle était source de renouvellement et d'espoir pour les jeunes nationalistes canadiens-français. Ces derniers s'identifiaient surtout à la France catholique et conservatrice. C'est sous cet angle que Laurendeau perçoit la « vraie France » ; mais il découvrira sur les lieux une réalité plus complexe qui modifiera sa vision du monde.

Loin des influences de son milieu et des exigences de la lutte nationale, il pourra explorer en toute liberté des avenues idéologiques qui n'avaient pas droit de cité dans le Québec clérical. Cette distanciation lui permettra de développer un sens critique aigu et lui fournira les éléments de pensée nécessaires au renouvellement du discours nationaliste.

Alors qu'au Québec les intellectuels étaient surtout influencés par les courants de pensée conservateurs, en France le devant de la scène était occupé par les intellectuels progressistes. Leur influence était grande car, dans les manifestations, le peuple criait : « Vive les intellectuels, vive la science, vive les professeurs ». Ce courant de sympathie entre le peuple et les intellectuels découlait de leur engagement contre le fascisme. Le credo de ces intellectuels reposait sur l'affirmation des libertés contre les familles, les convenances, les Églises, contre le nationalisme à la Barrès, contre le dogmatisme et le fanatisme. Herbert R. Lottman décrit ainsi le climat intellectuel des années trente :

> Cette génération refusait l'impartialité, rejetant le mode de vie bourgeois aussi bien que les utopies, elle voyait la solution tantôt dans une révolution matérialiste à la manière soviétique, tantôt dans une révolte intérieure [1].

L'intelligentsia française est alors le point de mire du monde occidental car elle se préoccupe des questions internationales et ne craint pas de s'engager politiquement, de prendre position publiquement. On se sent concerné par ce qui se passe en dehors des frontières nationales. La critique sociale n'est plus enfermée dans le cadre de l'État national. La montée du fascisme, la guerre civile espagnole, les dangers de la guerre poussent l'intellectuel à s'engager. Ce nouvel état d'esprit est d'autant plus remarquable qu'il contraste fortement avec le climat des années vingt qui avaient été marquées par la domination du nationalisme intégral de Maurras.

La nouvelle pensée française se caractérise aussi par la diversité des tendances qui s'en réclament. Il y a ceux qui, comme Julien Benda [2], défendent la thèse de l'art pour l'art au nom d'un universalisme abstrait et croient à l'intemporalité de la pensée. Au nom de cet idéalisme, Benda refusait à l'intellectuel l'engagement partisan. Il devait rester au-dessus de la mêlée. Cette attitude ne fit pas école et dans les années trente, nombre d'intellectuels récuseront cette philosophie idéaliste. Emmanuel Berl, dans *Mort de la pensée bourgeoise*, questionne la sagesse des assis, qui ont les mains pures parce qu'ils n'ont pas de mains. Il fait le procès de cette littérature éthérée, au-dessus de la vie, et annonce les inquiétudes des nouvelles générations aux prises avec les désordres du siècle. D'autres comme André Gide et *La Nouvelle Revue française* n'hésitent pas à se frotter aux problèmes d'actualité et se laissent séduire par l'engagement politique. L'angoisse suscitée par l'arrivée au pouvoir des nazis en

Allemagne incite des intellectuels bourgeois comme Malraux [3] et Gide à devenir, pour quelques années, des compagnons de route des communistes. Gide se réclame de « l'individualisme communiste » et adhère momentanément à la patrie des lendemains qui chantent. Paul Nizan, quant à lui, prend ouvertement le parti du prolétariat. Dans *Les Chiens de garde*, il dénonce ceux qui se réfugient dans la tour d'ivoire. Il invite les intellectuels à descendre de l'Olympe pour rejoindre les rangs de la classe ouvrière. Pour ces écrivains engagés, l'Union soviétique représentait l'espoir de l'humanité. À l'occasion du 1er mai 1932, Romain Rolland écrit dans *L'Humanité* : « La patrie est en danger ! Notre Patrie internationale... L'U.R.S.S. est menacée » [4]. Le communisme soviétique était perçu à cette époque comme la réponse d'avant-garde à la société bourgeoise.

Cependant, le lien entre l'engagement social et l'adhésion au communisme était contesté par la nouvelle gauche chrétienne incarnée par le courant personnaliste et la revue *Esprit*. Mounier, Lacroix et leurs amis fondent cette revue en octobre 1932 afin de promouvoir une révolution à la fois sociale et morale. Ils puisent dans l'œuvre de Proudhon les armes et les arguments de leur critique anticapitaliste et de leur hostilité au socialisme d'État. Sans adhérer au marxisme et tout en proclamant une foi catholique, les rédacteurs d'*Esprit* dénoncent l'individualisme bourgeois, l'exploitation capitaliste, la démocratie parlementaire. « Nous avons, disait Mounier en 1933, le libéralisme, tous les libéralismes en horreur » [5]. Cette position pouvait prêter à équivoque car ces thèmes se retrouvaient dans l'idéologie fasciste. Mounier était conscient de cette apparente confusion et voulut se démarquer nettement des mouvements fascistes en publiant, dès 1933, un numéro spécial de la revue *Esprit* qui récuse les « pseudo-valeurs spirituelles fascistes ». *Esprit* veut montrer qu'on peut être à la fois antifasciste et révolutionnaire sans pour autant adhérer au communisme. La revue dénonce la mystique du chef et refuse de soutenir le modèle corporatiste d'organisation sociale. Elle fait aussi le procès du nationalisme de domination qui s'incarne dans le despotisme colonial. *Esprit* est à la recherche d'une troisième voie et préconise une révolution personnaliste et communautaire qu'elle oppose à l'individualisme et aux tyrannies collectives que représentent le fascisme et le communisme. Laurendeau découvrira, dans ce courant de pensée, une communauté d'esprit et des ferments intellectuels qui lui permettront de réconcilier son catholicisme, son engagement nationaliste et sa critique sociale du capitalisme.

La France intellectuelle n'est pas monolithique. Le champ du discours est aussi occupé par une droite vigoureuse et active, animée par Charles Maurras et *L'Action française*, mais aussi par de jeunes intellectuels comme Robert Brasillach et Drieu La Rochelle qui deviendront d'éminents collaborateurs sous l'occupation allemande. Mais à cette époque de brassage idéologique, tout n'est pas tranché au couteau. Les divergences idéologiques n'impliquent pas encore des clivages conséquents dans les relations privées de sorte que Drieu, en dépit de ses sympathies fascistes, pouvait être l'ami de Malraux et faire publier chez Gallimard en 1934 son livre intitulé *Le Socialisme fasciste*. Ce livre reçut d'ailleurs les éloges de Benda et de Nizan. Être de droite ou de gauche était, pour les jeunes, une façon d'exprimer un sentiment commun : la révolte contre le conformisme, la médiocrité satisfaite et l'ordre bourgeois. Être de *L'Action française* équivalait, pour ces jeunes, à mettre le désespoir personnel au service d'une cause qui se réclame de l'absolu. Ils n'avaient pas encore d'hécatombe derrière eux.

Les Laurendeau arrivent à Paris le 24 septembre 1935. Le climat politique européen est particulièrement tendu à la suite de l'agression italienne en Éthiopie. On craint même que la guerre n'éclate. Ces événements qui s'ajoutent à la multiplication des dictatures, aux succès des ligues fascistes [6], de même que les rapprochements entre les partis de gauche et les syndicats ouvriers, amènent certains intellectuels catholiques à se ranger du côté de la gauche dans le but de créer un front antifasciste. Ainsi, Mounier, Maritain et Mauriac publièrent, le 18 octobre 1935, dans *Sept*, un manifeste dénonçant l'invasion de l'Éthiopie.

La vraie France qui accueille Laurendeau à l'automne 1935 est divisée et agitée. Les débats idéologiques y sont virulents. Ce bouillonnement des idées fascine ce jeune Canadien français habitué à l'unanimisme. La France cesse d'être une abstraction livresque, un idéal mythique. Laurendeau est profondément troublé par la France réelle où il se sent à la fois dépaysé et en pays de connaissance. Il se compare à un pèlerin, c'est-à-dire qu'il se sent à la fois spectateur et acteur, tout comme celui qui fait un pèlerinage dans un lieu saint se sent en même temps chez lui et à l'étranger. Il supporte mal l'indifférence et l'anonymat car il attendait sympathie, chaleur et solidarité de la mère-patrie :

> Les Français ne nous connaissent pas beaucoup en général et ne manifestent
> pas le désir de nous connaître. Il faut comprendre cependant que s'ils ne

s'intéressent pas beaucoup à nous, c'est que nous ne sommes pas toujours intéressants [7].

Au début, il éprouve des difficultés d'acclimatation. Il n'est pas à l'aise dans ses rapports avec les intellectuels français en raison des différences de vocabulaire, de diction et d'habitudes. Le 17 octobre 1935, il décrit ainsi ses premières impressions :

> Une autre façon de concevoir ses arguments, de les servir, de converser... je n'ai pas réussi à rompre la glace malgré leur réelle simplicité... de ma part ça reste un peu guindé... Le seul ennui que nous ayons eu à Paris, c'est le manque d'intimité avec quelqu'un [8].

Il est souvent déconcerté par les réactions qu'il provoque chez ses interlocuteurs, qui considèrent les Canadiens français comme des hommes de traditions, des esprits conservateurs ; « les uns nous en félicitent, d'autres se moquent un peu de nous » [9]. Au début de son séjour parisien, il se présentait comme nationaliste, mais il cessa de le faire car il se rendit compte de l'équivoque. Cette étiquette éveillait en Europe des sympathies ou des antipathies qu'il ne comprenait pas.

Le jeune couple s'installe au 24 bis rue Tournefort, située dans le vieux Paris, près de la rue du Pot-de-Fer et de la rue Mouffetard. Elle passe au-dessus des catacombes de la vieille Lutèce, ce qui rappelle à Laurendeau les origines chrétiennes de la France. Lui et sa femme s'empressèrent de faire bénir leur appartement par le père Doncœur. Ils profitent de leurs loisirs pour découvrir Paris. En plus des démarches administratives, ils doivent aussi se familiariser avec le milieu médical français car Ghislaine est enceinte.

Laurendeau renoue avec les plaisirs du dilettantisme puisqu'il n'est pas venu à Paris pour décrocher un diplôme mais pour se cultiver et s'ouvrir l'esprit aux multiples courants qui agitent la vie intellectuelle française. Il s'inscrit comme auditeur libre à la Sorbonne et à l'Institut catholique pour des cours de philosophie, de morale et de sciences sociales. Il a pour professeurs B.R. Gosselin, l'abbé Lallement, Yves Simon, Maritain et André Siegfried qui donne, le vendredi après-midi au Collège de France, un cours sur le Canada. Il suit aussi un cycle de conférences au théâtre du Vieux Colombier où défilent Thierry Maulnier, Pierre Gaxotte, Charles Maurras, Henri Ghéon et Bertrand de Jouvenel [10]. Il fréquente assidûment les Cadets du père Doncœur à Issy-les-Moulineaux : « Ce que j'admire surtout chez ces jeunes, écrit-il, c'est le fait qu'ils n'ont fixé aucune limite à l'exercice de leur catholicisme » [11]. Il ne sera pas le seul Canadien français à être séduit par le magnétisme et la personnalité du père Doncœur. D'autres comme les directeurs de *La Relève*, Paul Beaulieu et Robert Charbonneau, participeront aux voyages à pied à travers l'Europe organisés par Doncœur.

Durant son séjour parisien, Laurendeau sera le correspondant régulier du *Devoir*. Cette correspondance lui permet de communiquer aux nationalistes et à ses amis des Jeunes-Canada les résultats de ses réflexions et de ses découvertes. Il peut aussi, de cette façon, prolonger son leadership intellectuel. Ces lettres nous permettent de retracer son évolution intellectuelle et de voir par quelles influences il sera amené à se détacher du cléricalisme, à dissocier le catholicisme du régime politique et social, à se préoccuper des questions sociales, à adopter une position moins dogmatique vis-à-vis du communisme et à devenir un catholique de gauche.

À l'automne 1935, il est encore aux prises avec le problème de la relation entre l'action catholique et l'action nationale. Il n'a pas accepté la thèse qui tendait à exclure l'action nationale des mouvements d'action catholique et qui incitait les groupements de jeunes à ne faire que de l'action catholique. Dans une lettre à ses parents, il revient sur la question :

> D'abord, il n'a jamais été question de demander autre chose aux groupes d'action catholique que de l'action catholique. La question est de savoir s'ils feront de l'action catholique intégrale comprenant l'action sociale et nationale ou de l'action catholique étouffée ; si l'action catholique est l'action catholique ou si elle est un tiers ordre ou une congrégation. Et maintenant, je suppose que les évêques décident contre notre thèse, c'est alors surtout que *L'Action nationale* aurait un rôle. Quand un bastion cède, en fait-on sauter un autre ? [12]

À l'occasion du passage à Paris du cardinal Villeneuve, il est invité à rencontrer le prélat pour discuter de la question, ce qui démontre que Laurendeau, malgré ses 23 ans, est un interlocuteur respecté. Le Cardinal profite de cette entrevue pour expliquer sa position. Il affirme qu'il n'y a pas d'antagonisme entre l'action catholique et l'action nationale mais il estime que l'action catholique ne peut être embrigadée dans une œuvre d'action nationale, elle ne peut que préparer le jeune au patriotisme :

> Le nationalisme, dit-il, fait peur à certaines gens. Moi, je n'en ai pas peur, pas même de cette encyclique du Pape dont M. Bourassa nous a menacés... l'hitlérisme a été condamné et nous comprenons pourquoi, mais le

patriotisme ne peut pas être condamné. Sauf certaines outrances verbales, notre nationalisme est sain [13].

Cette dialectique subtile rassure Laurendeau qui entreprend une enquête sur cette question en France pour confirmer sa thèse de l'intégration de l'action catholique et de l'action nationale. Les résultats de ses recherches seront publiés dans *Le Devoir*, le 19 décembre 1935. En s'appuyant sur les déclarations d'autorités religieuses françaises, il pense atténuer les réticences de l'épiscopat canadien. Cela lui permet aussi de démontrer que le pluralisme de pensée est possible dans l'Église puisqu'en France la diversité d'opinions existe : « Il n'est pas mauvais, écrit-il, d'ouvrir ses horizons et d'aller chercher ailleurs des vérifications ». Il invoque alors le témoignage des Compagnons de Saint-François qui se déclarent catholiques et patriotes. Il cite aussi Joseph Folliet de l'hebdomadaire *Sept* :

> À *Sept*, hebdomadaire d'action catholique, nous nous intéressons au temporel dans la mesure où celui-ci touche au spirituel ; d'un autre côté il me semble clair qu'il ne peut pas y avoir de conflit entre le patriotisme authentique et l'action catholique [14].

Il interroge ensuite le père Doncœur qui soutient que le national et le religieux peuvent se développer ensemble :

> Enracinement évoque deux idées : la terre où l'on s'enfonce et la race où l'on se plonge. Au fond, c'est une même chose, sol et peuple égale pays. Inversement, déracinés égale dépaysés. La plus grave erreur de la civilisation soi-disant moderne consiste à croire que nous pouvons être détachés impunément de notre terre et de notre passé et jetés au hasard sur la surface d'un globe ouvert à tous les vagabondages. Il faut, et nous le disons, sortir des murailles de Chine, donner et recevoir de l'étranger, de l'Univers. Mais pour que cet échange soit fécond, il faut d'autant plus s'enraciner dans son propre sol [15].

Fort de cet appui moral et théorique, Laurendeau élabore avec confiance sa conception d'un nationalisme complexe qui affirme, de façon dialectique, la nécessité de l'enracinement comme mode de participation à l'universalité. Cet équilibre entre le national et le religieux, tout comme celui qu'il préconisera plus tard entre le national et le social, lui permet d'éviter le piège consistant à sublimer la honte de soi dans le culte de la grandeur de Rome ou de quelque autre puissance. Il se libère d'une culpabilité malsaine d'être nationaliste et enraciné, c'est-à-dire d'appartenir à un peuple situé dans le temps et l'espace. Cet acquis de conscience rend possible l'ouverture aux autres et au changement et entame le lien entre nationalisme et conservatisme. Ses rencontres intellectuelles avec la gauche catholique française lui révèlent la possibilité d'une pensée enracinée et constructive qui contraste fortement avec la vision du monde désincarnée, diffusée par les intellectuels catholiques canadiens. Il se libère de la fuite du réel imposée par l'idéologie cléricale. Le contact avec le réel devient son obsession; c'est là le sens de sa révolution spirituelle. Laurendeau veut sortir de la misère intellectuelle. Sa recherche d'une pensée audacieuse, qui ait de l'élan et pousse au dépassement, le conduira vers Emmanuel Mounier et la revue *Esprit*.

Laurendeau s'était fixé comme objectif de mieux faire connaître au Québec les nouveaux courants intellectuels français. À cette fin, il avait entrepris une série d'enquêtes auprès d'écrivains ou de personnalités de tous horizons politiques : Daniel-Rops, Nicolas Berdiaeff, le Comte de Paris, Thierry Maulnier, Jean Guéhenno, Émile Bass, Jacques Maritain et Emmanuel Mounier. Dans une lettre à l'abbé Groulx, il explique ce que lui apportent ces rencontres :

> J'ai connu quelques hommes et quelques groupes nouveaux depuis les instituteurs catholiques jusqu'aux écrivains marxistes. En cela, je gagne au moins d'élargir mon champ de vision. J'essaie de m'ouvrir à toutes les influences qui me semblent bonnes même s'il y a quelques risques... plus je vais et plus je trouve qu'on manque d'audace intellectuelle chez nous [16].

Le compte rendu de ses pérégrinations dans le Tout-Paris littéraire paraît de temps à autre dans *Le Devoir*.

Au début d'avril 1936, Laurendeau rapporte ainsi un entretien avec Mounier, car il veut faire connaître mieux la revue *Esprit* qui ne recrute que trois abonnés au Québec. Il s'intéresse en particulier aux rapports des catholiques de gauche avec le communisme. Il résume aussi l'attitude d'*Esprit* :

> Au communisme, ils veulent prendre ce qu'il y a de vivable et d'original. Ils s'élèvent fortement contre tout fascisme, régime inhumain, solution sommaire. Ils se tiennent à égale distance de l'individualisme et du collectivisme [17].

Cette attitude d'esprit séduit d'emblée Laurendeau qui dit adhérer aux idées exprimées par Mounier dans *Révolution personnaliste et communautaire*, qu'il a lu attentivement et résumé de façon exhaustive [18].

La revue de Mounier se proclamait internationale au sens d'universelle : « le mal étant universel, explique Mounier, la révolution doit l'être aussi, cela ne supprime en rien les réalités nationales »[19]. La découverte du personnalisme sera une révélation pour Laurendeau qui était aux prises avec des systèmes de valeurs contradictoires qu'il n'arrivait pas à réconcilier. Mounier lui apporte une synthèse originale et dynamique qui répond à son questionnement et apaise ses angoisses.

Plus il pénètre la vie intellectuelle française, plus ses préjugés envers le communisme s'atténuent. Il est impressionné par la ferveur, la chaleur et le caractère populaire du mouvement communiste. « En somme, écrit-il à ses parents, il me semble qu'il y a deux pôles, deux vraies élites sincères, généreuses : la communiste et la catholique »[20]. Il est forcé de constater que si la pratique religieuse est faible en France et qu'il n'y a plus que des femmes et des vieillards qui assistent à la messe, à l'inverse les communistes et les socialistes ont le soutien des masses ouvrières.

Son premier contact avec le communisme français se produit en mars 1936 à l'occasion d'une manifestation à la Mutualité en l'honneur de l'écrivain Romain Rolland. Il rapporte ainsi le souvenir de cette soirée :

> Des camelots passaient à côté de nous qui nous appelaient « camarades », soulevés, unis par un grand espoir. Mon ami Émile Bass me dit : « Quand on se pose les grands problèmes, on va malgré soi vers la gauche ; les hommes de droite ne pensent pas ». (Il ajoute laconique) : J'ai l'impression que c'est vrai... J'ai entendu Guéhenno. Chauson (directeur de *Vendredi*), André Gide qui présidait, Léon Blum et Marcel Cachin (le communiste)... On chantait l'Internationale le poing levé[21].

Cette communion d'esprit, cette fraternité l'ébranlent. Il prend conscience des déformations hystériques à travers lesquelles on présente le communisme au Québec. Dans un article sur les communistes, il écrit : « (les communistes) partagent des valeurs universelles comme la justice, des valeurs chrétiennes comme la charité »[22]. Il est parfaitement conscient de la mutation idéologique qui le travaille :

> Pour employer le langage d'ici, je me sens de plus en plus glisser vers la gauche tout en n'abandonnant rien ou presque de mes positions antérieures. Parfois, cela me trouble un peu, parfois, je réussis une synthèse pratique[23].

En avril, il assiste à un débat organisé par la revue *Esprit* mettant en cause l'attitude des catholiques à l'égard du communisme et du fascisme. Laurendeau commence à douter de la justesse de la position de l'Église qui dénonce systématiquement le communisme et fait montre de complaisance envers le régime fasciste de Mussolini. Tous les intellectuels qu'il fréquente et estime en France sont très critiques à l'égard du fascisme alors qu'au Québec ses amis ont plutôt tendance à être sympathiques à la droite :

> ... depuis que je suis en Europe, mon admiration pour l'œuvre de Mussolini, de Hitler et même de Salazar a baissé... Ai-je le droit d'oublier que le nationalisme italien menace étrangement la paix du monde... Dois-je oublier que chez lui la liberté de la personne en principe n'existe guère plus ? Qu'enfin le mouvement ouvrier est détourné et qu'ainsi certains avantages de l'histoire chèrement payés pourtant sont perdus pour une longue période de temps ? Ai-je le droit d'oublier que les amitiés catholiques fascistes sont pour l'Église un formidable danger pour l'avenir ?[24]

Au contact de la gauche française, il se rend compte que l'Église au Québec constitue une force de résistance au changement et que, de ce fait, elle ne sert pas de la meilleure façon la véritable philosophie chrétienne. En s'identifiant à la droite, elle se coupe du mouvement ouvrier qui aspire au progrès et à la justice sociale. Elle ne peut que se faire tort en dressant les catholiques contre la gauche.

Dans ses descriptions de la France, Laurendeau transgresse les stéréotypes qui avaient cours au Québec. Il tend à les infléchir en présentant un point de vue nuancé sur les communistes et un jugement critique sur les intellectuels de droite. Le directeur de l'École sociale populaire, le père Papin Archambault, l'incite dans sa correspondance à attaquer le communisme. Ses lettres se font insistantes à cet égard. Mais Laurendeau n'obtempère pas. Il affirme de plus en plus, avec prudence toutefois, son autonomie intellectuelle.

Ce questionnement des régimes catholiques autoritaires l'éloigne de ses amis Jeunes-Canadiens. Ce processus de distanciation idéologique peut être illustré par ce que déclarait, à la même époque, Pierre Dansereau dans *L'Action nationale* : « Notre vie nationale d'asteur est organisée au petit bonheur. Jusqu'ici, pas de Mussolini pour réunir en faisceaux les forces nationales »[25]. Son ami Paul Simard lui écrit qu'il n'aime pas les articles qu'il rédige de Paris et lui conseille d'élargir ses horizons en témoignant de ce qui se passe chez les Croix de feu et à l'Action française[26]. Laurendeau, de son côté, se dit agacé par les positions rigides du journal *La Nation* qui oppose, de façon absolue, la droite et la gauche et adopte un parti pris favorable à la droite française : « Croient-ils que cela donne quelque chose cette volonté constante de toujours s'opposer, de ne jamais entrer en conversation avec l'adversaire et de s'enfermer dans des conflits sans issue »[27]. Il pense, au contraire, que l'adversaire est nécessaire et qu'au lieu d'avoir une vision manichéenne du monde qui aboutit forcément à la volonté de détruire l'autre, il est plus chrétien de tenter de s'enrichir à son contact. Connaître l'autre favorise la prise de conscience de soi et de sa propre vérité. Ce rapport à l'adversaire joue, à son avis, un rôle semblable à celui de l'épreuve qui renforce la foi. Il justifie ses fréquentations marxistes en invoquant saint Thomas : « Je crois que saint Thomas aurait été fort peu thomiste au sens où on l'entend au Québec, lui qui empruntait des éléments de sa doctrine aux hérétiques, aux païens... Quand chez nous, je me mettrai à trouver que de mon côté, à peu près tout est bien et que du côté de l'adversaire, à peu près tout est mal, j'aurai besoin de faire un voyage »[28]. Il ne peut admettre l'étroitesse d'esprit de ceux qui rejettent a priori et sans examen un système de valeurs pour la seule raison qu'il est différent du leur. Il refuse de s'enfermer dans un carcan doctrinal et aspire à juger les situations pour elles-mêmes, sur la base des faits, des données de l'expérience. Les préjugés doivent céder la place à l'analyse.

En avril 1936, André et Ghislaine vont passer trois semaines en Alsace à l'invitation d'André Bass, que Laurendeau a connu à l'Institut catholique. Ce voyage aura une influence décisive sur sa conception du nationalisme car non seulement prend-il conscience de l'autonomisme alsacien et de la pluralité ethnique de la France, mais il constate aussi l'existence d'un mouvement nationaliste qui désire son autonomie sans revendiquer la séparation. Les Alsaciens, tout en demeurant fidèles à la France, exigent l'autonomie et s'opposent aux politiques centralisatrices et à l'assimilation. La situation alsacienne lui ouvre de nouveaux horizons sur le Canada et devient pour Laurendeau un modèle de nationalisme raisonnable. Il présente ainsi la situation dans une lettre à ses parents :

> Nous sommes en plein pays étranger, tout le monde parle alsacien, c'est-à-dire un dialecte allemand, et les vieux parfois ne savent pas dix mots de français. Cette question d'Alsace est moins simple qu'on ne croit... Les Français sont tracassiers et incompréhensifs. Le problème des langues est très complexe et me fait parfois penser au nôtre... Ils sont avant tout Alsaciens, quand ils

90

parlent de la France, ils disent « l'intérieur ». Politiquement, ils sont avec la
France mais pas culturellement... En Chambre, la majorité des députés sont
autonomistes (non séparatistes !!! décentralisateurs) [29].

Laurendeau perçoit plus que des analogies de situation avec le
« problème laurentien », il entrevoit des perspectives stratégiques qui
correspondent mieux à sa vision de la lutte des Canadiens français. Il
expose cette convergence dans un article publié par *L'Action nationale* :

> Sentimentalement, politiquement, les Alsaciens sont et entendent demeurer
> français (sic), culturellement, ils se savent différents et prétendent faire
> respecter leur personnalité au sein de la France grâce à un solide
> régionalisme ; voilà en quoi leur problème présente d'intéressantes analogies
> avec le problème laurentien [30].

Déjà dans cet article, il analyse les conséquences du bilinguisme et du
biculturalisme. Il constate en Alsace que le bilinguisme intégral est
néfaste car il entraîne, de façon quasi automatique, l'assimilation à la
langue de la majorité. Il se documente aussi sur les effets du
biculturalisme et se dit convaincu que la double culture impose des
souffrances à l'individu en créant des âmes inquiètes, indécises,
désemparées. Il convient qu'il ne faut pas se confiner à une seule
culture mais dit-il : « il est nécessaire qu'on accepte *une* culture
fondamentale sur quoi viennent se greffer d'autres expériences » [31].
L'expérience alsacienne convainc Laurendeau que l'autonomie et
l'unité culturelle sont indispensables à un groupe qui veut garder sa
personnalité.

André Laurendeau est probablement le premier intellectuel
canadien-français à se référer à des expériences étrangères pour
comprendre sa propre situation. Par cette curiosité, il fait éclater les
frontières mentales du nationalisme canadien-français et cherche à
renouveler sa réflexion en s'inspirant des situations analogues vécues
par d'autres collectivités.

Il approfondira sa connaissance des problèmes vécus par les
nations minoritaires à l'occasion d'un voyage de dix-huit jours en
Belgique en février 1937. Même s'il se sent plus d'affinités culturelles
avec les Wallons, il s'intéresse surtout aux Flamands dont la situation
présente bien des analogies avec celle des Canadiens français car ils
sont dominés économiquement et politiquement et résistent aux
politiques centralisatrices et assimilatrices imposées par les Wallons.
Il entre en contact avec des nationalistes flamingants pour connaître

leur point de vue et leurs revendications. Laurendeau a relaté l'histoire de la subordination flamande :

> En 1830, quand la bourgeoisie de langue française, lasse du joug néerlandais, rompt l'unité du pays et obtient l'indépendance grâce à la France et à l'Angleterre, c'est eux qui feront les frais de l'aventure ; ils sembleront assoupis, on édifiera sans eux la nouvelle constitution, mais ils resteront le même et indéfectible petit peuple flamand. Cette persistance des nationalistes a quelque chose d'émouvant et elle comporte pour le vainqueur des leçons politiques que malheureusement il n'entend pas toujours. Car l'exemple de la Flandre n'est pas isolé : il y aurait à citer le cas de l'Alsace, le cas de la Pologne, l'Irlande, les nationalités d'Europe centrale et nous-mêmes... La Flandre, si elle s'abandonne en 1830, c'est qu'elle a perdu la mémoire du passé et que ses chefs l'ont trahie [32].

Laurendeau n'a pas de difficulté à comprendre les injustices commises par l'administration wallonne, qui impose avec intransigeance la langue française aux Flamands. L'école, la justice et l'armée sont les trois forces de francisation des Flamands. Ce sont les injustices et les vexations qui, à son avis, en Flandre comme au Québec, engendrent le séparatisme. Laurendeau tire quelques leçons de l'expérience flamande. Il constate d'abord que le réveil flamingant s'est effectué à travers les revendications sociales. « Dans son origine, le flamingantisme se montrait national et culturel mais il est vite devenu social et c'est l'origine de sa force » [33]. L'injustice sociale est le principal ferment de la conscience nationale. Il interroge aussi ses amis belges sur les effets du bilinguisme scolaire pratiqué à Bruxelles : « Est-il bon du point de vue pédagogique de faire apprendre à l'enfant deux langues à la fois ? » On lui répond que le bilinguisme scolaire, quand il est prématuré, « donne des cerveaux abâtardis et des êtres diminués intellectuellement ». Les bilingues ont une langue imprécise et un vocabulaire flou. On lui cite des statistiques qui révèlent que Bruxelles possède le pourcentage le plus élevé d'enfants arriérés de toutes les grandes villes d'Europe. Il revient de Belgique convaincu que le bilinguisme intégral n'est pas souhaitable.

L'évolution du nationalisme d'André Laurendeau sera fortement influencée également par la pensée d'André Siegfried. Non seulement Laurendeau suit-il, de façon assidue, les cours qu'il donne sur le Canada au Collège de France, mais il le rencontre aussi en privé pour discuter des problèmes canadiens.

> Je ne puis le nier, les cours de Siegfried ont exercé sur moi de l'influence. Je n'ai jamais été séparatiste à la manière de *La Nation* qui juge tout à la clarté

de l'autonomisme et voit peu d'intérêt dans le nationalisme de 1911 parce qu'il acceptait la confédération... Je suis moins pressé dans *l'intérêt du Canada français* de prôner l'accession à l'indépendance. Bien entendu, je ne me prononce pas. Je suis trop loin. Et puis, je suis trop sous l'impression des arguments de Siegfried. Mais à cette distance, je comprends mieux la politique de Lafontaine et je me demande s'il n'y aurait pas une bonne confédération à établir. D'autant que je vois ici les ravages de l'État-Nation [34].

Les enseignements de Siegfried l'amèneront à réviser en profondeur son analyse du Canada, non seulement en raison des informations originales qu'il en retire mais aussi à cause de la méthode d'analyse qu'il emploie.

À cette époque, la sociologie était absente des universités québécoises. L'analyse sociale s'inspirait surtout des préceptes religieux et moraux contenus dans le thomisme et dans les encycliques pontificales. On ne faisait pas de distinction entre les jugements de faits et les jugements de valeurs. Siegfried lui ouvrira les horizons nouveaux des sciences sociales car sa connaissance du Canada s'appuyait sur l'analyse des facteurs géographiques, démographiques, économiques et psychologiques. Il faisait davantage appel aux conditions de l'environnement matériel qu'à la mission spirituelle pour expliquer les tendances historiques de la société canadienne. Laurendeau découvre la force intellectuelle de l'objectivité et de la rigueur scientifique et voudra y soumettre son propre jugement. Il apprend à évaluer les situations en s'appuyant sur l'observation des faits.

On retrouve les échos des cours suivis par Laurendeau dans le livre que Siegfried publia en 1937 : *Le Canada, puissance internationale*. Faisant appel aux réalités historiques, géographiques et économiques, Siegfried tente de démontrer que le Canada est un pays carrefour qui subit les influences souvent divergentes des États-Unis et de l'Europe. Il met en relief les forces contradictoires qui tissent l'histoire canadienne. Il voit le Canada comme un pays plein d'espoir, porteur d'une expérience originale ; mais il estime que c'est aussi un pays incertain parce qu'il est travaillé par des forces centrifuges. C'est un pays hybride, divisé, qui n'a pas de véritable identité. Siegfried est fasciné par les contrastes géographiques, ethniques et culturels du Canada. Il s'interroge sur la survie de cette construction politique qui défie la nature. Il cherche à comprendre comment cet ensemble hétéroclite peut se maintenir et résister à l'absorption par le géant américain. Il estime que l'américanisation est le plus grand péril qui menace l'existence du Canada et que seule la présence des Canadiens français peut enrayer ce processus. Ils sont donc indispensables à la survie du Canada et leur résistance à l'assimilation et à l'anglicisation est la meilleure garantie pour l'avenir du Canada. « Personnellement, je crois qu'advenant la rupture du lien confédéral toutes les provinces se rattacheraient aux États-Unis, sauf le Québec »[35]. Cette thèse laissera une trace indélébile dans la conscience de Laurendeau qui modifiera sa vision du Canada. Non seulement a-t-il acquis une méthode de recherche rigoureuse, mais il a aussi découvert un nouveau visage du Canada. Il a pris conscience de la force d'attraction de la puissance américaine et il a découvert la complexité du Canada anglais. Il reste convaincu que le Canada, tel qu'il existe, est un pays impossible mais il croit que le morcellement du Canada qu'entraînerait la séparation de la Laurentie serait encore plus néfaste pour la survie culturelle du peuple canadien-français que le maintien du lien confédéral. La séparation n'est pas viable à son avis parce que nous sommes trop faibles économiquement, nous manquons de capitaux. Il craint aussi que notre faiblesse numérique n'entrave l'épanouis-sement de la culture canadienne-française car, pour nous protéger des influences extérieures, nous serions obligés de nous enfermer dans un système clos. Ces arguments n'avaient rien de nouveau, car ils sous-tendaient le nationalisme canadien de Bourassa, mais ils prenaient plus de poids aux yeux de Laurendeau puisque l'analyse de Siegfried s'appuyait sur des données objectives. Il pense que pour juguler ces dangers le fédéralisme est un moindre mal même si ce type de système politique impose des contraintes au développement des Canadiens français. La Laurentie vue d'Europe lui apparaît comme un pays trop petit. Il craint l'isolement et le repli sur soi qui résulteraient de la séparation. Il estime que l'infériorité et l'impuissance économique des Canadiens français est un obstacle insurmontable et que la séparation n'y changerait rien.

Au contact de la gauche catholique et d'intellectuels comme Mounier et Siegfried, Laurendeau prend aussi conscience de la nécessité de définir un nouveau type de nationalisme qui se démar-querait radicalement du fascisme. Il récuse la sympathie des Canadiens français pour la droite européenne. Il veut qu'on distingue nettement nationalisme et fascisme d'une part et catholicisme et régimes de droite d'autre part. Groulx lui confirme son accord sur ce point en

lui écrivant qu'il n'apprécie guère les tendances autoritaires mani-
festées par *La Nation* :

> Vais-je vous surprendre si je vous affirme que nous sommes tout à fait
> d'accord au sujet de *La Nation* ? Je n'aime ni leur fascisme à l'italienne, ni
> leur haine de l'anglais et de l'Angleterre, ni leurs habituels procédés de
> polémique. Ils entendent secouer toutes les servitudes, se donner pour des
> esprits libres. Pourquoi se faire les disciples de Mussolini quand il serait si
> simple de se mettre à une école qui ne diminue personne : l'école de
> l'Église... Pourquoi cette haine de l'Anglais quand nous sommes surtout
> victimes de notre haine pour nous-mêmes [36].

Les positions critiques de Groulx et de Laurendeau en 1936 montrent
que tous les nationalistes canadiens-français n'ont pas la même vision
du monde. S'amorce alors un processus de modernisation idéologique
du nationalisme, à partir de la réaction des catholiques de gauche à la
guerre civile espagnole qui cristallisera cette nouvelle prise de
conscience. Dans ce contexte, Laurendeau affirme qu'il est de plus en
plus nationaliste mais il se refuse à ériger ce nationalisme sur la haine
de l'autre et sur une conception totalitaire de la société. Le nouveau
nationalisme doit accorder la primauté aux valeurs chrétiennes et aux
conceptions sociales de la gauche. Il se rallie aux thèses de la gauche
catholique : indépendance vis-à-vis tous les partis politiques, main
tendue aux communistes et rejet du nationalisme totalitaire. Il se
préoccupe de réconcilier amour de la nation et progrès social car il
pense que l'avenir du Canada français ne pourra pas se construire en
marge des grands courants sociaux. Il estime que le nationalisme doit
se démarquer « des horreurs des égoïsmes sacrés » parce que cette
attitude est antichrétienne.

Ses nouvelles sympathies pour la gauche se manifestent clairement
dans les articles qu'il rédige sur le Front populaire et sur les
événements d'Espagne. Le 26 avril 1936, la gauche a remporté une
éclatante victoire. Léon Blum forme un gouvernement tripartite
composé de socialistes, de radicaux et de communistes. Laurendeau
est certes impressionné par l'organisation du Parti communiste mais,
à son avis, il faut attribuer le recul des forces conservatrices à leur
recours au langage de la peur et à leur refus de l'innovation, de l'effort
créateur [37]. Le programme de la gauche lui semble plus conforme aux
impératifs de l'idéal chrétien que les égoïsmes de la droite.

La guerre civile espagnole marqua un point tournant dans
l'engagement politique des intellectuels qui ne se satisfont plus de
déclarations, de manifestes ou de réunions incantatoires et s'engagent

dans l'action directe en participant aux brigades internationales. Des écrivains comme André Malraux, Lazlo Rajk, Alexei Tolstoi, Anna Seghers, Jean Richard Bloch, Saint-Exupéry, Ernest Hemingway, John Dos Passos, Georges Orwell vécurent la solidarité internationale sur les champs de bataille. Le placide et désengagé Julien Benda se rendra même à Madrid en 1937 pour participer au congrès de l'Association internationale des écrivains où il fit cette déclaration surprenante : « l'intellectuel est parfaitement dans son rôle en sortant de sa tour d'ivoire pour défendre contre le barbare les droits de la justice »[38]. D'autres qui, comme François Mauriac, rejettent toute forme d'embrigadement politique, se lanceront aussi dans le combat espagnol pour manifester leur refus de la collusion entre la hiérarchie catholique espagnole et la croisade franquiste. Des écrivains catholiques de renom tels Mauriac, Bernanos, Maritain et Mounier proclament ouvertement leur soutien à la cause des républicains espagnols. Ils incitent même le gouvernement de Léon Blum à venir en aide aux forces démocratiques espagnoles. Mauriac explique sa position dans *Le Figaro* du 18 août 1936 : « La non-intervention, il faut bien l'avouer, au degré de fureur où le drame atteint, ressemble à une complicité ». Mais ces appels de la part de fervents catholiques ajoutés à ceux de la gauche communiste ne suffiront pas à faire pencher la balance. Le gouvernement Blum, craignant la réaction des forces de droite et pour ne pas indisposer l'Angleterre, adopte une politique de non-intervention et refuse d'aider militairement le gouvernement légitime de l'Espagne alors que les rebelles de Franco sont soutenus militairement par l'Italie et l'Allemagne nazie qui expérimente sur le terrain son armement et ses tactiques militaires. Le massacre de Guernica éveillera de nombreux intellectuels catholiques aux dangers du fascisme. La guerre d'Espagne fut, par exemple, le chemin de Damas de Bernanos qui, après avoir été témoin des atrocités commises par Franco à Valence, poussa un cri de révolte dans *Les Grands Cimetières sous la lune*. Sans renier ses convictions catholiques et monarchistes, il attaquera ouvertement des catholiques qui, comme Claudel, appuyaient la croisade de Franco.

Laurendeau qui suit à la trace l'évolution intellectuelle du personnalisme se fera l'écho surtout des positions de Mounier et de la revue *Esprit* qui combattent la vision manichéenne de l'opinion catholique. Dans un article publié par *L'Action nationale* en janvier 1937, Laurendeau prend ouvertement le parti des républicains espagnols et il incite ses compatriotes à ne pas confondre la cause du catholicisme en Espagne avec celle des forces réactionnaires du général Franco :

> On éprouve quelque peine à constater que sur cette question (la guerre d'Espagne), les meilleurs quotidiens canadiens-français n'ont fourni, à leurs lecteurs, qu'une documentation unilatérale. Ils ont confondu la cause du catholicisme avec celle de certains catholiques sans se demander si les catholiques d'Espagne ne portaient point la responsabilité du drame qui se joue aujourd'hui... On ne confond pas en vain, pendant des décades, la vie éternelle avec un régime social périmé. Dieu n'est pas la police bourgeoise chargée de défendre les grandes propriétés des nobles et de certaines communautés religieuses et l'exploitation éhontée du pauvre par le grand capitalisme... [39]

Il reproche à la droite de réquisitionner Dieu et le christianisme pour des fins conservatrices. Les catholiques ne doivent pas cautionner la rébellion de Franco qui est une réaction de défense capitaliste, fasciste et féodale. La guerre d'Espagne n'est pas une guerre de religion mais un conflit qui oppose un gouvernement légal, qui s'identifie aux classes populaires, à des généraux qui défendent les intérêts de la classe dominante en se camouflant derrière la religion. Il ne s'agit donc pas d'une lutte sacrée entre le catholicisme et le communisme puisqu'il y a des catholiques et des prêtres qui prennent le parti de la République. C'était notamment le cas du clergé basque massacré par les rebelles à Guernica.

Cette interprétation de la guerre d'Espagne allait à l'encontre du discours clérical canadien-français et, dans les journaux du Québec, les déclarations de soutien à la République espagnole étaient l'exception. Roger Duhamel, dans Le Quartier latin, vantait au même moment les mérites de Hitler et rejetait le point de vue des catholiques de gauche sur la guerre d'Espagne [40]. Le Devoir prenait aussi le parti de Franco. Laurendeau sait qu'il va à contre-courant et qu'il risque de heurter l'opinion nationaliste mais il est convaincu de la nécessité de décaper le nationalisme de ses couleurs conservatrices [41].

La guerre d'Espagne lui a aussi montré que le cléricalisme peut constituer une impasse pour le renouveau social et national car l'Église est une puissance temporelle, une force économique dont les intérêts entrent en contradiction avec les plus hautes exigences spirituelles. « Il y a scandale à penser que même les Jésuites jouaient à la bourse et que nos communautés de femmes sont parfois aussi ladres que riches » [42]. Laurendeau désespère d'une Église qui se compromet trop avec le pouvoir temporel.

Ses articles sur l'Espagne et sur Mounier lui vaudront la désapprobation du père Papin Archambault. Ce dernier lui reproche l'audace de son entrevue avec Mounier qui, selon lui, appelle des rectifications doctrinales. Cette incompréhension, ce dogmatisme, cette fermeture d'esprit désoleront Laurendeau qui sent le fossé idéologique se creuser davantage. L'éloignement géographique le rend nostalgique et il est d'autant plus déchiré face à lui-même que son évolution intellectuelle le mène hors des sentiers battus vers la contestation de l'autorité de ses anciens maîtres qui, à ses yeux, trahissent la vérité. Il souffre intérieurement de cette remise en cause de ses croyances et valeurs. Il avouera, dans une lettre à son père, qu'il est troublé, qu'il manque de foi, d'élan spirituel et qu'il est insatisfait par la religion catholique comme elle se pratique au Québec[43]. Mais il ne peut pas rompre avec son milieu car, écrit-il : «j'ai besoin que mes racines plongent dans la bonne terre de chez nous »[44]. Pour les intellectuels de cette génération qui, en raison du contrôle social exercé par l'Église, ne pouvaient ni adhérer au marxisme ni se déclarer athée, le personnalisme était la planche de salut car il réconciliait le catholicisme et le modernisme. Cette philosophie permettait de respirer intellectuellement dans l'étroit carcan du credo clérical.

Cette nouvelle conscience sociale qui se manifeste chez Laurendeau en 1937 s'est affermie grâce aux études des questions économiques et sociales qu'il entreprend durant l'année universitaire 1936-1937. Sa maturation intellectuelle est également soutenue par la fréquentation assidue des penseurs personnalistes : Maritain, Mounier, Daniel-Rops et Berdiaeff. Il tente de trouver, chez ces interlocuteurs, les réponses philosophiques aux malaises qu'il ressent à l'égard de l'Église. Daniel-Rops reconnaît, comme lui, que le christianisme, tout en condamnant les erreurs du matérialisme, ne s'est pas désolidarisé totalement de lui. Il appelle, pour sa part, un plus juste équilibre entre la satisfaction des besoins humains et le développement de la spiritualité. Il n'accepte ni les positions de la gauche ni celles de la droite et définit en ces termes sa ligne de conduite : « Le chrétien doit être présent dans le monde aux endroits les plus menacés, il doit apporter la réponse de l'amour à la haine, de la justice au désordre, de la paix à la violence »[45]. Berdiaeff, dans ses réponses aux questions de Laurendeau, sera plus direct et explicite. Quelle doit être l'attitude du catholique face à la réalité sociale ? Doit-il se résigner à son sort au nom d'un déterminisme absolu ou doit-il plutôt chercher à agir pour changer sa situation ? Le chrétien doit-il refuser tout rôle créateur et se contenter de subir l'univers matériel pour mieux servir la cause de son salut spirituel ? Peut-il concilier son bien-être matériel et une forte spiritualité ? À travers ces questions, on peut voir que Laurendeau cherche une voie qui lui permettrait d'échapper aux contraintes de l'idéologie cléricale. Il expose la position de Berdiaeff dans le numéro de septembre 1936 de *L'Action nationale* : « L'idée fondamentale de Berdiaeff est que Dieu attend de l'homme une *initiative* créatrice parce que, dans une certaine mesure, la création se continue à travers les hommes ». Cette vision de l'intention divine justifiait le questionnement social et une recherche du changement. Elle enrayait les effets inhibants de la pensée traditionnelle et laissait libre cours à la critique sociale. Berdiaeff encouragea Laurendeau à s'engager activement en tant que chrétien dans la vie sociale [46].

Ce cheminement vers la gauche chrétienne sera complété par l'influence de Mounier qui incarne l'élan spirituel et le modèle de vie que Laurendeau désirait pour lui-même. Il envie les jeunes gens qui forment l'équipe d'*Esprit* et qui, par leur communauté de pensée, œuvrent avec détachement au rayonnement des valeurs spirituelles. Il rêve d'un tel esprit pour les Jeunes-Canada qui, au même moment, caressent le rêve de fonder une revue destinée à la jeunesse, projet qui sera finalement récupéré par *L'Action nationale*. Laurendeau admire surtout la perspective moderne de la revue qui rompt avec tous les systèmes établis et tente de réconcilier, au nom de la primauté de la personne, révolution économique et révolution spirituelle. Mounier veut faire la preuve qu'on peut être intégralement catholique et sincèrement révolutionnaire. Il s'est donné pour tâche de dissocier spiritualité et esprit réactionnaire et de revitaliser le sens de la communauté érodé par l'individualisme bourgeois ou complètement dévoyé par le fascisme et le stalinisme. Mounier insiste sur la vocation communautaire de la personne. Dans sa vision du monde, le *Nous* précède le *Je* mais ne l'annihile pas. Dans la philosophie personnaliste, « le personnel et le collectif ne sont pas séparés radicalement, mais unis par des tensions et des échanges »[47]. Mounier symbolise cette conception car il a réussi à mettre son entreprise personnelle au diapason de l'aventure collective et à fondre pensée et action militante.

Laurendeau rencontre Mounier aux bureaux de la revue *Esprit*, rue du Faubourg Saint-Denis où il est reçu de façon affable mais réservée par le directeur d'*Esprit* qui est un homme timide. Laurendeau désire surtout connaître son point de vue sur le capitalisme. En cette époque de crise économique et d'effervescence sociale, les catholiques de gauche tentent de percer une troisième voie idéologique entre le capitalisme et le communisme mais qui se différencie par ailleurs du corporatisme expérimenté par les régimes autoritaires. Selon Mounier l'individualisme libéral, tout comme le collectivisme marxiste, ont échoué parce que ces systèmes économiques nient la primauté de la personne humaine. Mounier s'attaque aux désordres établis par le capitalisme, qu'il définit comme le principal agent d'oppression de la personne humaine. Mounier récuse le principe de la fécondité de l'argent qui est l'élément moteur du capitalisme.

> Le capitalisme est un régime où le capital a la primauté sur le travail : primauté dans la maîtrise de l'économie et dans la distribution des profits. C'est surtout un régime fondé essentiellement sur le primat du profit ce qui est déjà immoral car par la suite, le primat d'argent devient le mobile dominant de la vie économique [48].

Mounier reconnaît le bien-fondé des thèses de Marx sur le salariat et l'exploitation par l'extorsion de la plus-value. À l'instar de Marx, il dénonce les effets en chaîne de l'aliénation économique qui pervertit tous les rapports humains en les soumettant à la logique de la marchandise. L'argent divise et hiérarchise la société en classes sociales. Le capitalisme impose la corruption politique. La démocratie n'est plus que le masque de l'oligarchie financière. Mounier estime qu'il faut changer le système économique pour mettre fin à l'oppression de l'argent :

> Cela suppose qu'à l'économie anarchique et productiviste dirigée par le profit et l'intérêt particulier, on aura substitué une économie moins dirigée qu'orientée, avec toute la souplesse nécessaire, sur le canon des besoins humains. Cela suppose qu'on aura arraché le pouvoir aux oligarchies économiques pour le donner non pas à l'État, mais aux communautés économiques organisées [49].

Mais en définitive, l'anticapitalisme de Mounier s'inspire plus de Péguy que de Marx car il dénonce surtout la décadence morale et la déchéance humaine qu'engendre le capitalisme. Dans cette perspective évangélique, il conçoit aussi son engagement comme étant au service des pauvres et non d'une classe sociale. Il assume, en quelque sorte, l'héritage proudhonien en préconisant un socialisme qu'on qualifierait aujourd'hui d'autogestionnaire.

La découverte du personnalisme permettra à Laurendeau de concilier ses nouvelles orientations avec les valeurs et les croyances qui lui viennent de son éducation catholique et nationaliste. Il y trouve les réponses à son questionnement intérieur et aux angoisses morales qui le rongent. Il y puisera les linéaments d'une synthèse originale qui intègre son idéal de spiritualité élevée, son ouverture au changement social et son sentiment d'appartenance au Canada français.

Parti des confins de la pensée conservatrice, il a vécu à Paris une « prodigieuse aventure intellectuelle »[50] et revient au Québec avec une pensée sociale de gauche et un esprit critique plus attentif aux faits qu'aux dogmes. Il a effectivement acquis la maturité que nécessite une critique capable d'assumer la continuité.

Le voyage l'a détaché de l'orthodoxie en lui révélant de nouveaux courants intellectuels. Ce recul lui permettra de voir son milieu avec plus de détachement.

> Le profit du voyage, écrit-il, ce n'est pas seulement d'avoir des éléments de comparaison. C'est aussi de se regarder de loin, comme si l'on était un autre. Il faut ensuite vérifier sur place ses intuitions. Mais le regard se souviendra d'avoir embrassé des horizons plus vastes[51].

La vision du monde de Laurendeau s'est donc élargie au contact des jeunes intellectuels français, ceux-ci n'hésitant pas à remettre en cause l'ordre social établi pour réclamer un régime économique nouveau qui, sans être communiste, permettrait de corriger les désordres et les injustices qu'engendre le capitalisme. Il constate que l'approfondissement des valeurs spirituelles peut aller de pair avec la recherche du changement économique et du progrès social. Non seulement revient-il plus conscient des questions sociales mais en outre il rapporte des idées plus radicalement anticapitalistes. L'antitrustard des Jeunes-Canada est devenu, dit-il, « socialiste »[52].

Il se définit toujours comme nationaliste, mais son analyse du problème canadien-français s'est complexifiée. Ses voyages en Alsace et en Belgique, de même que les cours de Siegfried, lui ont donné une vision plus sociologique de la question nationale. De son point de vue, la modernisation de la pensée nationaliste devait se faire à la lumière des expériences étrangères, ce qui impliquait l'ouverture aux autres. Ce renouvellement imposait aussi une attitude plus constructive et la recherche de solutions concrètes aux problèmes des minorités nationales. Ce sont ces principes qui guideront, par la suite, son travail à la Commission d'enquête sur le bilinguisme et le biculturalisme.

L'attitude défensive, le repli sur la tradition ne sont plus à ses yeux des stratégies viables pour réaliser une véritable renaissance nationale. Cette nouvelle conscience l'amène à abandonner l'hypothèse séparatiste et à accepter d'œuvrer dans le cadre de la Confédération canadienne pour améliorer le sort des Canadiens français en revendiquant la plus grande autonomie possible et en résistant à toutes les tentatives de centralisation des pouvoirs.

Enfin, Laurendeau revient d'Europe avec la conviction qu'il faut prendre le risque de la liberté pour assurer le développement de la société québécoise. « La vie, écrit-il, est préférable à la survie, mais il faut en accepter la condition : la liberté »[53]. Cette liberté était, avant tout, celle de la personne vis-à-vis de son milieu. Il s'est donc préparé à transmettre à ses compatriotes le goût de la vie libre. Il se propose d'accomplir cette mission par l'action intellectuelle : le témoignage et la persuasion, car il a foi en la dignité de l'homme. Il croit à son pouvoir d'agir, de créer et de faire l'histoire. Il est convaincu qu'il revient à sa génération d'amorcer les réformes radicales, « la révolution nécessaire » et pour atteindre cet objectif, en fidèle disciple de Groulx, il compte sur l'éducation nationale.

NOTES

1. Herbert R. LOTTMAN, *La Rive gauche*. Paris, Seuil, 1981, p. 73.
2. Julien BENDA, *La Trahison des clercs*. Paris, 1927.
3. André MALRAUX publie un roman antifasciste *Le Temps du mépris*.
4. H.R. LOTTMAN, *op. cit.*, p. 77.
5. Cité par Michel WINOCK, *Histoire politique de la revue « Esprit » 1930–1950.* Paris, Seuil, 1975, p. 80.
6. Les Croix de feu avaient presque réussi à renverser le régime parlementaire le 6 février 1934.
7. Collection André Laurendeau. « Impressions sur la France », causerie prononcée en 1936. P2B4d29.

8. Collection André Laurendeau. Lettre à ses parents, 17 et 28 octobre 1935. P2B227.

9. Collection André Laurendeau. Lettre à ses parents, 8 mai 1936. P2B228.

10. Collection André Laurendeau. Lettre à ses parents, 8 novembre 1935. P2B227.

11. Collection André Laurendeau. Lettre à ses parents, 25 octobre 1935. P2B227.

12. Collection André Laurendeau. Lettre à ses parents, 28 octobre 1935. P2B227.

13. *Ibid.* Propos du Cardinal rapporté par Laurendeau dans une lettre à ses parents.

14. *Le Devoir*, 19 décembre 1935.

15. *Le Devoir*, 26 décembre 1935.

16. Collection André Laurendeau. Lettre à l'abbé Groulx, 13 mai 1936.

17. Collection André Laurendeau. Lettre à ses parents, 31 mars 1936. P2B228.

18. Voir Collection André Laurendeau. P2A872.

19. Collection André Laurendeau. Lettre à ses parents où Laurendeau rapporte les propos de Mounier, 31 mars 1936. P2B228.

20. Collection André Laurendeau. Lettre à ses parents, 30 janvier 1936. P2B228.

21. *Ibid.*

22. *L'Action nationale*, mars 1936, p. 160.

23. Collection André Laurendeau. Lettre à ses parents, 5 mars 1936. P2B228.

24. Collection André Laurendeau. Lettre à ses parents, 26 mars 1936, P2B228 et 23 décembre 1936, P2B229.

25. *L'Action nationale*, janvier 1937, p. 49.

26. Collection André Laurendeau. Lettre de Paul Simard à André Laurendeau, 7 mars 1936. P2A28.

27. Lettre à ses parents, 22 avril 1936. P2B228.

28. Collection André Laurendeau. Lettre à ses parents, 26 mars 1936. P2B228.

29. Lettre à ses parents, 5 avril 1936. P2B228.

30. A. LAURENDEAU, « Problèmes de l'Alsace », *L'Action nationale*, juin 1936.

31. *Ibid.*, p. 372.

32. Collection André Laurendeau. Conférence non datée. P2A657.

33. *Ibid.*

34. Collection André Laurendeau. Lettre à ses parents, 15 mai 1936. P2B229.

35. Lettre d'André Laurendeau à ses parents où il rapporte une conversation qu'il a eue avec Siegfried, 13 mai 1936. P2B229.

36. Lettre de Lionel Groulx, 2 septembre 1936. P2A33.

37. Voir *Le Devoir*, 27 juin 1936.

38. Cité par H. LOTTMAN, *op. cit.*, p. 153.

39. *L'Action nationale*, janvier 1937, p. 42.

40. Voir Lettre de Claude Robillard à André Laurendeau, 14 février 1937, P2A36.

41. Voir *L'Action nationale*, mars 1937, p. 163.

42. Lettre à ses parents, 31 décembre 1936. P2B229.

43. Lettre à son père, 13 janvier 1937. P2B229.

44. Lettre à Lionel Groulx, 24 janvier 1937. P2B209.

45. *L'Action nationale*, octobre 1936, p. 116.

46. L'influence de Maritain qui affirme dans *Humanisme intégral* que le chrétien ne peut être indifférent au monde renforcera cette conviction de Laurendeau.

47. J.M. DOMENACH, *Emmanuel Mounier*. Paris, Seuil, p. 87.

48. André LAURENDEAU, « Entretiens avec Mounier », *L'Action nationale*, janvier 1937, p. 30.

49. *Ibid.*, p. 37.

50. André LAURENDEAU, *La Crise de la conscription*. Montréal, Éditions du Jour, 1962, p. 10.

51. André LAURENDEAU, *Ces choses qui nous arrivent*. Montréal, H.M.H., 1970, p. 142.

52. Collection André Laurendeau. Lettre à son père, 23 décembre 1936. P2B229.

53. André LAURENDEAU, « Les Destins du Canada français », *Les Études*, juillet 1936.

Chapitre V

Le retour d'Europe

Passionné par le mouvement des idées en Europe, pénétré des débats et de ses rencontres avec la haute intelligentsia parisienne, Laurendeau retrouve, au début de l'été 1937, un Québec emmitouflé dans les traditions et le conservatisme. Il ressent, avec plus d'acuité, le retard social et culturel et ne peut s'empêcher de comparer et de tout juger sévèrement à la lumière de son expérience européenne.

> Jadis, je fus un retour d'Europe et je reconnais souvent chez les rapatriés d'aujourd'hui les sentiments qui furent les miens. Là-bas, j'ai mis quelques semaines à m'adapter superficiellement. Et j'ai mis 4 ou 5 ans au retour à me réadapter [1].

Le retour d'Europe a souvent tendance à afficher sa supériorité et à mépriser le milieu qu'il réintègre. Tout lui déplaît. Il voudrait revoir chez lui ce qu'il admirait à l'étranger, reconstituer son mode de vie européen, retrouver la densité intellectuelle, la richesse esthétique. À ses yeux, seules ont de la valeur les réalisations des autres. Il juge les entreprises de ses compatriotes médiocres et dérisoires. Le plus souvent, il se réfugie dans la nostalgie du souvenir et la contemplation déréalisante, justifiant ainsi ses propres échecs. Ses sentiments n'atteignent pas toujours le stade suprême du rejet car ils peuvent être tempérés par le respect des valeurs nationales, l'attachement viscéral au pays faisant contrepoids. Dans ce cas, la frustration se transforme en force positive, en volonté d'agir. Passé le choc brutal des premiers mois de réinsertion culturelle, le retour d'Europe s'engage alors sur la voie du réformisme. Pour être efficace dans son nouveau rôle, il devra freiner ses ardeurs, pondérer ses remarques critiques et ne pas toujours dire brutalement ce qu'il pense. Il lui faudra de la finesse et une souplesse de pensée soucieuse de composer avec le milieu qu'il veut transformer. En bref, il devra se soumettre aux exigences de l'adaptation pour atteindre une synthèse originale où se combineront ses nouvelles connaissances et la conscience des résistances du milieu. C'est à ce défi que s'attaquera Laurendeau.

La réadaptation ne se fera pas sans peine car la crise avait renforcé les attitudes conservatrices des Canadiens français alors que sa propre trajectoire intellectuelle l'avait amené à prendre conscience des abus du capitalisme, des droits légitimes des ouvriers et de l'urgence des réformes sociales. Il ne fait pas confiance au régime en place. L'Union nationale au pouvoir depuis 1936 ne respectait pas ses promesses de renouvellement car les éléments progressistes de la députation avaient été écartés des postes de responsabilité. La prise du pouvoir par l'Union nationale n'a pas soulevé son enthousiasme. Il ne se faisait pas d'illusion sur la capacité de régénérescence du vieux parti conservateur. Il ne croyait pas Duplessis capable de faire « la grande politique », encore moins d'éliminer la favoritisme et le patronage. Il n'est pas d'accord avec ses amis Jeunes-Canada lorsque ceux-ci décident de donner leur appui à Duplessis. Durant la campagne électorale, Pierre et Dollard Dansereau, par leur présence aux meetings de l'Union nationale, avaient cautionné le nationalisme de Duplessis. Laurendeau, quant à lui, considérait Duplessis comme l'avorteur du mouvement nationaliste et réformiste. Il ne lui pardonnera jamais d'avoir fait échouer la révolution rêvée par la jeune génération.

À son retour d'Europe, Laurendeau retrouve le mouvement Jeunes-Canada en pleine décomposition. Ses membres se sont dispersés pour entreprendre une carrière ou encore se sont expatriés, soit pour poursuivre des études — ce fut le cas de Pierre Dansereau — soit pour rompre avec le milieu comme le fera Paul Simard qui s'en va en Amérique latine parce qu'il a le dégoût du verbiage et de l'inaction des Canadiens français : « je ne veux plus, dit-il, me mêler à nos luttes nationales et politiques » [2]. Cette démobilisation est provoquée par les déceptions du régime duplessiste.

Le retour au Québec signifie aussi, pour Laurendeau, l'entrée sur la scène professionnelle. Il doit gagner sa vie pour subvenir aux besoins de sa famille — il a eu une fille, Francine, durant son séjour à Paris. Ce problème de gagne-pain se règle facilement car son père lui confie la direction de la revue *L'Action nationale* qui se définit comme « l'organe de pensée et d'action au service des traditions et des institutions religieuses et nationales de l'élément français d'Amérique ». Il entre officiellement en fonction le 1er septembre 1937. À titre de directeur, il touche un salaire de 100 $ par mois, plus 20 p. 100 des profits nets payables tous les six mois. Il a pleine liberté pour concevoir les numéros de la revue. Fort de cette nouvelle autorité, il pourra consacrer ses énergies au renouvellement de la pensée nationaliste et entreprendre l'œuvre d'éducation nationale si nécessaire à la renaissance nationale. La revue, à ce moment-là, compte entre deux et trois mille abonnés dont 40 p. 100 sont des clercs, 54 p. 100 des laïcs et 6 p. 100 des associations [3].

Comme il avait été élevé dans le giron nationaliste, cette succession lui était naturelle. Elle avait d'ailleurs été prévue avant son départ pour l'Europe [4]. Durant son séjour à Paris, il avait participé activement à l'orientation de la revue en conseillant son père. Il critiquait sévèrement l'étroitesse d'esprit des collaborateurs et jetait déjà les bases de son programme de modernisation :

> (la revue) me semble avoir une attitude un peu étroite sur le monde non parce que le domaine qu'elle s'est taillé pèche par exiguïté, mais parce qu'elle n'exploite pas toutes les possibilités. Par exemple, le national et le social se tiennent ; se pencher davantage sur le social en montrant qu'il ne nie pas le national, en soulignant le lien intime, qui les unit... Enquête sur les méfaits du chômage et des secours directs à Montréal, en montrant le mal que cela fait à la nation... Chercher l'humain partout. Parler du catholicisme d'une manière plus positive, plus riche...[5]

Il lui suggérait de s'entourer de collaborateurs plus jeunes et d'ouvrir les pages de la revue aux courants intellectuels français et étrangers « pour qu'on sente de perpétuels courants d'air ». Laurendeau voyait grand. Il s'imaginait pouvoir reproduire au Québec la structure intellectuelle du mouvement *Esprit*. *L'Action nationale* devait, selon lui, fonder une maison d'édition, ouvrir une librairie et, pourquoi pas, lancer un journal hebdomadaire [6]. Ce plan de développement était certes à la mesure de ses ambitions mais il cadrait mal avec les ressources intellectuelles du Canada français.

Le discours nationaliste tenu par les rédacteurs de *L'Action nationale* était alors dépourvu de contenu social. Certes, la revue soutenait le programme de restauration sociale mis de l'avant par les Jésuites de l'École sociale populaire mais les collaborateurs prêchaient plus volontiers l'ordre et la stabilité que le changement social. La question ouvrière par exemple était surtout abordée d'un point de vue moral. La revue adhérait aussi au projet de corporatisme social. On dénonçait les injustices surtout en raison des désordres qu'elles engendraient et des dangers de lutte des classes qu'elles couvaient. Laurendeau tentera d'infléchir progressivement cette orientation conservatrice et de donner un second souffle à la revue. Le nouveau directeur est présenté en ces termes aux lecteurs dans le numéro de septembre 1937 :

> Ainsi armé, fort de son nationalisme sain, et encore plus d'un catholicisme éclairé et vivant, doué d'une jeunesse pleine d'allant, mais qu'ont déjà nourrie les études et les voyages, M. André Laurendeau accède à la direction de *L'Action nationale* en une période particulièrement difficile où notre nationalité a besoin de guides sûrs, de chefs éclairés et dévoués [7].

Dès le premier numéro, Laurendeau impose un changement d'orientation éditoriale. Il met de l'avant ses préoccupations sociales et ouvre les pages de la revue à l'analyse de problèmes étrangers afin de donner un contenu plus humain et plus concret au nationalisme et d'élargir ses horizons. Il prend soin de préciser que sa conception de l'action et de l'engagement ne le conduira pas sur le chemin de la politique politicienne.

> Que ce mot action ne prête à aucune équivoque. Nous n'avions jamais promis de nous jeter dans la mêlée politique et c'est une aventure dont nous nous garderons bien... L'action pour nous, c'est une vigilance raisonnée qui ne se perd pas dans les hasards quotidiens et qui, loin de s'écarter de l'actualité, veut rejoindre à travers les mirages des apparences l'actualité profonde [8].

La revue doit être la conscience du mouvement nationaliste : elle a pour mission de le garder au cœur de la vie collective.

La pauvreté intellectuelle du Canada français était, à son avis, la principale cause de notre déchéance nationale. La priorité devait donc aller à l'action pédagogique, à l'articulation d'une pensée moderne et à la formation de chefs de file capables d'influencer l'ensemble de la société. Former les esprits, être leader d'opinion, telle est son ambition.

La fonction de directeur de revue lui permet de rayonner non seulement par l'écrit, mais aussi par la parole car on l'invite à prononcer des causeries à la radio, dans les collèges classiques ou devant les nombreuses associations catholiques. Cette activité de conférencier lui permettra de tisser un réseau serré de relations et d'amitiés qui serviront de base à ses actions futures. Il exerce aussi, par ce biais, un grand ascendant sur la jeunesse comme en témoignent les nombreuses lettres qu'il reçoit et qui sollicitent des conseils sur les lectures à entreprendre ou la façon de mettre sur pied une association étudiante. Agir par l'influence, tel est son objectif.

Le premier article qu'il écrit, à titre de directeur de *L'Action nationale*, traite du problème ouvrier et porte sur le conflit à la Dominion Textile. Laurendeau prend la défense du syndicat et fustige l'attitude de Duplessis. Il ne reconnaît pas au gouvernement le droit d'intervenir dans les conflits ouvriers. Il insiste sur la dimension nationale de la question sociale, illustrée par cette grève qui opposait des ouvriers francophones à des patrons anglophones. Fait inusité dans le discours nationaliste, Laurendeau critique le caractère confessionnel du mouvement syndical. Il reproche tout particulièrement au cardinal Villeneuve d'avoir usé de son autorité morale pour briser la grève [9]. Il pense que le sens de la justice sociale n'est pas assez développé chez les catholiques [10].

Comme directeur de *L'Action nationale*, Laurendeau cherche aussi à donner une dimension internationale au nationalisme en publiant des articles qui analysent la situation des Alsaciens ou des Flamands. Il ouvre les pages de la revue à son ami Émile Bass afin d'intéresser ses lecteurs aux revendications d'autres peuples minoritaires en lutte pour la reconnaissance de leurs droits linguistiques. Toujours dans le but d'élargir les horizons intellectuels du Canada français, il publie un article sur la situation des Flamands, fort mal connue jusqu'alors, et initie par ailleurs une enquête sur l'Empire britannique.

Son effort de renouveau vise aussi à dissocier sans équivoque le nationalisme du racisme et à le démarquer des doctrines d'extrême-droite. Il profite de la présentation de l'article d'Émile Bass sur le problème alsacien pour dénoncer, au Québec, les ferments du racisme qui, « au sens le plus fort du terme, représente, dans certains secteurs de notre vie intellectuelle, une menace d'autant plus réelle que personne ne la prend encore au sérieux »[11].

Il reproche, entre autres aux élites canadiennes-françaises, de n'invoquer les discours du Pape que lorsqu'ils s'attaquent au communisme et des les ignorer quand ils critiquent la droite :

> Les Canadiens français applaudissent toujours plus volontiers aux anathèmes contre l'extrême-gauche qu'aux anathèmes contre l'extrême-droite.

> Nous sommes trop souvent de ceux qui pensent suivant la dure formule de la *Vie intellectuelle* que Dieu est à droite. Du plus profond de moi, je m'associe à votre refus du marxisme. Je prétends le faire au nom du message évangélique et de la philosophie chrétienne, non pour obéir à je ne sais quels préjugés fascistes, pour diviniser n'importe quel ordre [12].

Au-delà des confusions entretenues entre nationalisme et droite, il soutient qu'on peut aimer sa patrie sans forcément adhérer aux idéologies totalitaires. Cette critique des extrémismes ne l'amène cependant pas à prêcher les vertus du libéralisme comme antidote au fascisme car le libéralisme garantit avant tout la liberté de la haute finance et des trusts qui sont, à son avis, tout aussi condamnables. Il n'adhère ni au communisme, ni au fascisme, ni au capitalisme. S'il estime que le nationalisme doit se dégager des influences conservatrices, il ne sait pas encore quel contenu social lui donner. Le projet de société reste une question ouverte dans la pensée de Laurendeau qui cherche à donner une assise personnaliste au nationalisme. Sans adhérer explicitement au corporatisme social, il accepte d'explorer cette conception de l'organisation collective en lui consacrant un numéro spécial de la revue en janvier 1938.

Cette philosophie sociale inspirée de la société féodale avait reçu l'aval de l'Église. Dans ce type d'organisation, l'unité première de la société n'est pas l'individu mais le groupe : la famille et la corporation. Le père Desrosiers expliquait ainsi le principe de base de cette idéologie :

> L'Église, se basant sur ce principe de la véritable philosophie sociale que l'homme a besoin de multiples sociétés pour vivre convenablement, demande aujourd'hui comme autrefois qu'on fonde des sociétés professionnelles c'est-à-dire qu'on groupe ensemble tous les travailleurs, ouvriers et patrons d'une même profession [13].

Tous les hommes étant frères et devant s'aimer mutuellement, il ne peut y avoir d'intérêts irréconciliables entre employeurs et employés. La charité chrétienne impose la collaboration des classes. Dans cet ordre nouveau, l'État est présenté comme un arbitre impartial. Ce système devait corriger les faiblesses du capitalisme : l'organisation anarchique de la production et la concentration de la richesse. Il devait rendre possibles la collaboration entre les classes, le respect de la propriété privée, la participation des ouvriers aux profits, et favoriser l'harmonie sociale. Sa fonction consiste à rétablir l'ordre dans une société perturbée par le libéralisme économique.

Le corporatisme au Québec ne pouvait qu'être social car il s'appuyait sur une tradition idéologique qui refusait l'État et il était préconisé comme antidote aux visées centralisatrices de l'État fédéral. Il ne pouvait donc pas, comme en Europe, déboucher sur un renforcement de la puissance de l'État. Il se conciliait avec le nationalisme car la corporation permettait d'effectuer la jonction entre le social et le national. Cette solidarité organique était certes séduisante mais ces arguments ne réussirent pas à convaincre Laurendeau qui, fort de son expérience européenne, ne pouvait faire abstraction de la force des contradictions sociales et de l'égoïsme des possédants. Il préféra soutenir, d'une part, la formule coopérative [14] qui lui paraissait moins utopique et, d'autre part, le renforcement des organisations syndicales qui étaient, à ses yeux, des moyens plus efficaces pour améliorer la condition ouvrière.

La crise avait profondément transformé le discours nationaliste non seulement en y introduisant une conscience plus aiguë des réalités économiques mais aussi en imposant une réflexion sur l'interaction entre le social et le national car le social allait devenir l'enjeu du conflit entre l'État fédéral et les provinces. La crise mettait en cause le partage des compétences prévu par la constitution. Pour bien cerner la problématique qui inquiétait Laurendeau, il faut savoir qu'avant les années trente le partage des pouvoirs entre les paliers de gouvernement n'était pas l'objet de vives contestations, mais qu'avec la crise les tendances centralisatrices de l'État fédéral commencèrent à se faire sentir. La conception centralisatrice du fédéralisme fut d'ailleurs préconisée par la Commission Rowell-Sirois, créée en 1937 qui, dans son rapport, incitait le Parlement fédéral à légiférer dans des domaines jusque-là considérés comme relevant de la compétence provinciale. Dès lors, le contrôle de la législation sociale devenait une question vitale pour les nationalistes canadiens-français car ces nouvelles législations pouvaient précisément modifier en profondeur la nature de la société canadienne-française en soumettant son développement à des impératifs exogènes.

C'est dans ce contexte que Laurendeau publie, en février 1938, un manifeste sur l'autonomie provinciale :

> En principe, les Canadiens français de la province de Québec ne sont pas opposés à une réforme de la constitution fédérative... ils professent énergiquement que ces réformes ont à s'effectuer non dans le sens d'une centralisation des pouvoirs à Ottawa, mais d'une large et urgente décentralisation. Les Canadiens français ne sont pas entrés dans la Confédération

pour y être étouffés mais pour y vivre et y mieux vivre. Ils resteront dans la Confédération mais la Confédération devra se concilier avec leur volonté de survie et d'épanouissement français. Et la formule exige bien autre chose que le respect du bilinguisme fédéral, bien plus qu'une juste part dans le fonctionnarisme canadien (c'est-à-dire) une certaine autonomie législative et administrative dans l'ordre économique et social [15].

Il proteste donc contre le processus de centralisation administrative à l'œuvre dans les ports nationaux, à la Banque du Canada, et dans le domaine du transport, activité économique que le fédéral veut régir entièrement par la création d'un organisme unique. À son avis, les lois sociales de 1935 manifestent une volonté politique d'affaiblir l'autonomie des provinces. Il demande à Québec de refuser catégoriquement d'adhérer à la loi de l'assurance-chômage élaborée par Ottawa. Son opposition à cette loi ne provient pas de réticences idéologiques à l'égard des réformes sociales :

> On voudra bien ne pas se méprendre toutefois sur la pensée ou les intentions de la province de Québec. Elle n'entend point s'opposer aux réformes sociales vraiment opportunes et saines. Mais elle soutient que ces réformes doivent s'opérer dans le cadre et le respect des institutions fédératives telles que primitivement conçues. Si elle ne conteste point l'opportunité de l'assurance-chômage, elle n'en soutient pas moins que des réformes plus urgentes s'imposent [16].

Les nationalistes progressistes d'alors refusent de s'associer à la modernisation du capitalisme qui transforme l'État en agent de régulation sociale parce que cette dynamique de changement obéit à des forces qu'ils ne peuvent contrôler, parce qu'elle menace la cohésion et l'intégrité de la communauté nationale et parce qu'elle aurait pour effet de renforcer le pouvoir central. Au lieu de confier à l'État central les politiques de suppléance et de bien-être, ils préfèrent garder la maîtrise des réformes sociales pour les orienter en fonction des besoins particuliers de la société québécoise. Ils sont coincés entre le nationalisme conservateur de l'Union nationale, peu enclin au changement social, et les avantages à court terme que procurent les politiques sociales du gouvernement central. À l'intérieur de ce dilemme, ils donnent la préséance au national sur le social, c'est-à-dire qu'ils préfèrent défendre l'autonomie provinciale même si cela doit retarder les réformes sociales plutôt que de concéder, de façon irrémédiable, des pouvoirs à un niveau de gouvernement où les Canadiens français seront minoritaires. Ils préfèrent les droits collectifs aux avantages individuels car ils savent d'expérience qu'il est plus facile d'amener un gouvernement à changer de politique que de récupérer un droit constitutionnel qui aurait été aliéné pour des fins particulières. Ce choix est aussi fondé sur une conception différente des réformes sociales à réaliser. En effet, les nationalistes luttent contre l'oppression économique exercée par les monopoles étrangers alors que les politiques sociales fédérales visent à rationaliser le développement du capitalisme monopoliste. Mais, pour Laurendeau, adhérer au *nous* ne signifie nullement abdiquer tout sens critique envers la nation et ceux qui la dirigent. Si l'adversaire, en l'occurrence les trusts et l'État fédéral, menace l'autonomie provinciale, il estime, par ailleurs, que les Canadiens français doivent assumer une part de responsabilité dans ce qui nous arrive. On ne peut, au nom de la défense de la nation, taire les faiblesses et les négligences de nos gouvernants. Respecter un ordre de priorité et avoir une pensée stratégique ne signifie nullement obéir à l'autorité établie. Il tente de maintenir un dosage équilibré entre la solidarité et la lucidité.

À son retour d'Europe, Laurendeau s'est réconcilié avec la Confédération. Il ne croit plus aux formules sécessionnistes qui étaient en vogue au début des années trente. Même s'il n'a pas rendu publique l'évolution de sa pensée sur cette question, il s'est ouvertement rallié aux positions autonomistes de Groulx. Dans une lettre au père Georges Simard, il explique ainsi son changement d'attitude :

> Vous me croyez séparatiste. Cela me reporte cinq ans en arrière alors que je publiais aux éditions des Jeunes-Canada un tract intitulé *Notre nationalisme*. Depuis ce temps, mes idées ont évolué. Voici ma position actuelle.
>
> J'estime que si la chose était possible, il vaudrait mieux que la nationalité canadienne-française fût seule chez elle et dirigeât ses propres destinées... Et cependant, je ne désire plus la sécession (à moins d'un bouleversement imprévisible). Je la sais d'abord économiquement impossible. Et puis, le principe des nationalités appliqué rigoureusement a fait faillite, il donne lieu à des difficultés inextricables. Je veux donc accepter loyalement la Confédération. Dès mon retour d'Europe, je me suis mis en communication avec des intellectuels anglo-canadiens. J'ai pris part à des congrès, etc., dans le dessein de mieux connaître nos partenaires. Mais je persiste à croire — surtout après l'échec de la Belgique, de la Tchékoslovaquie, de la Pologne, etc. — et à l'exemple de la Suisse — que l'artisan de l'unité canadienne sera un décentralisateur...
>
> Au surplus, pour des raisons qui n'ont rien à emprunter à la philosophie nationaliste, je suis un décentralisateur. En France, depuis la Révolution et surtout après l'échec de la Belgique, de la Tchécoslovaquie, de la Pologne, Londres tend à absorber l'Angleterre. Les régimes fascistes accentuent cette dictature de la Métropole ou de la Capitale. C'est un système inhumain [17].

C'est au nom de l'idéal personnaliste et de sa conception de la démocratie que Laurendeau adhère au principe confédéral. Il est désormais convaincu qu'il est possible de combattre les injustices du régime de l'intérieur afin de contrer l'influence néfaste de la faction centralisatrice et d'assurer l'existence d'un État provincial fort dans un Canada décentralisé :

> Québec, l'État du Québec, c'est l'axe de la vie canadienne-française. Facteur d'unité, il coordonne nos forces, les exprime et en lui, nous nous reconnaissons... *Frapper Québec, cadre politique du Canada français, c'est nous frapper au cœur et à la tête*[18].

Les nationalistes sont inquiets de la régression démographique des francophones et considèrent l'autonomie provinciale comme la seule garantie de survie des francophones au Canada. Laurendeau reconnaît avec amertume que partout en dehors du Québec les droits de la langue française sont bafoués et que même au Québec dans les bureaux, les affaires et le commerce, le français est banni systématiquement.

Dans les années trente, la question de la langue est au centre des préoccupations nationalistes car l'usage de la langue française régresse dans la vie économique et sociale. Laurendeau s'est engagé activement dans les campagnes de refrancisation inspirées par Groulx et dirigée par l'A.C.J.C. Il réagissait à la démission des élites qui, par leur anglomanie, favorisaient l'anglicisation et sa conséquence la dénationalisation. Leur mot d'ordre était : « Sans l'anglais point de salut ». La réussite individuelle et collective ne pouvait, à leurs yeux, passer que par le bilinguisme et pour cela, ils encourageaient sans réserve l'enseignement de l'anglais dès le plus jeune âge. Ainsi, le Comité catholique du Conseil de l'instruction publique recommandait l'enseignement de l'anglais dès la 3e année du cours primaire. Pour nombre de jeunes Canadiens français qui se destinaient au monde des affaires, le français était considéré comme une langue seconde. Les commerçants francophones adoptaient des raisons sociales anglaises et affichaient leur publicité dans cette langue. Si le français était considéré comme une langue inférieure dans la vie économique, sa situation n'était guère plus reluisante dans le monde politique. L'égalité des langues officielles était théorique et dans l'administration fédérale le français avait la portion congrue. Il fallait insister et réclamer constamment et peu de Canadiens français en avaient le courage. Le français et la culture française étaient aussi dévalorisés dans la vie sociale. L'admiration et le prestige allaient aux manières, modes et usages anglais. Dans le milieu bourgeois, le raffinement consistait à consommer la culture américaine ou britannique et à parler l'anglais. Dans un tel contexte, le bilinguisme signifiait la mort lente de la langue française car il ne pouvait fonctionner qu'à sens unique, la nécessité de parler anglais ne s'imposant qu'aux francophones en raison de leur situation minoritaire. Il est intéressant de constater à cet égard qu'en 1935, 96 p. 100 des Canadiens d'origine britannique ne parlaient que l'anglais [19].

Les campagnes du bon parler français visaient à contrer l'anglicisation et la détérioration de la langue française. La fierté de la langue était pour Laurendeau le préalable au réveil de la nation. Ce redressement s'imposait de façon urgente pour Groulx qui écrivait :

> Le péril pour nous ne serait pas de n'être pas assez anglais, mais de l'être trop et la langue en péril, la langue en grande pitié, ce n'est pas, que je sache, la langue anglaise, mais bel et bien hélas, la langue maternelle des Canadiens français [20].

Groulx fustige « la génération des morts » parce qu'elle a cédé à la tentation démissionnaire. Mais au-delà des déceptions et du climat d'échec, il fonde ses espoirs d'un renouveau du Canada français sur la génération des vivants, sur la jeunesse :

> Une jeunesse s'est levée parmi nous, qui ne ramène pas toute la vie aux frivolités des sportifs ou des salonnards, une jeunesse qui repose enfin des freluquets pommadés et grimés, oisifs invertébrés qu'on dirait à vingt ans frappés d'ataraxie ou d'artériosclérose [21].

À l'occasion du 2e congrès de la langue française tenu à Québec en juin 1937, il lance sa célèbre formule qui servira de programme à la jeune génération : « Notre État français nous l'aurons ». Disant cela, Groulx ne pensait pas à la séparation du Québec. Il exprime, au contraire, sa fidélité à la Constitution de 1867 : « Quand nous parlons en effet d'État français, nous n'exigeons nul bouleversement constitutionnel. Je ne demande pas de constituer un État en dehors de la Confédération. Je demande la simple exécution du Pacte de 1867 » [22]. Le séparatisme dans sa pensée était une hypothèse qu'il ne fallait envisager qu'en dernier recours.

Dans la biographie romancée de Groulx qu'il écrit en 1938, Laurendeau soutient qu'il y a des ferments séparatistes dans son œuvre mais que là n'est pas l'essentiel de son message car Groulx ne veut pas pousser à la roue de l'histoire et précipiter la rupture. « Il

118

réclame plutôt la réalisation sincère de l'esprit du pacte — quitte à prévoir l'explosion, à nous y préparer de l'intérieur. L'abbé Groulx opte pour l'utilisation vigilante et logique du régime »[23].

Laurendeau, en ce sens, sera fidèle à Groulx. Il reprendra, à son compte, cette argumentation et cette ligne de conduite. Déjà ses enquêtes en Alsace et en Belgique l'avaient convaincu des effets néfastes du bilinguisme de masse dont les principales conséquences étaient la détérioration de la langue maternelle, l'assimilation progressive et la folklorisation de la culture. Il reviendra souvent sur ce thème dans *L'Action nationale*. Il publie, entre autres à la fin de 1940, un texte virulent intitulé « La mort par le bilinguisme » où il interpelle les fossoyeurs du peuple :

> Quand donc un cynique aura-t-il la logique de sa lâcheté ?
>
> Qui aura le courage de déclarer publiquement « Nos ancêtres ont eu tort en 1763 d'opter pour le français. Tort de rester eux-mêmes. Nos ancêtres ont eu tort de se battre pendant 150 ans pour demeurer fidèles à eux-mêmes. Ils nous ont lancés dans une lutte épuisante. Changeons tout cela. Décidons une fois pour toutes de nous angliciser. Que l'école donne le coup de barre. Et que l'on fasse vite. L'acharnement que nous avons mis à nous défendre, mettons-le à nous détruire. Tournons nos armes contre nous et disparaissons du coup que nous nous serons donné[24].

Ce texte, où perce la rage et le dépit, est écrit en réplique à plusieurs porte-parole du Québec qui, à l'automne 1940, avaient lancé une vaste offensive en faveur du bilinguisme intégral. Cette campagne d'opinion fut initiée par des hommes d'affaires soutenus par Jean-Charles Harvey, directeur du *Jour*, et par le premier ministre Godbout. Leur objectif était de rendre les écoles primaires bilingues. On invoquait, comme justification, que l'ignorance de l'anglais était, depuis dix ans, la principale cause du chômage. Laurendeau admet que la connaissance de la langue anglaise est utile pour réussir sur le plan professionnel. Mais il s'insurge contre ceux qui font de cette nécessité une loi absolue, une religion :

> Savent-ils ce qu'ils disent ? Il n'a jamais existé, il n'existe pas de peuple intégralement bilingue. Une élite l'est, doit l'être. Pas une masse... La propagande qui vise à faire de nous tous des bilingues parfaits, vise à faire de nous des hommes de langue anglaise[25].

Laurendeau avait été, dès l'enfance, en rapport avec la culture anglo-saxonne et la langue anglaise puisqu'il avait séjourné un an à Londres et qu'à Saint-Gabriel de Brandon, il avait l'occasion de fréquenter des familles canadiennes-anglaises. Pour cette raison, il n'entretenait aucun préjugé envers les Anglais et ne percevait pas les problèmes du Canada français à travers le prisme de la lutte raciale. Ses convictions nationalistes s'appuyaient en outre sur la tradition bourassienne prêchant la coopération, le respect mutuel et la bonne entente. Mais dans les faits, il y avait un écart persistant entre les discours et les comportements car en pratique les deux groupes maintenaient leur distance. Certes, la vie économique forçait les deux communautés à se côtoyer dans les relations de travail ou dans le commerce où, le plus souvent d'ailleurs, les francophones se retrouvaient en situation d'infériorité. Dans les autres secteurs de l'activité sociale, on préférait s'ignorer mutuellement. Les élites cléricales décourageaient d'ailleurs les fréquentations trop étroites entre anglophones et francophones par crainte d'assimilation religieuse. Il n'y avait, pour ainsi dire, aucune communication entre les intellectuels des deux communautés linguistiques. Des observateurs étrangers n'étaient pas sans remarquer ce modus vivendi dépourvu de cordialité :

> On reste étonné, écrivait Siegfried, quand on connaît les deux milieux, de leur séparation. Même dans des villes comme Montréal, ils se voient peu, ne se mêlent pas, demeurent l'un vis-à-vis de l'autre dans une extraordinaire ignorance : tel professeur de l'Université française n'a jamais rencontré un collègue anglais pourtant bien connu ; tel membre de la société britannique ne sait même pas le nom d'un Canadien français important [26].

Deux solitudes coexistaient.

Cet état de fait rendait pour le moins aléatoire et inopérante toute volonté de faire respecter le pacte entre les deux nations car, privée d'appuis dans la communauté majoritaire, la stratégie des nationalistes ne pouvait s'accrocher qu'à des garanties juridiques qui s'avéraient de plus en plus illusoires.

Laurendeau découvrit véritablement le Canada anglais à Paris en suivant les cours de Siegfried et décida, à son retour, de combler cette lacune :

> Je m'étais senti humilié en France, lorsqu'on m'interrogeait sur le Canada anglais, de mon ignorance à peu près complète sur le sujet... Une fois revenu à Montréal, je constatai que dans ma propre ville, où les Anglo-Canadiens étaient pourtant plusieurs centaines de milliers, c'était difficile tant les deux groupes vivaient à l'écart l'un de l'autre : je résolus le problème en m'inscrivant en sociologie à McGill. Je pus établir des contacts avec plusieurs étudiants et quelques professeurs [27].

Il rompt ainsi avec l'isolationnisme des nationalistes canadiens-français car il voit mal comment on peut coopérer avec des gens qu'on ne connaît pas, surtout lorsqu'on fait partie d'une minorité et qu'il faut convaincre l'autre pour conserver ses droits collectifs. Un tel état de dépendance impose le dialogue comme nécessité stratégique surtout si on se refuse à rompre les liens.

Cette recherche d'interlocuteurs le met en rapport avec des intellectuels anglophones comme Neil Morrisson, Ken Woodsworth, neveu du fondateur de la C.C.F., Jean Hunter et Frank Scott qui représentait la C.C.F. à Montréal. Ce groupe se réunit deux fois par mois chez Frank Scott afin de mettre au point une alliance entre les socialistes canadiens-anglais et les nationalistes du Québec. Cette collaboration dura deux ans et conduisit quelques jeunes nationalistes du Québec à participer activement au Canadian Youth Congress, dont le secrétaire général était Ken Woodsworth. L'équivalent francophone du C.Y.C. était le Conseil des jeunesses canadiennes, dont Laurendeau était président, assisté par Daniel Johnson à la vice-présidence et Gérard Filion, au poste de secrétaire. Le conseil de direction réunissait François-Albert Angers, Benoît Baril, Jean-Jacques Bertrand, Roger Duhamel, Madeleine Parent, Pierre Dansereau, Michel Chartrand, Jean-Louis Dorais, Jacques Duquette, Lucien Genest, Alban Jasmin, René Monette, Gérard Plourde et Gilbert Rinfret.

L'Action nationale invitait aussi de jeunes anglophones à participer à ses activités. Pour concrétiser cette nouvelle alliance, Laurendeau eut l'idée d'organiser, le 11 décembre 1938, une assemblée publique au Monument national afin de célébrer l'anniversaire du statut de Westminster. Cette fête de l'indépendance devait servir à réconcilier les jeunesses de langue anglaise et de langue française. Pour incarner l'esprit de bonne entente, les nationalistes invitent Neil Morrisson et Timothy Slattery qui viennent témoigner de leur soutien à L'Action nationale. Morrisson représente, à cette occasion, le Canadian Youth Congress et, par sa présence, il veut démontrer que tous les Anglais ne sont pas nécessairement des impérialistes car il croit, comme ses amis nationalistes canadiens-français, que le Canada doit avoir le droit constitutionnel d'être neutre dans les futures guerres de l'Empire britannique. Les orateurs francophones sont l'abbé Groulx, Maxime Raymond et Édouard Montpetit. Ils réclament que le 11 décembre soit proclamé fête de l'indépendance du Canada, qu'un drapeau canadien soit adopté, qu'on supprime les appels au Conseil privé de Londres, qui agissait encore comme cour d'appel de dernière instance, et enfin que le vice-roi du Canada soit un Canadien.

Toujours dans le but de favoriser une meilleure compréhension entre les deux peuples, Laurendeau fut invité à son tour en avril 1939 à prononcer au Sir George William College une conférence intitulée « Philosophy of Education and the French Canadian Mind ». Il participe aussi, le 3 juin 1939, à une émission de C.B.C. où il discute avec Neil Morrisson des relations entre les jeunes canadiens-anglais et les jeunes canadiens-français.

Ces échanges visaient à dégager un consensus sur l'attitude à adopter dans le cas où une guerre éclaterait. Cette éventualité était de plus en plus plausible à la suite de l'invasion des Sudètes et de la conférence de Munich. Au Canada même, les préparatifs de guerre allaient bon train et chaque année, les budgets militaires étaient augmentés. Devant ces menaces de guerre de plus en plus précises, les jeunes Canadiens ne voulaient pas revivre l'expérience déchirante de la Première Guerre mondiale alors que la soumission du Canada à la politique britannique avait profondément divisé le pays et aliéné les Canadiens français. Le pacifisme affiché par les leaders de la C.C.F. favorisait une entente avec les chefs de file du mouvement nationaliste sur la non-participation du Canada à des guerres extérieures, mais leurs tendances centralisatrices commandées par leur conception du socialisme minait cette solidarité naissante. Le groupe de Laurendeau voulait faire reconnaître par le Canadian Youth Congress le principe de la dualité canadienne et le respect de l'autonomie des provinces.

Sur le plan organisationnel, la constitution du Canadian Youth Congress offrait toutes les garanties de respect des minorités car les Canadiens français avaient droit à un tiers des délégués au congrès annuel et les décisions devaient se prendre avec des majorités de 75 p. 100 des délégués présents. On y pratiquait aussi un bilinguisme exemplaire pour l'époque car tous les textes étaient rédigés dans les deux langues officielles et le Comité national avait, à sa tête, deux coprésidents, l'un de langue française, l'autre de langue anglaise. Les francophones pouvaient aussi empêcher l'adoption de toute résolution qu'ils jugeaient contraire à leurs convictions. C'est en raison de cette structure démocratique que Laurendeau accepta de présider le Conseil des jeunesses canadiennes et de représenter

L'Action nationale au congrès de Winnipeg. Il estimait que les Canadiens français, en raison de leur situation minoritaire et parce qu'ils vivaient et pensaient différemment de la majorité, se devaient de participer aux organisations pancanadiennes et d'être sur la brèche pour défendre les intérêts spécifiques du Canada français. Rien ne pouvait être pire que le repli sur soi et l'absentéisme. Laurendeau pense que ses conceptions ont autant de chances que n'importe quelles autres de triompher, si elles sont convenablement présentées et défendues. Il ne s'agit pas nécessairement de convaincre les anglophones mais il est possible de les amener à accepter des compromis satisfaisants, d'autant plus que les jeunes anglophones ont compris le message des nationalistes. Ils tiennent à l'unité nationale et sont prêts pour cela à respecter le point de vue de la minorité.

Pour illustrer cette volonté de compromis manifestée par les jeunes Canadiens anglais, Laurendeau relate la discussion suscitée par une motion de censure, présentée par un délégué anglophone de Montréal [28], contre la fameuse loi du cadenas. Les trois représentants du Québec, Laurendeau, F.-A. Angers et G.E. Cartier, firent valoir que les deux partis en Chambre avaient voté cette loi et qu'elle représentait le point de vue du Québec. Dès lors, une motion de censure heurterait la pensée et les sentiments d'un tiers de la population canadienne et ne pourrait que nuire à l'unité canadienne en empêchant les Canadiens français de participer au Congrès de la jeunesse canadienne. La participation du Québec était précieuse et exigeait des concessions. Les porte-parole québécois déclarèrent qu'on ne pouvait condamner le Québec pour son intolérance sans en même temps condamner les lois analogues imposées, dans les autres provinces, aux francophones qui ne recevaient pas un traitement comparable à celui que le Québec accordait à la minorité anglo-protestante. La cohérence et la fermeté de ces interventions convainquirent l'assemblée de renoncer à la motion de blâme.

Dans ce débat, les nationalistes n'appuyaient pas la loi du cadenas; ils défendaient le principe du «maître chez nous». Ils acceptaient de s'associer aux Canadiens anglais à la condition que ceux-ci reconnaissent la souveraineté du Québec dans ses champs de juridiction. Ils estimaient que la responsabilité de corriger les abus du régime leur revenait et qu'ils n'avaient pas de leçons de démocratie à recevoir des Canadiens anglais si ces derniers n'étaient pas prêts à fustiger les injustices commises envers les Canadiens français vivant hors du Québec et à qui on refusait le droit à des écoles françaises publiques.

Mais en dépit de la bonne volonté manifestée de part et d'autre, les contradictions idéologiques découlant de l'oppression nationale empêchèrent les progressistes des deux nations d'en arriver à une position commune touchant la politique extérieure du Canada, car la majorité des délégués à ce Congrès était interventionniste et se déclara en faveur de la conscription dans le cas où le Canada participerait « à une guerre de défense contre les États agresseurs ». L'ambiguïté de cette formule obligea Laurendeau à enregistrer sa dissidence car elle n'excluait pas une intervention outre-mer. De plus, les positions étaient irréconciliables quant au rôle de l'État fédéral. Les congressistes anglophones désiraient une législation sociale plus étendue et, pour des raisons d'efficacité, préconisaient une centralisation des pouvoirs, alors que les francophones ne reconnaissaient pas à l'État fédéral le droit d'imposer une législation sociale uniforme à toutes les provinces.

Malgré les bonnes intentions, les efforts de conciliation et les sentiments amicaux, les intellectuels francophones et anglophones ne pouvaient s'entendre sur leur conception du fédéralisme canadien. Les premiers faisaient de la décentralisation une condition sine qua non de la survie du peuple canadien-français tandis que les seconds misaient sur la centralisation politique pour instaurer la justice sociale. Alors que pour les progressistes anglophones la participation à la guerre n'était qu'une question tactique et conjoncturelle, elle était, comme on le verra plus loin, une question stratégique et fondamentale pour les intellectuels nationalistes.

NOTES

1. André LAURENDEAU, *Ces choses qui nous arrivent*. Montréal, H.M.H., 1970, p. 140.
2. Collection André Laurendeau. Lettre de Paul Simard à André Laurendeau, 4 juillet 1937.
3. Voir le Livre des procès-verbaux de la Ligue d'Action nationale, p. 71.
4. Voir Journal intime de Ghislaine Laurendeau (cahier vert), p. 3. P2B190.

5. Collection André Laurendeau. Lettre à son père, 3 novembre 1935. P2B228.

6. Lettre à son père, 19 mars 1937. P2B229.

7. *L'Action nationale*, septembre 1937, p. 4.

8. *L'Action nationale*, octobre 1937, p. 90.

9. Voir Lettre à Lionel Groulx, 9 août 1940, P2A48.

10. Voir *L'Action nationale*, novembre 1937, p. 153.

11. *L'Action nationale*, septembre 1937, p. 14.

12. *L'Action nationale*, novembre 1937, p. 181-182.

13. Père J.B. DESROSIERS, « Principes et description de l'organisation corporative », *L'Action nationale*, janvier 1938, p. 147.

14. *L'Action nationale* publie, en novembre 1938, un numéro spécial sur le coopératisme.

15. André LAURENDEAU, « Manifeste aux Canadiens français du Québec », *L'Action nationale*, février 1938, p. 92.

16. *Ibid.*, p. 91.

17. Lettre d'André Laurendeau au père Georges Simard, 27 août 1940.

18. *L'Action nationale*, novembre 1940, p. 185.

19. Voir André SIEGFRIED, *Le Canada, puissance internationale*. Paris, A. Colin, 1939, p. 59.

20. GROULX, *Mes mémoires, op. cit.*, p. 255.

21. *Ibid.*, p. 257.

22. *Le Devoir*, 7 décembre 1936.

23. *L'Action nationale*, décembre 1940, p. 317.

24. *L'Action nationale*, décembre 1940, p. 317.

25. *L'Action nationale*, décembre 1940, p. 316.

26. André SIEGFRIED, *Le Canada, puissance internationale*. Paris, A. Colin, 1939, p. 187.

27. André LAURENDEAU, *La Crise de la conscription*. Montréal, Éditions du Jour, 1962, p. 22.

28. *Le Devoir*, 13 juillet 1939.

Chapitre **VI**

La crise
de la conscription

Depuis l'annexion de l'Autriche par l'Allemagne, les rumeurs de guerre se répandaient en Europe. Les accords de Munich et l'occupation des Sudètes retardaient l'échéance mais tous sentaient l'inéluctabilité du conflit. Déjà dans une lettre datée du 12 octobre 1936, Bernard Hogue, membre des Jeunes-Canada, exprimait cette conscience angoissée :

> Nous courons à la guerre. Tous les pays s'arment ; l'Angleterre réarme, mauvais signe. L'Angleterre, c'est un baromètre. Enfin, plus mauvais signe, la propagande impérialiste recommence ici... Enfin, autre signe non trompeur, jeudi dernier à la Bourse, les parts de la Canadian Vickers, de la Canada Car, de l'International Nickel et des autres industries connexes ont fait des bonds prodigieux [1].

Dès l'hiver 1937, le budget de la défense canadienne était passé de 20 millions à 34 millions de dollars.

Les nationalistes étaient très attentifs à ces préparatifs de guerre car ils étaient toujours annonciateurs d'une crise du système politique canadien. La jeunesse canadienne-française était déterminée à empêcher l'engagement du Canada dans une guerre extérieure, comme en témoigne cette lettre de Paul Simard, écrite de Caracas :

> À tout prix, il faut que nous, Canadiens français, nous restions hors de la bagarre européenne même s'il nous faut verser du sang canadien. Si nous nous rangeons du côté allemand, nous lutterons pour la force agressive. De l'autre côté, nous ferions le jeu du communisme contre le fascisme. D'un côté ou de l'autre, il n'y a, pour nous, rien à défendre, pas même la France [2].

Il se dit prêt à revenir au pays pour tenter quelque chose de sérieux si le Canada s'engageait dans la guerre. Rendus méfiants par les expériences antérieures, les nationalistes s'inquiètent des promesses trop solennelles des politiciens fédéraux comme Cardin, qui tente de rassurer l'opinion canadienne-française sur l'utilisation des nouveaux crédits militaires demandés par le gouvernement :

> Voilà dix fois que je le déclare : le Canada ne va pas participer aux guerres extérieures. Voilà dix fois que M. Rinfret nous le déclare aussi. Voilà dix fois que M. Mackenzie King le dit au Parlement canadien. Il l'a dit d'abord à Genève, à la face du monde entier et des représentants de l'Angleterre : le Canada ne sera pour rien dans les guerres en dehors du territoire canadien. Je me suis engagé personnellement contre toute participation extérieure... Je suis pour la défense de mon pays 100 p. 100, 150 p. 100 même s'il y avait moyen ; mais quand il s'agit d'autres nations en guerre, je suis zéro pour cela... Le Canada n'a pas d'affaire à se déranger pour un autre pays [3].

Les intellectuels nationalistes ne font pas confiance aux vieux partis et ne se laissent pas endormir par les discours des politiciens. Dans un éditorial, daté d'avril 1939, Laurendeau met en doute les promesses de King et Lapointe, qui avaient juré devant le Parlement de ne pas imposer la conscription pour service outre-mer tant qu'ils seraient au pouvoir [4].

Au moment où les troupes allemandes envahissent la Pologne, Laurendeau passe la fin de semaine de la fête du Travail à Saint-Gabriel de Brandon. Il rentre précipitamment à Montréal. Il est profondément troublé, à la fois par l'horreur que lui inspire l'invasion d'un pays par un autre et par l'éventualité d'une participation canadienne si la guerre se généralise. Pour mettre l'opinion publique immédiatement en garde contre l'engagement du Canada dans cette guerre, il mobilise ses amis nationalistes et organise une assemblée publique, le 4 septembre, au marché Maisonneuve. Les orateurs lancent le cri de « guerre à la guerre » et la foule manifeste clairement son appui aux positions pacifistes et neutralistes. Le lendemain, une autre assemblée a lieu au Monument national, où le mot de ralliement est : « Nous ne partirons pas ». Laurendeau fut alors amèrement déçu par ses amis canadiens-anglais qui refusèrent de s'afficher publiquement à ses côtés pour ne pas passer pour des traîtres : « J'ai éprouvé ce jour-là, écrit-il, une indignation puis une amertume difficile à surmonter ; malgré de longs efforts, les ponts que nous avons voulu jeter d'une nation à l'autre étaient emportés comme des fétus »[5].

La Loi sur les mesures de guerre avait été mise en vigueur dès le 1er septembre. Le premier ministre avait alors clairement laissé entendre que, si la Grande-Bretagne entrait en guerre, le Canada la suivrait automatiquement. Le 3 septembre, le gouvernement met en application les règlements de la défense du Canada selon lesquels « nuire au recrutement et au succès des forces de sa Majesté » devient un crime. Le 9 septembre, le Parlement ratifie la décision du gouvernement de déclarer la guerre à l'Allemagne. Il n'y eut pas de vote formel à cette occasion puisque seulement quatre députés se prononcèrent contre la déclaration de guerre, le nombre d'opposants requis pour qu'il y ait vote étant de cinq. Les députés du Québec, à l'exception de Ligori Lacombe, Wilfrid Lacroix et Maxime Raymond [6], se rangèrent docilement derrière Ernest Lapointe, qui demandait à ses compatriotes d'accepter ce sacrifice au nom de l'unité canadienne. Selon une logique tortueuse, il fallait accepter le principe de la participation à la guerre pour obtenir, en échange, que la majorité mette au rancart l'idée de la conscription pour service outre-mer. King fit une déclaration en ce sens le 8 septembre :

> Le régime actuel ne croit pas que la conscription des Canadiens pour le service outre-mer soit nécessaire ni qu'elle soit efficace. Une telle mesure ne sera pas proposée par le gouvernement [7].

Dans son intervention à la Chambre des communes, Ernest Lapointe fut encore plus explicite :

> La province entière de Québec, et je parle ici avec toute ma responsabilité et la solennité que je puis donner à mes paroles, ne voudra jamais accepter le service obligatoire ou la conscription en dehors du Canada. J'irai plus loin. Quand je dis toute la province de Québec, je veux dire que telle est aussi mon opinion personnelle. Je suis autorisé par mes collègues de la province de Québec... (MM. Dandurand, Cardin et Power) à déclarer que nous ne consentirons jamais à la conscription [8].

Les promesses de politiciens n'ont aucun poids lorsque la solidarité britannique de la majorité impose sa volonté. Il ne leur reste plus qu'à prêcher l'unité nationale pour mieux dissimuler leur reniement.

Les Canadiens français sont perplexes et indécis face à la guerre. L'enthousiasme est rare. Pour beaucoup de sans-travail, l'engagement volontaire dans l'armée représente une solution à leurs problèmes de subsistance matérielle. Après le tribut de la sueur, les travailleurs étaient appelés à payer le tribut du sang. La guerre mettait fin à dix ans de chômage et de désœuvrement. Les usines de munitions embauchaient et le peuple pouvait espérer sortir de la misère. La jeunesse acceptait de s'enrôler d'autant plus facilement qu'elle pouvait vivre aux frais de l'État et qu'on lui disait qu'il n'y avait pas beaucoup de risques. Elle avait l'espoir de ne jamais aller outre-mer. Elle faisait confiance aux dires des politiciens, qui prétendaient qu'il s'agissait de défendre le Canada sur son territoire.

Les nationalistes ne se laissèrent pas séduire par cette propagande car ils se souvenaient de l'expérience de la Première Guerre mondiale et connaissaient la puissance des sentiments impérialistes canadiens-anglais. Ils croyaient à l'indépendance du Canada et refusaient de suivre docilement la politique de guerre britannique. Ils souhaitaient que le Canada fît comme son voisin du sud, les États-Unis, qui s'étaient déclarés neutres. Jusqu'au bombardement de Pearl Harbor, le Canada fut le seul pays des deux Amériques à participer à la guerre par solidarité impériale, ce qui représentait, aux yeux des nationalistes, une trahison de l'indépendance du Canada et des engagements pris envers les Canadiens français, à qui les libéraux promettaient, depuis vingt ans, de ne pas les obliger à participer aux guerres de l'Empire britannique. Le fossé entre les deux peuples du Canada risquait de se creuser de façon irréparable. Laurendeau écrit à ce propos :

> Voici venir le temps où les Canadiens s'apercevront qu'ils ne se comprennent plus, où ils se mépriseront et se haïront les uns les autres, où ils vont réapprendre qu'ils forment deux nations soudain intolérables l'une à l'autre [9].

La guerre avivait les ressentiments ethniques.

Même s'il se sent isolé et s'il a l'impression de jouer les Don Quichotte, luttant avec des moyens dérisoires contre la machine de propagande du gouvernement fédéral, il organise la résistance du Canada français. Il livre aux gouvernements et aux puissants intérêts financiers une guerre idéologique au nom de l'indépendance du Canada et du respect du pacte entre les deux nations :

> J'étais toujours à *L'Action nationale.* Nous continuions de livrer au puissant gouvernement et à sa politique une petite guerre de tous les mois. Il y eut des escarmouches avec des moralistes qui nous prêchaient les devoirs du croisé. Nos lecteurs se réabonnaient mais n'écrivaient guère [10].

Le directeur de *L'Action nationale* devait faire preuve de vigilance et de ruse pour déjouer la censure, imposée aux journaux et aux revues, et définie en ces termes par les règlements de la défense du Canada :

> La censure est, par définition, l'exercice d'un droit que possède l'État, dans l'intérêt de la défense nationale ou de la sécurité publique, d'examiner toutes communications et publications et de les modifier ou d'en disposer de la manière qui favorise le mieux cet intérêt [11].

À Montréal, Fulgence Charpentier et W. Eggleston étaient chargés de faire appliquer ce règlement et d'expurger les textes des collaborateurs de *L'Action nationale*. Par la subtilité de sa pensée. Laurendeau limitait les dégâts et assurait la parution de la revue qui, chaque mois, reproduisait, en première page, l'encadré suivant :

> Au sujet de la censure, on se rappellera que la liberté d'expression est morte au Canada. Il a donc été impossible à quelques-uns de nos collaborateurs d'exposer toute leur pensée.

Ces contraintes ne l'empêcheront pas de critiquer l'engagement du Canada dans une guerre extérieure. À force de gymnastique intellectuelle, il réussira à contourner la censure et à garder l'opinion canadienne-française en alerte.

Pour contourner les restrictions qui interdisaient de se prononcer contre la participation du Canada à l'effort de guerre, Laurendeau met à contribution sa formation d'historien. Il invoque des faits antérieurs à la déclaration de guerre, ou encore il s'abrite derrière des citations de politiciens libéraux. Par cette astuce, il peut critiquer sans risque le gouvernement car il n'est pas responsable des reniements de Lapointe, Cardin et King, qui sont ses paravents favoris. Il signe aussi certains de ses articles d'un pseudonyme, Candide, ce qui lui assure une plus grande marge de liberté. Dans ses chroniques, Candide se laisse aller à un humour désopilant qui neutralise les censeurs comme l'illustre cet extrait :

> Le bacon se précipite sans une minute de retard vers la forteresse assiégée de la Grande-Bretagne. Car nos hommes politiques ne nous l'ont pas révélé mais je vous l'annonce confidentiellement, nous avons la conscription du bacon. Quelle brave bête antinazie que le cochon ! Que nous avions tort de l'accuser de laxisme, de lui reprocher sa tendance au confort bourgeois ! Il accomplit loyalement son effort de guerre. Et le cochon de la province de Québec est à la tête de tous les cochons de la Confédération. Il n'est peut-être pas bilingue mais il a le cœur bien placé [12].

La position de Laurendeau va bien au-delà du refus de la conscription pour service outre-mer. Au début des hostilités, il prône la neutralité du Canada car tout engagement du Canada, sous quelque forme que ce soit, ne pouvait signifier que la centralisation des pouvoirs et la fin de l'autonomie provinciale. Il n'est pas dupe des promesses des politiciens fédéraux. Il ne se laisse pas mystifier par l'astucieuse manœuvre de King qui dose savamment l'engagement du Canada, qui avance pas à pas, passant « du moins au plus » de façon imperceptible pour ne pas heurter l'opinion canadienne-française, à qui les candidats libéraux avaient promis à chaque élection depuis 1921 de ne jamais imposer la conscription.

De façon inattendue, Duplessis dissout l'Assemblée législative et fixe des élections générales pour le 25 octobre 1939. Le motif du déclenchement des élections, un an et demi avant la fin du mandat, est l'envahissement des champs de juridiction provinciaux par le gouvernement fédéral.

Les libéraux fédéraux jetèrent toutes leurs forces dans cette bataille électorale pour se débarrasser de Duplessis et faire élire Adélard Godbout qui leur assurerait la collaboration totale du Québec à l'effort de guerre. Ernest Lapointe prit la direction des opérations et mit son prestige personnel en jeu. Dans un discours radiodiffusé, le 9 octobre, il déclara :

> Je ne vous ai jamais trompés, je ne vous ai jamais menti... Nous sommes le rempart entre vous et la conscription. Si vous maintenez M. Duplessis au pouvoir, MM. Dandurand (sénateur), Cardin, Power et moi-même démissionnerons et vous pouvez craindre le pire. Mais vous ne commettrez pas cette faute. La province de Québec ne rendra pas un verdict qui serait acclamé à Berlin et à Moscou [13].

Pour Lapointe, l'enjeu de cette élection était non seulement la reconnaissance de sa légitimité comme représentant du Canada français mais aussi un appui inconditionnel du Québec à la politique suivie par King, qui était à son avis la meilleure garantie contre la conscription. Godbout était, pour sa part, convaincu du bien-fondé de cette stratégie de collaboration avec le fédéral. Il prit d'ailleurs des engagements qui allaient par la suite ruiner sa carrière politique :

> Je m'engage sur l'honneur, en pesant chacun de ces mots, à quitter mon parti et même à le combattre, si un seul Canadien français, d'ici la fin des hostilités, est mobilisé contre son gré sous un régime libéral ou même un régime provisoire auquel participeraient nos ministres actuels dans le cabinet de M. King [14].

Les libéraux fédéraux furent à ce point présents dans cette campagne qu'ils firent apparaître Godbout comme un sous-chef. Ce fut Ernest Lapointe qui releva le défi que lui avait lancé Duplessis en voulant faire porter la campagne sur les ingérences fédérales. Lapointe, bras droit de King, demanda aux électeurs de choisir entre lui et Duplessis. L'Union nationale ne pouvait contrer cette offensive parce qu'elle était privée de l'appui des milieux financiers, qui profitaient des contrats de guerre, parce qu'elle n'avait pas accès aux ondes de

Radio-Canada et, enfin, parce qu'elle avait perdu le soutien actif des nationalistes, qui accusaient Duplessis d'avoir torpillé le mouvement réformiste. Les nationalistes reprochaient aussi à Duplessis de ne pas prendre clairement position contre la conscription. La renaissance de l'Action libérale nationale canalisa une partie de leur soutien. Laurendeau, sans prendre une part active à l'élection, se rangea du côté de Paul Gouin. À choisir entre Godbout et Duplessis, il préférait Duplessis, mais entre Duplessis et Paul Gouin, son allégeance allait à ce dernier :

> Quand viennent les heures difficiles de septembre, alors que MM. Lapointe et Cardin reniaient leur passé et nous trahissaient, alors que M. Duplessis restait dans son trou, Paul Gouin prit la tête du mouvement antiparticipationniste dans cette province [15].

Il estime que seule l'Action libérale nationale peut sauver le Québec. Il n'attend rien des vieux partis asservis aux trusts. L'élection du candidat nationaliste, René Chaloult, fut à ses yeux le seul résultat positif de ce scrutin, remporté par les libéraux qui obtinrent 64 sièges contre 14 qui allèrent à l'Union nationale. Le lendemain, Neil Morrisson informe Laurendeau de l'effet désastreux de ces résultats : « The election result was even worse than we thought. It has been acclaimed by all the English papers as a vote for participation by Quebec and approval of the government's war policy »[16].

L'offensive de l'armée allemande, au printemps 1940, fut foudroyante. Tombent successivement le Danemark, la Norvège, la Hollande, la Belgique et bientôt ce sera au tour de la France de s'effondrer devant la puissance allemande. La détérioration de la situation militaire des alliés, aggravée par la chute de la France, incita le gouvernement King à pousser d'un cran l'effort de guerre du Canada. Les libéraux, en deux ans, étaient passés graduellement de la neutralité à la participation, d'abord économique, puis militaire. Profitant du sentiment de détresse et du choc psychologique causé au Canada français par la défaite française, ils franchissaient une nouvelle étape, celle de la mobilisation générale. King pouvait ainsi donner satisfaction à l'opinion publique canadienne-anglaise qui réclamait l'engagement total du Canada, pour venir à l'aide de la mère patrie, sans s'aliéner les Canadiens français. Il avait compris que les malheurs des deux anciennes mères patries pouvaient servir la cause de l'unité nationale au Canada. Les propagandistes de l'engagement militaire total pouvaient, dès lors, mobiliser l'émotion des

Canadiens français et les inciter à s'engager pour reprendre le flambeau tombé des mains de la France.

King comptait sur le volontariat pour éviter la conscription. Le 24 juin 1940, il réitérait sa promesse de ne pas imposer la conscription : « Le gouvernement que je dirige ne présentera pas de mesure de conscription des Canadiens pour service outre-mer »[17]. Il fit donc voter par le Parlement la loi de l'enregistrement obligatoire de tous les citoyens. Le 2 août, Camilien Houde demandait aux Canadiens français de ne pas se soumettre à l'enregistrement national. Même s'il était maire de Montréal et député à l'Assemblée législative, il fut aussitôt arrêté et envoyé dans un camp de concentration où il passa quatre ans. À l'inverse, le cardinal Villeneuve mit son influence au service du gouvernement et recommanda à ses ouailles d'obéir à la loi ; c'était, à son avis, le devoir de tout bon catholique.

Cette prise de position de l'épiscopat qui mêlait le spirituel au temporel dégoûta Laurendeau, qui fit part de ses sentiments à l'abbé Groulx :

> Dans l'ordre politique, les clercs ont eu l'initiative ou du moins le contrôle pendant près d'un siècle. Dans l'ordre intellectuel, ils furent nos chefs. Ils continuent d'être nos éducateurs. J'ai beau faire, je suis plus scandalisé à la vue des bêtises du cardinal Villeneuve... que par le vote participationniste de notre députation fédérale. Dans le domaine syndical, ça été la même chose. Je ne crois pas au syndicalisme confessionnel. Les syndicats sont des organismes temporels où les laïcs doivent prendre leurs responsabilités... Le Cardinal est vorace. Il aime cumuler les erreurs. Il traite d'esprits mesquins et dénaturés ceux qui n'acceptent pas les yeux fermés la propagande anglaise[18].

Même si l'attitude collaboratrice du haut clergé le révolte, il n'est pas insensible aux malheurs de la France et ne peut se résoudre à la désobéissance civile en suivant l'exemple de Houde. Il se résigne et se soumet à la loi :

> J'allai donc m'inscrire comme les autres. Cela se passait à la campagne. Je revois le petit bureau où j'ai livré mes réponses et ma signature au représentant de l'État ; j'en suis sorti avec l'impression que je venais de me contredire, peut-être de me trahir moi-même[19].

L'année 1940 fut, pour Laurendeau, une période de tourments, d'incertitude et de maturation politique. Il hait la guerre, mais il ne peut non plus accepter le règne des nazis : « cette bestialité au service de ce cynisme nous fait désirer plus ardemment la défaite d'Hitler »[20]. Si la cause des alliés est juste, doit-on, pour l'appuyer, renier les aspirations légitimes de son peuple? Doit-on abdiquer sa propre cause pour faire régner la justice? Y a-t-il une hiérarchie dans l'oppression? L'injustice chez soi devient-elle plus acceptable parce qu'elle est pratiquée plus violemment ailleurs? Sa pensée oscille entre les exigences de son humanisme chrétien et les nécessités de son engagement nationaliste. Il est divisé, car ses sentiments lui font adopter une position neutraliste alors que sa raison le fait pencher vers l'acceptation de la participation. Ce dilemme moral s'intensifiera à la suite d'une lettre du père Doncœur qui critique sa position neutraliste:

> Votre attitude, en ce moment, est sans grandeur. Je la crois sans intelligence. Je vois pourquoi vous voulez vous désolidariser de la France. Mais vous devez voir aujourd'hui à quel prix sanglant on paie sa neutralité... C'est le christianisme de France qui est en jeu [21].

Doncœur lui reproche de ne pas voir que si la France tombe, c'est l'avenir de l'Église qui est menacé. Ces remontrances l'ébranlèrent mais n'entamèrent pas la fidélité à ses engagements. Ce profond déchirement intérieur, cette angoisse, se traduit chez lui par des grippes et des migraines qui le tiennent inactifs durant l'été 1940. Les doutes profonds qu'il éprouve alors, il les exprimera dans les articles qu'il signe Candide et qui témoignent de l'ambivalence de sa pensée car il y présente des idées ou des réflexions qui contrastent fortement avec les articles officiels, où les exigences du combat qu'il mène l'empêchent de se livrer complètement. Ainsi, dans le numéro de novembre 1940 de *L'Action nationale*, où il lance un vibrant appel à la vigilance pour la défense des droits du peuple canadien-français, il publie, dans le même numéro, une lettre qui fait apparaître son pessimisme et ses inquiétudes face à l'avenir. Dans un texte, il défend avec ardeur les droits collectifs des Canadiens français et dans l'autre, il doute que ces mêmes Canadiens français constituent un peuple car, dit-il, ils sont trop divisés « entre un prolétariat paysan et ouvrier d'une pauvreté qui, parfois, confine à la misère et une classe bourgeoise formée de parvenus et de snobs, sans intelligence et sans générosité, n'ayant en tête qu'une pensée: conserver pour soi les positions acquises... Un peuple ça?... Si j'étais le bon Dieu, j'aurais pitié des Canadiens français » [22]. Ce dédoublement de perspective et de pensée explique sa constante inquiétude. Il éprouve alors ce que le père Doncœur appelait la tension « des vérités en croix ».

> Il s'agit de notions qui s'opposent et poussées à fond se nient l'une l'autre comme le couple ordre-justice ou bien le couple autorité-liberté. Laisser

l'une de ces notions, par exemple l'autorité, prendre toute la place, c'est marcher vers des résultats monstrueux. Les équilibrer statiquement l'une par l'autre, c'est opter pour un juste milieu sans efficacité. Il faut les vivre l'une et l'autre dans un état constant de tension intérieure. Ainsi en est-il par analogie, pensais-je du Canada français à l'intérieur du Canada. Cet inconfort fait partie de notre vie[23].

Cet extrait exprime non seulement un trait de sa psychologie, mais aussi sa philosophie de l'engagement qui fut mise à rude épreuve à l'occasion des déchirements intérieurs qu'il vécut en 1940.

Il surmonta ses doutes et incertitudes en approfondissant son analyse des effets de la guerre sur la situation des Canadiens français et des conséquences du système des partis sur l'avenir collectif.

La guerre suscite alors un sentiment d'insécurité collective. L'autoritarisme de l'État fédéral et les exigences militaristes du Canada anglais menacent l'autonomie provinciale. L'effort de guerre impliquait forcément un accroissement des revenus de l'État fédéral, ce qui signifiait la mainmise d'Ottawa sur les pouvoirs de taxation. Avant le déclenchement des hostilités, le rapport Rowell-Sirois avait proposé des changements constitutionnels qui demandaient aux provinces d'abandonner la perception des impôts directs au gouvernement central en échange d'une compensation monétaire. La guerre allait fournir un excellent prétexte au gouvernement fédéral pour forcer les provinces à céder leurs pouvoirs de taxation. Le gouvernement Godbout, qui avait été élu grâce au soutien des libéraux fédéraux, consent à cette dépossession. « Québec ressemble à une maison abandonnée »[24] écrit Laurendeau, qui qualifie l'attitude des libéraux de veulerie.

Pour le gouvernement King, l'unité nationale et la centralisation des pouvoirs étaient des prérequis à l'effort de guerre canadien. Dans un tel contexte, deviennent suspects et passibles de censure tous ceux qui revendiquent le respect des droits de la minorité canadienne-française et qui défendent, en conséquence, les prérogatives des provinces ; car ainsi, ils vont à l'encontre de l'unité nationale telle que définie par l'idéologie de la majorité. Le nationalisme canadien-français devient abominable et la résistance frôle la trahison. Laurendeau écrit à ce propos :

Nous vivons sous la dictature de la peur. Et de quel nom appeler cette dictature, cette royauté absolue d'une idéologie unique dans des domaines qui n'ont rien à voir avec l'effort de guerre, cette tyrannie plus ou moins voilée sur les consciences ? C'est du fascisme à gants de velours »[25].

Les nationalistes sont inquiets quant à l'avenir du Canada français car, non seulement la Loi sur les mesures de guerre restreint leur liberté d'action, mais ils sont démunis, sans moyen pour résister aux pressions centralisatrices et ils craignent que la guerre ne modifie irrémédiablement l'équilibre des forces entre le Canada anglais et le Canada français. En effet, la guerre accentue l'influence anglaise en ravivant les sentiments impérialistes du Canada anglais. Dans certains régiments, l'usage du français était interdit comme l'atteste cette lettre d'un soldat à Maxime Raymond :

> La première manifestation de leurs sentiments envers nous fut une défense formelle de notre officier-commandant de parler notre langue quoique certains d'entre nous ne parlaient aucun mot d'anglais ou ne pouvaient s'exprimer clairement [26].

À la défense nationale, pour 176 officiers de langue anglaise, il y a 10 officiers de langue française. La nation était en danger car, selon les nationalistes, l'effort de guerre allait être un facteur d'anglicisation ; en effet, les régiments bilingues étant rares, la plupart des troupiers francophones se retrouvaient dans des régiments anglophones. On savait aussi, à l'époque, que l'armée dans d'autres pays avait servi à réaliser l'uniformisation culturelle nécessaire à l'unité nationale. Enfin, une fois en Angleterre, les régiments canadiens étaient intégrés au corps d'armée britannique. Ce ne fut qu'en juillet 1944 que la première armée canadienne vit le jour. Dans l'aviation, les pilotes canadiens faisaient partie des escadrilles de la R.A.F. Cette situation justifiait les critiques des nationalistes, qui refusaient de soutenir l'effort de guerre au nom de l'indépendance du Canada.

Laurendeau perçoit la politique de guerre comme une conspiration visant à écraser le nationalisme canadien-français. La guerre met en évidence les contradictions de la société canadienne et lui fait sentir la fragilité des acquis :

> On croirait que le fanatisme des uns, l'irréflexion et la lâcheté des autres, sans oublier la lassitude qui s'empare de certaines volontés après une résistance trop prolongée, ont noué les fils d'une conspiration anti-française... Que chacun d'entre nous réagisse contre l'angoisse et nous voici libres. Nous sommes attaqués dans plusieurs secteurs ; sachons faire front partout. Mais comme le danger le plus grave vient de la menace à la souveraineté du Québec, portons-nous en masse à la défense de l'État provincial... On affirme que l'autonomie compromet l'unité nationale? Mensonge. C'est la centralisation qui met en danger l'unité d'un pays aussi vaste et divers que le nôtre [27].

Après une période d'abattement et de désarroi, il reprend le combat avec encore plus de détermination. Il résiste constamment à son penchant défaitiste. Cette lutte intérieure fortifie sa pensée, l'oblige à analyser les événements et à y trouver le chemin de l'action. Après cinq ans d'action intellectuelle par laquelle il a tenté de dégager le sens de l'histoire et de la communauté canadienne-française, il sent l'impérieuse nécessité de changer de terrain de lutte et de s'engager dans le combat politique.

Il publie, en mars 1941, un article intitulé « Ce peuple chargé de chaînes » où il identifie les causes de notre subordination collective. Il s'en prend au régime des partis, qui divise la nation et dilue notre capacité de faire respecter nos droits collectifs à l'intérieur du système fédéral. Les vieux partis (libéral ou conservateur) ne sont pas en mesure de représenter les intérêts des Canadiens français à Ottawa. Ils n'ont pas su défendre efficacement l'école française, le bilinguisme administratif et la juste part des francophones dans le fonctionnarisme :

> Loin qu'ils nous représentent à Ottawa, c'est désormais Ottawa qui les délègue vers nous. Cessant d'être nos interprètes auprès du pouvoir central, ils deviennent auprès de nous le truchement des vouloirs majoritaires. Ils ont faussé le jeu de la démocratie et c'est désormais contre nous que nous élisons nos députés... ils ont réussi à nous rendre amorphes, satisfaits des moindres miettes, heureux de nos chaînes [28].

Les élus canadiens-français sont soumis à la logique partisane et l'esprit de parti les oblige à accepter la loi de la majorité au détriment des intérêts canadiens-français. L'électeur peut changer son allégeance partisane et passer du bleu au rouge et inversement, mais en aucun cas il n'est assuré que ses intérêts seront représentés dans le jeu politique car le parti au pouvoir, quel qu'il soit, doit d'abord satisfaire les intérêts de la majorité canadienne-anglaise, cette logique politique étant particulièrement évidente en situation de crise. Laurendeau en viendra à souhaiter la formation d'un troisième parti pour incarner l'avenir du Canada français [29]. Cette idée sera reprise aux Communes par le député Ligori Lacombe qui annoncera prématurément, au début de 1942, la formation d'un « parti canadien ». Elle se réalisera finalement avec la création du Bloc populaire.

À la fin de 1941, les pressions en faveur de la conscription s'intensifient à la suite de l'attaque japonaise sur Pearl Harbor et de l'entrée en guerre des États-Unis. À Ottawa, Arthur Meighen succède à Manion à la tête du Parti conservateur. Le premier ministre King, qui vient de perdre son bras droit Ernest Lapointe, craint le retour de Meighen qui est plus agressif et plus fanatique que son prédécesseur. De plus, Meighen est soutenu par le groupe des « deux cents de Toronto », qui relance l'agitation en faveur de la conscription et fait pression sur le gouvernement canadien pour qu'il porte l'effort de guerre à son maximum. King est coïncé entre la promesse qu'il a faite au Canada français de ne pas imposer la conscription pour obtenir l'appui des députés libéraux du Québec à la participation du Canada à la guerre, et les exigences du Canada anglais qui est de moins en moins tolérant au fur et à mesure que l'étau allemand se resserre sur la « Mother England ». Pour sortir de ce dilemme, King imaginera le recours au plébiscite qui, selon Bernard Saint-Aubin, faisait partie de la stratégie du premier ministre pour faire battre Meighen, lequel se présentait à une élection partielle dans York-sud, et lui permettait aussi de gagner du temps en réduisant l'agitation conscriptionniste [30]. Il s'agissait de désamorcer le conflit de race qui menaçait l'unité nationale. La défaite de Meighen (le 10 février 1942) refroidira l'ardeur combative des conservateurs et laissera à King le répit nécessaire pour réaliser son plébiscite.

Le 22 janvier 1942, King annonce, dans le discours du Trône, qu'un plébiscite aura lieu le 27 avril pour demander au peuple canadien de le libérer de l'engagement qu'il a pris de ne jamais imposer la conscription. Le libellé de la question s'énonce ainsi : « Consentez-vous à libérer le gouvernement de toute obligation résultant d'engagements antérieurs restreignant les méthodes de mobilisation pour le service militaire ? » Avec son habileté coutumière, il place sa campagne sous le slogan suivant : « La conscription si nécessaire, pas nécessairement la conscription ». Le gouvernement demande donc à la majorité de le libérer d'engagements pris envers la minorité. Le plébiscite est présenté comme un sondage à l'échelle nationale car, en définitive, ses résultats ne seront qu'indicatifs puisqu'il reviendra au Parlement de prendre la décision finale.

Les nationalistes, dans un premier temps, contestent le principe même de la tenue d'un plébiscite car, disent-ils, on ne peut, sans commettre d'injustice, demander à la majorité d'effacer une promesse faite à la minorité. Maxime Raymond, disciple de Bourassa, croyait à la thèse du pacte entre les deux nations. À ses yeux, le plébiscite était une trahison, il brisait le contrat entre les deux peuples. Il clamera son indignation à la Chambre des communes le 5 février :

> Un compromis a été fait le 9 septembre 1939 en vertu duquel vous avez convenu de ne pas réclamer la conscription pour service outre-mer si ceux qui étaient opposés à la participation, notamment la province de Québec, consentaient à participer à cette guerre. Sur la foi de cet engagement, cette partie importante de la population opposée à la guerre a consenti à participer [31].

Laurendeau reprendra la même argumentation dans son éditorial de *L'Action nationale* de janvier 1942 :

> Nous avons assisté impuissants à des marchandages. Québec s'opposait à la participation. Des voix venant d'Ottawa nous ont dit : « soumettez-vous, il n'y a pas d'autre solution possible, car vous êtes la minorité et si vous vous soumettez à l'inévitable, nous saurons bien vous éviter le pire qui est la conscription ». C'était un dangereux compromis et cependant, le peuple du Québec l'a loyalement accepté. Il a cru ses chefs. Il les a gardés au pouvoir... À force de compromis, nous nous compromettons à fond, c'est-à-dire que nous compromettons nos finances, notre économie, notre capital humain et en définitive l'existence du Canada [32].

Ce qu'il avait prévu arrivait. Depuis 1938, au congrès de la Canadian Youth Congress, comme président du Conseil des jeunesses canadiennes et comme vice-président du Bloc universitaire, il avait eu, à de nombreuses reprises, l'occasion d'exprimer le point de vue des nationalistes canadiens-français sur les risques de division qu'encourait le Canada par sa politique de guerre. La preuve de la justesse de ses jugements décupla sa détermination à mettre sur pied un mouvement de résistance à la conscription. Profitant de sa position stratégique dans le milieu intellectuel, et conseillé par Groulx, il entreprit le regroupement des forces nationalistes afin de canaliser politiquement le ressentiment populaire face à l'abandon des élites politiques. Ainsi, au cours d'une réunion chez Paul Gouin, fut créée la Ligue pour la défense du Canada. La Ligue regroupait des représentants de divers mouvements sociaux comme Philippe Girard de la C.T.C.C., Gérard Filion de l'U.C.C., Athanase Fréchette de la S.S.J.B., Alfred Bernier des Voyageurs de commerce. Les mouvements de jeunesse étaient représentés par Jean Drapeau et Roger Varin. Le docteur J.-B. Prince en était le président mais André Laurendeau, qui agissait comme secrétaire, en était la véritable cheville ouvrière. Les deux porte-parole les plus en vue étaient Maxime Raymond et Georges Pelletier, directeur du *Devoir*, seul journal canadien-français à soutenir le camp du non. La Ligue situe son action dans la perspective de l'idéologie bourassienne. Elle se définit comme canadienne et s'adresse à tous les Canadiens. L'intérêt du Canada est sa première raison d'être.

La Ligue n'a pas d'ambition politique. C'est un mouvement d'opinion qui s'est créé spontanément pour inciter les Canadiens à voter NON au plébiscite et faire en sorte que la voix du Québec se fasse entendre à Ottawa puisque les représentants libéraux ne s'acquittaient pas de cette responsabilité et suivaient aveuglément la politique de King. Par son existence, la Ligue veut donner droit de cité à la liberté d'expression et à la dissidence. Elle affirme, en premier lieu, le droit de tout citoyen de répondre au plébiscite librement et selon sa conscience sans pour cela être ostracisé.

Ses moyens d'influence sont restreints car, comme tout mouvement populaire, elle ne subsiste que grâce aux cotisations de ses membres qui paient un dollar pour en faire partie. Ce financement populaire sera le prélude d'une nouvelle conception du financement des partis politiques qui sera mise en œuvre par le Bloc populaire. La nature et la mission de ce mouvement ont été décrites dans un appel lancé par André Laurendeau le 18 février 1942 :

> Nous faisons appel à votre collaboration pour un mouvement qui nous paraît national au premier chef. Comme vous le savez peut-être, la Ligue pour la défense du Canada est un mouvement anticonscriptionniste, elle estime que la meilleure façon de lutter activement contre la conscription est d'obtenir que le plus possible de citoyens canadiens refusent de délier le Premier ministre de ses promesses, c'est-à-dire répondent *non* au plébiscite. Dans ce but, la Ligue organise une campagne d'opinion [33].

Cet appel fut lancé à tous les organismes représentant les différentes sphères de la société : aux membres des Chambres de commerce, aux syndicats ouvriers ainsi qu'aux 1 600 conseils municipaux, dont cinq cents firent parvenir à la Ligue des résolutions anticonscriptionnistes.

Pour faire pénétrer ses idées, la Ligue utilise les assemblées publiques, les causeries radiophoniques, la publication de tracts et d'affiches. Elle peut aussi compter sur une cinquantaine de sections locales. La Ligue mène son combat en utilisant la radio, mais uniquement les postes privés qui ne sont pas reliés en réseaux. Elle diffuse son message à CHRC pour la région de Québec et à CKVL à Montréal, tous les mardis et les jeudis. Radio-Canada refusera de donner l'antenne aux partisans du NON. Même si Radio-Canada est une institution fédérale financée par les impôts de tous les Canadiens, y compris ceux des anticonscriptionnistes, son directeur, Augustin Frigon, refuse d'accorder un nombre égal d'heures d'antenne aux tenants des deux options. Il allègue que seuls les partis politiques reconnus peuvent utiliser gratuitement les ondes. Il refuse même de vendre du temps d'antenne à la Ligue prétextant, avec une mauvaise foi évidente, que celle-ci aborde des sujets qui prêtent à controverse. M. King et ses ministres pourront utiliser à leur gré le réseau national pour diffuser la propagande conscriptionniste. Ils se serviront aussi sans vergogne des fonds publics et des services officiels de l'État pour imposer leur point de vue et convaincre les Canadiens français qu'un vote pour King était le meilleur moyen d'éviter la conscription. Maniant le sophisme à outrance, ils s'efforcent de persuader l'électorat du Québec qu'un OUI signifie un NON et qu'un NON veut dire OUI. Toute l'argumentation des conscriptionnistes au Québec repose sur la peur, soit qu'ils agitent la menace du départ de King, soit qu'ils invoquent les dangers de l'isolement du Québec.

La Ligue compensera cette discrimination par le dévouement de milliers de bénévoles et le soutien populaire. Contrairement aux conscriptionnistes, elle ne craint pas d'organiser des assemblées publiques pour expliquer les raisons de son NON au plébiscite. Les assemblées publiques de l'époque étaient très animées et fréquentées car la télévision n'existait pas et les occasions de se divertir étaient rares. Une assemblée politique était un événement social. Les foules y accouraient, poussées par la curiosité et la situation tendue. Il était facile pour des orateurs, même ternes, de faire vibrer le public. La première assemblée de la Ligue a lieu le 11 février 1942 au marché Saint-Jacques, au coin des rues Ontario et Amherst, où 10 000 personnes viennent acclamer les orateurs : Prince, Raymond, Filion, Drapeau et Bourassa, qui reprennent inlassablement les arguments réunis dans le Manifeste de la Ligue :

> La réponse au plébiscite doit être : NON. Pourquoi? Parce que nul ne demande d'être relevé d'un engagement s'il n'a déjà l'intention de le violer. Nous ne voulons pas la conscription pour outre-mer parce que, selon les statistiques gouvernementales, le volontariat fournit suffisamment d'hommes, parce que le Canada est un petit pays et qu'il ne peut se saigner de sa population, parce que l'effort fait jusqu'à présent est déjà au-delà des capacités réelles du pays. Nous risquerions de nous trouver dans une situation pire que les peuples défaits. Le Canada n'a pas le droit de se saborder... Ce n'est donc point comme province, ni comme groupe ethnique que nous prenons position... nous le faisons comme citoyens du Canada plaçant au-dessus de tout l'intérêt du Canada [34].

D'autres assemblées répercutent cette analyse à Québec et dans les petites villes de la province. Ainsi à Sorel, fief des Simard et château fort de Cardin, la Ligue attire 10 000 personnes. L'assemblée de clôture de la campagne au marché Atwater, tenue le 23 avril, réunit plus de 20 000 partisans du NON[35]. Laurendeau résume ainsi le climat : « Les propos que l'on tient n'ont plus d'importance, la foule vient assister à une fête populaire »[36]. L'enthousiasme est à son comble.

Durant ces mois d'activités fébriles, Laurendeau, en plus de s'occuper de l'organisation matérielle du mouvement, consacre ses efforts à la propagande radiophonique, plus appropriée à son timbre de voix et à la vigueur analytique de sa pensée qui séduit par son humour féroce et sa structure logique. Il multiplie les causeries à CKAC. Il s'attache à démontrer que le vote au plébiscite n'est pas un vote de confiance envers King car il ne s'agit pas d'une élection et l'avenir du gouvernement n'est donc pas en jeu[37]. Il combat aussi la thèse des conscriptionnistes, qui prétendaient que le consentement du peuple canadien-français n'était pas nécessaire pour envoyer les citoyens canadiens défendre le Canada hors de ses frontières. Pour beaucoup de Canadiens anglais, l'unité nationale ne pouvait reposer sur la reconnaissance d'un droit de veto pour le Québec. Laurendeau rejette cette conception unitaire du Canada parce qu'elle nie l'existence de deux peuples distincts et qu'elle s'appuie sur une logique oppressive, la raison du plus fort :

> Car il y a des cas où l'opinion franco-canadienne ne s'accorde pas avec l'opinion anglo-canadienne. Si c'est toujours la « majorité » qui prononce, si les décisions sont fatalement livrées au jeu brutal des chiffres, alors il n'y a plus confédération de deux nationalités mais oppression d'une nationalité par l'autre. Si, dans les graves questions où nous ne pensons pas comme nos partenaires, ceux-ci l'emportent automatiquement, nous cessons d'être leurs partenaires pour devenir leur vassaux. Nous perdons comme peuple toute initiative... il suffira d'un vote de la majorité pour arracher tout jeune Canadien français à son pays et le conduire à la mort contre son gré dans l'une des cinq parties du monde où l'intérêt britannique place les frontières du Canada[38].

Comme tous les nationalistes de tradition bourassienne, il refusait de se soumettre à une logique de l'histoire manifestement régie par la loi du nombre et misait obstinément sur la compréhension mutuelle. Mais les faits contrediront cette vision d'un Canada biethnique fondé sur une souveraineté partagée. Encore une fois le 27 avril 1942, la loi du nombre prévalut. Le résultat du plébiscite confirma la profonde division ethnique de la société canadienne. Si les résultats globaux donnaient 63,7 p. 100 de oui et 36,3 p. 100 de non, la répartition linguistique du vote était encore plus significative. Au Québec, 56 comtés sur 65 votèrent majoritairement non, les 9 autres, étant anglophones, optèrent pour le oui. Les francophones du Québec votèrent NON dans une proportion de 85 p. 100. Même les minorités francophones hors du Québec, concentrées en Acadie et dans le Nord de l'Ontario, suivirent la ligne de conduite de la province de Québec. Les Canadiens français formaient bien un *bloc* homogène. Le sentiment de solidarité nationale avait franchi les frontières provinciales, ce qui représentait une des rares manifestations d'unanimité du peuple canadien-français. Laurendeau note à cette occasion : « Peut-être, tous ensemble, étions-nous heureux, au fond, de secouer le joug deux fois séculaire »[39].

Même si le « vote de race » était sans équivoque, l'unanimité des francophones ne réussit pas à enrayer la volonté de la majorité canadienne-anglaise. Dès le 8 mai, le cabinet King mit en branle le processus législatif visant à amender la loi de mobilisation générale. Il s'agissait, pour voter la conscription, de révoquer l'article 3 qui stipulait que les pouvoirs de mobiliser les Canadiens « ne peuvent pas être exercés aux fins de requérir des personnes à servir dans les forces militaires navales ou aériennes en dehors du Canada ». Cette procédure, qui rendait la conscription légale sans avoir à voter de loi de la conscription, illustre encore une fois le génie manipulateur de King. Le bill 80 laissa plusieurs députés libéraux penauds, eux qui s'étaient époumonés à clamer qu'un oui au plébiscite signifiait un non à la conscription. Le ministre Cardin aura l'honnêteté de démissionner.

Quant aux nationalistes, ils devront se contenter d'une victoire morale. Ils avaient fait la preuve de l'iniquité du système fédéral et de l'impossibilité d'y faire respecter les intérêts et la volonté du Canada français. Mais ils refusaient d'en tirer les conséquences. Ils continuaient à faire comme si ça pouvait marcher. Les trahisons, les reniements, la centralisation des pouvoirs, les fausses promesses, les inégalités de traitement s'expliquaient par le système partisan et le règne des vieux partis qui empêchaient la nation de s'exprimer et de défendre ses intérêts. La voie à suivre était tracée. L'expérience de la lutte anticonscriptionniste avait renouvelé leur confiance et leur détermination. Cette lutte avait cristallisé une nouvelle solidarité et créé une infrastructure matérielle, organisationnelle et humaine qui allait servir de base à la construction d'une nouvelle force politique essentiellement nationaliste.

Après l'expérience du plébiscite, Laurendeau est convaincu que la nation a besoin d'un parti sain pour canaliser politiquement les aspirations au changement qu'il percevait chez les Canadiens français. Même s'il ne croit pas à la toute-puissance de la politique parce que l'action politique n'agit qu'à la surface des êtres, il est conscient de « l'extrême importance du facteur politique dans la vie nationale ». Il se démarque ainsi des nationalistes traditionnels qui s'accrochaient à un apolitisme désuet et se réfugiaient dans l'action éducative et la propagande au lieu de construire une organisation politique pour réaliser leur idéal. Laurendeau adopte le point de vue de Péguy sur cette question : « Nous ne sommes pas de ceux qui se lavent les mains, de ceux que visait Péguy quand il écrivait : "Nous avons les mains pures, mais c'est parce que nous n'avons pas de mains" » [40].

NOTES

1. Collection André Laurendeau. Lettre de Bernard Hogue à André Laurendeau, 12 octobre 1936. P2A33.

2. Collection André Laurendeau. Lettre de Paul Simard, 14 mars 1938. P2A40.

3. *Le Devoir*, 17 janvier 1938.

4. Voir *Le Hansard*, 30 mars 1939, p. 2466.

5. A. LAURENDEAU, *La Crise de la conscription*. Montréal, Éditions du Jour, 1962, p. 27.

6. Le chef de la C.C.F., Woodsworth, s'opposa aussi à cette déclaration.

7. Compte rendu des Débats de la Chambre des communes, cinquième session de la 18e législature, p. 37.

8. Cité par André LAURENDEAU, *La Crise de la conscription*, p. 31.

9. André LAURENDEAU, *La Crise de la conscription*, p. 67.

10. *Ibid.*, p. 60.

11. Manuel concernant la censure de la presse et de la radiodiffusion, mars 1940, p. 3.

12. *L'Action nationale*, octobre 1941, p. 56-57.

13. Cité par Robert RUMILLY, *Histoire de la province de Québec*. Montréal, Fides, t. XXXVIII, p. 48-49.

14. Cité par André LAURENDEAU, *La Crise de la conscription*, p. 47.

15. Collection André Laurendeau. P2A112.

16. Lettre de Neil Morrisson à André Laurendeau, 26 octobre 1939. P2A45.

17. Cité par A. LAURENDEAU, *La Crise de la conscription*, p. 56.

18. Lettre d'André Laurendeau à l'abbé Groulx, 9 août 1940. P2A90.

19. A. LAURENDEAU, *La Crise de la conscription*, p. 59.

20. A. LAURENDEAU, *Ces choses qui nous arrivent*, p. 354.
21. Laurendeau a publié cette lettre dans *L'Action nationale*, juin 1940, p. 435-436.
22. *L'Action nationale*, novembre 1940, p. 278-279.
23. André LAURENDEAU, *Le Devoir*, 27 mars 1962, p. 3.
24. A. LAURENDEAU, « Alerte aux Canadiens français », *L'Action nationale*, novembre 1940, p. 194.
25. *Ibid.*, p. 199.
26. Lettre du sergent N.E. Gauvin à M. Raymond. Citée par P.A. COMEAU, *Le Bloc populaire*. Montréal, Québec-Amérique, 1982, p. 66.
27. *L'Action nationale*, novembre 1940, p. 200-201.
28. *L'Action nationale*, mars 1941, p. 177–179.
29. Voir *L'Action nationale*, avril. 1941.
30. Voir Bernard SAINT-AUBIN, *King et son époque*. Montréal, La Presse, 1982.
31. Cité par André LAURENDEAU, *La Crise de la conscription*, p. 72. Les chefs du Parti libéral avaient réaffirmé aux élections de mars 1940 que la participation à la guerre devait rester volontaire. Le gouvernement King avait été maintenu au pouvoir sur la base de cet engagement.
32. « Nous ne raserons pas la muraille ». *L'Action nationale*, janvier 1942, p. 4-5.
33. Collection André Laurendeau, P2A122.
34. Cité par A. LAURENDEAU, *La Crise de la conscription*, p. 42.
35. Le gérant du Forum de Montréal, après avoir accepté de louer l'amphithéâtre pour cette assemblée, fut forcé par la direction de refuser la location de la salle.
36. A. LAURENDEAU, *La Crise de la conscription*, p. 116.
37. Causerie du 24 avril 1942. P2A116.
38. Collection André Laurendeau. P2A111.
39. *La Crise de la conscription*, p. 122.
40. *L'Action nationale*, novembre 1942, p. 168.

Chapitre VII

L'expérience électorale

Dans l'esprit de Laurendeau, l'action entreprise par la Ligue devait se prolonger bien au-delà des circonstances qui lui avaient donné naissance : la nécessité de donner une voix à ceux qui s'opposaient à la conscription. Elle avait pour vocation de susciter une nouvelle conscience nationale, un mouvement d'opinion pour combattre les méfaits de l'esprit de parti et travailler à la renaissance du Canada français. L'éveil des consciences devait aussi se faire par l'action politique car les partis traditionnels trahissaient les intérêts de la nation. Après les reniements du duplessisme et les trahisons des libéraux fédéraux et provinciaux, le mouvement nationaliste n'avait d'autre alternative que d'amorcer la politisation de la conscience nationale.

Le Bloc populaire naîtra dans la foulée du mouvement anti-conscriptionniste. Ses instigateurs utiliseront le procès de René Chaloult pour créer le climat favorable au lancement de l'entreprise. Ainsi dès mai 1942, Paul Gouin lance l'idée de convoquer les assises canadiennes-françaises afin d'élaborer une politique nationale et de choisir un chef. Des pétitions en ce sens demandent à la Ligue d'organiser ce congrès.

Les leaders nationalistes étaient en quelque sorte poussés par la dynamique de l'action entreprise à l'occasion de la campagne du plébiscite. Ils ne pouvaient laisser retomber la ferveur populaire qu'ils avaient suscitée, d'autant plus que la lutte contre la conscription était toujours d'actualité. La Ligue avait toujours sa raison d'être, mais elle ne pouvait maintenir longtemps la mobilisation de l'opinion publique en se tenant à l'écart de l'arène politique car elle aurait laissé ainsi les vieux partis reprendre leur hégémonie et imposer à nouveau leur contrôle sur les consciences.

La première action post-plébiscite de la Ligue fut d'assurer la défense du député René Chaloult, à qui on avait intenté un procès parce qu'il avait pris part à une assemblée anticonscriptionniste, le 19 mai 1942 au marché Saint-Jacques, où il avait tenu des propos véhéments à l'endroit du bill 80. Il est accusé par le procureur général de la province, Gaspard Fauteux, d'avoir violé les Règlements de la défense du Canada. Non seulement lui refuse-t-on un procès devant jury, mais le procureur, pour des motifs politiques, mène la cause jusqu'au bout alors qu'en Ontario dans un procès similaire, la Couronne accorde le procès avec jury au colonel Drew et finit par retirer sa plainte. Cette inégalité de traitement, fruit de la hargne partisane des libéraux, soulève l'indignation de l'opinion nationaliste. Laurendeau assure alors l'organisation de la défense de Chaloult. Il lance donc pour couvrir les frais du procès une campagne de souscription nationale qui rapporte 2 600 $ [1]. La Ligue utilise ce procès pour mousser sa publicité. Elle publie, à cet effet, les noms des souscripteurs. La Ligue profite aussi de ces circonstances pour réclamer la libération de Camilien Houde, qui a été interné sans procès par arrêté ministériel spécial adopté le 5 août 1940. Même s'il était victime d'injustice, Chaloult eut plus de chance que Houde car il fut acquitté le 3 août. Pour célébrer cette victoire, la Ligue organisa un banquet au marché Atwater où se retrouvent, à la table d'honneur, les futurs chefs du Bloc. Laurendeau a écrit, à propos de cet événement : « Ce soir d'août 1942 au marché Atwater, chacun pressentait qu'un nouveau parti allait naître » [2]. Mais il n'allait pas naître sans tiraillements et négociations ardues car le sens de l'unité et le pragmatisme politique n'étaient pas les principales qualités du milieu nationaliste souvent déchiré par des conflits de personnalité.

Le 1er juillet, René Chaloult, Paul Gouin et André Laurendeau rendent visite à l'abbé Groulx et l'incitent à s'entremettre auprès de Maxime Raymond afin de le convaincre d'accepter la direction d'un nouveau parti politique. Groulx a toujours été réticent à se mêler de politique partisane, mais il finit par céder aux pressions insistantes de ses amis. Il rencontre Raymond à deux reprises, le 13 juillet et le 17 août, et le persuade de prendre la direction du « Parti de la rénovation ». L'intervention de Groulx fut décisive [3] car Raymond hésitait devant l'aventure, conscient qu'il était de son absence de charisme, de son âge et de sa santé chancelante. Sa décision fut grandement aidée aussi par l'appui du *Devoir*, promis par Georges Pelletier.

Les considérations stratégiques furent, au premier plan, des tractations préliminaires. Dans les premières discussions, on envisageait l'action d'un Bloc nationaliste uniquement sur la scène fédérale, car au provincial l'Union nationale était solidement implantée et réclamait l'autonomie de la province. Il n'y avait donc pas de raison de lui faire concurrence. Cette option aurait permis au Bloc d'avoir l'appui de l'Union nationale aux élections fédérales. Cette thèse était ardemment défendue par Henri Bourassa et par l'entourage de Maxime Raymond. Toutefois, les anciens de l'Action libérale nationale ne pouvaient tolérer l'idée d'une alliance avec Duplessis et défendaient la nécessité d'agir aux deux niveaux de pouvoir. Chaloult, Gouin et Hamel rêvent de faire mordre la poussière à celui qui les a trahis quelques années plus tôt. Hamel, aux élections de 1939, avait d'ailleurs accordé son appui au parti de Godbout.

Le projet d'un parti provincial hantait encore les anciens de l'A.L.N. et il fut évoqué publiquement par Chaloult dans le discours qu'il fit au banquet du marché Atwater. En dévoilant ce projet, il forçait la main de Maxime Raymond ; celui-ci était par ailleurs poussé dans cette direction par Georges Pelletier et André Laurendeau qui préconisaient une action d'abord sur la scène provinciale et ensuite sur la scène fédérale [4]. Raymond se rend à cette option car il craint que le trio de Québec ne crée son propre parti, ce qui aurait éparpillé les énergies, et parce qu'il veut avoir avec lui les jeunes nationalistes. Il compte sur l'influence de Laurendeau pour maintenir une cohésion entre ces éléments disparates. Laurendeau admettra plus tard que les divisions et les difficultés qu'a connues le Bloc étaient dues, en grande partie, à ce choix imposé par les anciens de l'A.L.N. [5].

Dès le départ, Raymond doit manœuvrer pour ménager la susceptibilité de ses alliés. Pour éviter le conflit entre Édouard Lacroix, qui était indispensable au financement du Parti, et le trio Gouin, Hamel, Chaloult, il décide de ne pas se choisir de lieutenants officiels à Montréal et à Québec, ce qui mécontente tout de même Gouin et Hamel qui, imbus de leur importance, s'attendaient à occuper des postes d'autorité dans le nouveau parti. Le Bloc est à l'origine un parti de chefs qui s'est donné, après sa fondation le 8 septembre 1942, une organisation de masse pour soutenir son action électorale. La mystique du chef deviendra sa grande faiblesse dans la mesure où Maxime Raymond n'était pas en mesure d'assumer cette fonction. La grave maladie de Raymond permit aux dissensions intérieures de se manifester, ce qui désorienta les militants et les électeurs.

Laurendeau, quant à lui, sera favorisé par ces rivalités entre les leaders historiques du mouvement. Sa nomination au poste de secrétaire général du Bloc, le 23 décembre 1942, s'explique certes par ses antécédents nationalistes et par son impressionnante feuille de route. À peine âgé de trente ans, il a occupé des fonctions de responsabilité dans l'A.C.J.C., dans divers mouvements de jeunesse, comme directeur de *L'Action nationale* et secrétaire de la Ligue de défense du Canada. Ces multiples expériences lui avaient permis de faire ses preuves comme penseur, organisateur et conférencier. La rigueur de ses analyses et la vigueur de son verbe lui avaient conféré une grande notoriété et une grande autorité dans les milieux nationalistes. Tous ces facteurs faisaient de lui un choix plausible pour exercer le leadership au sein du Bloc populaire. Mais il possédait un avantage supplémentaire, il pouvait rallier tous les camps, n'ayant pas été compromis dans les échecs antérieurs de l'A.L.N. et de l'U.N. Il était en état de grâce. Il accepta de relever le défi consistant à mettre sur pied un nouveau parti dans le contexte difficile de la guerre et des luttes intestines qui divisaient régulièrement les nationalistes.

À titre de secrétaire du Bloc, Laurendeau relevait directement du chef du parti. C'était le second poste en importance dans la hiérarchie du parti mais compte tenu de la maladie et de l'absence de M. Raymond, on peut considérer que Laurendeau a été en réalité l'âme dirigeante du Bloc. Ses fonctions principales consistaient à élaborer la doctrine du parti et à la traduire en programme électoral. Il devait aussi rassembler la documentation sur les événements qui avaient constitué la vie politique au fédéral et au provincial au cours des dernières années. Ces tâches étaient à la mesure de sa formation et prolongeaient, en quelque sorte, son travail de directeur de revue. Dans une lettre à M. Raymond, il explique ainsi la conception qu'il se fait de son rôle :

> Le poste de secrétaire de parti tel que je le comprenais d'abord impliquait une rupture avec mon travail habituel depuis une dizaine d'années : car vous savez que j'ai orienté ma vie dans le sens de la recherche intellectuelle plutôt que de l'action immédiate et politique. Mais défini comme il l'est plus haut, le rôle de secrétaire général non seulement permet mais suppose l'étude, la recherche, la réflexion. Il réduit au minimum les travaux de routine. L'heure

est si importante d'ailleurs qu'il importe de consentir des sacrifices à la cause ainsi que vous avez été le premier à le faire vous-même. Si le Bloc était un parti comme les autres, je refuserais ses propositions. Le fait que je suis marié et que j'ai deux enfants impliquait que l'on m'assure la sécurité matérielle. Ce problème est résolu par votre offre de me garantir pour un an un montant égal aux deux salaires qui me sont actuellement versés par la Ligue de défense du Canada et par *L'Action nationale*. Cette garantie sera sans doute renouvelable d'année en année [6].

Ses indemnités étaient de 2 000 $ [7]. Le Bloc, avant de pouvoir compter sur les souscriptions populaires, fut financé par les fonds personnels de M. Raymond, qui était fortuné, et par Édouard Lacroix, riche homme d'affaires de la Beauce. Cette dépendance financière du Bloc avivera les tensions entre les factions rivales et sera un des facteurs de dissension au sein du Bloc. Maxime Raymond reçoit des lettres anonymes qui mettent en cause le rôle qu'Édouard Lacroix joue dans le Bloc : « Qui dit finances dit tout, donc M. Lacroix est en réalité un chef du parti et son argent lui permettra de le mener à sa guise... » [8].

Laurendeau, ayant accepté le poste de secrétaire général, demande un congé d'un an à la Ligue d'Action nationale. Pendant ce temps, la direction de la revue est assurée par un comité de trois membres : Arthur Laurendeau, Roger Duhamel et François-Albert Angers. Au secrétariat de la Ligue, il est remplacé par Jean Drapeau qui vient de se présenter comme candidat des conscrits à l'élection partielle dans le comté d'Outremont.

Laurendeau participe activement à la campagne de Jean Drapeau qui affronte le général Laflèche dans un comté où le oui a recueilli 60 p. 100 des suffrages lors du plébiscite. Même si le Bloc n'est pas prêt à entrer officiellement en lice, cette élection partielle sera l'occasion d'évaluer l'impact de la lutte contre la conscription sur la scène électorale et aussi de roder l'embryon de machine électorale du parti. Drapeau sera secondé par Marc Carrière comme organisateur et lorsque celui-ci sera arrêté et emprisonné, il sera remplacé par Michel Chartrand. Laurendeau assure la propagande sur les ondes où il manie avec brio l'ironie et le sarcasme, comme l'illustre cette causerie du 27 novembre 1942 où il dénonce les Machiavel démocratiques qui président à la ruine de la nation :

Un journal nous demande en première page de voter en faveur de M. Laflèche « pour empêcher l'application de la conscription outre-mer ». L'homme qui a rédigé cette phrase est probablement un ironiste. Se moque-t-il de nous ? Comment l'élection d'un conscriptionniste qui s'avoue comme tel, d'après qui on n'est pas digne de s'appeler Canadien quand on n'accepte pas de se battre pour son pays, n'importe où dans le monde, comment l'élection d'un tel conscriptionniste pourrait-elle empêcher l'application de la conscription pour outre-mer ? Il est clair que c'est le contraire qui est vrai : c'est en battant le conscriptionniste qu'on fera reculer la conscription. Laflèche c'est un Borden à nom canadien-français[9].

Le style incisif et polémique de cette déclaration est d'autant plus remarquable qu'il a dû au préalable obtenir le visa de la censure. Il a mis au point un procédé déjà éprouvé dans la campagne du plébiscite et qui consiste à structurer son argumentation à partir des déclarations des hommes au pouvoir. Il utilise à cet effet les réparties de Laurier, Bourassa et Lapointe qui, pendant vingt ans, avaient dénoncé la conscription imposée par Borden en 1917. Cet exercice lui permit de faire valoir son habileté rhétorique et annonce un politicien à la dialectique redoutable et capable de véhémence. Il entreprendra d'ailleurs, au début de 1943, une série de causeries radiophoniques hebdomadaires à CKAC, série qui durera jusqu'en décembre 1943.

L'élection dans Outremont ne pouvait constituer un véritable test de la nouvelle influence du nationalisme car ce comté avait une composition ethnique hétérogène. Malgré ce handicap, le candidat des conscrits obtint une victoire morale en sauvant son dépôt. Cette élection servait de répétition générale.

Le Bloc se lancera officiellement dans la mêlée aux élections partielles d'août 1943 dans les comtés de Stanstead et de Montréal-Cartier. Le Bloc est victorieux dans Stanstead où J. Armand Choquette est élu, mais il échoue dans Montréal-Cartier où Fred Rose l'emporte avec une majorité de 150 voix sur le candidat du Bloc, Paul Massé. Dans son post-mortem, Laurendeau avoue qu'il est en partie responsable de cet échec, car il ne croyait pas aux chances de Massé dans Montréal-Cartier et il a en conséquence concentré les efforts du parti dans Stanstead. Il décèle aussi les failles de son organisation qui doit compter sur des personnes dévouées mais peu expérimentées et qui ne sont pas toujours disponibles aux moments voulus. Il s'inquiète du coût de ces élections et de l'imprévoyance financière de certains organisateurs « partis pour la gloire ». Il écrit au lendemain de cette élection : « Nous avons plus d'hommes de propagande que d'élection »[10]. Il prévoit aussi de plus grandes difficultés lorsqu'il s'agira d'affronter l'Union nationale dans une élection provinciale, car le Bloc est infiltré par les partisans unionistes ; ces collaborateurs changeront alors de camp. Cette élection complémentaire a aussi fait apparaître les premières lézardes dans le front commun des forces nationalistes car le trio de Québec a refusé de s'engager dans la campagne de Stanstead parce qu'Édouard Lacroix occupait le terrain. En dépit de ces incidents qui conduiront à l'imbroglio, les dirigeants du Bloc se montrent encouragés par ces résultats. Un sondage Gallup effectué au lendemain de l'élection partielle révèle que le Bloc et le parti libéral sont nez-à-nez au Québec avec chacun 36 p. 100 des intentions de vote [11].

Jusqu'au premier congrès général du Bloc tenu en février 1944, les signes de dissensions se manifesteront de plus en plus ouvertement car le trio de Québec ne réussit pas à vaincre la volonté inflexible de Maxime Raymond ; celui-ci refuse d'être un chef potiche et prend au sérieux son rôle de leader en refusant de rompre son alliance avec Lacroix et en imposant Laurendeau comme son principal lieutenant, au grand désespoir de Paul Gouin qui avait des velléités de leadership, au Québec du moins, et convoitait la position de Laurendeau. Gouin, qui n'a pas les qualités d'un chef et manque d'initiative, prend ombrage de l'énergie débordante avec laquelle le jeune secrétaire général mène la barque du parti. Une chanson d'actualité sur l'air de « Meunier tu dors » étalait avec humour cette rivalité entre les « bloqueux » :

> Maxime tu dors,
> Ton bloc, ton bloc s'effrite...
> Ton petit Laurendeau,
> Le dimanche à la radio,
> Aura beau jaser et rejaser,
> Il entendra toujours,
> Gouin chanter tour à tour,
> Pour faire un bon chef,
> T'es bien trop petit mon ami,
> T'es bien trop petit, dame oui ! [12]

Laurendeau évoque lui-même publiquement ces dissensions dans sa causerie radiophonique du 11 décembre 1943 et il en donne une explication plutôt sibylline : « depuis qu'il y a des hommes et tant qu'il y en aura, on ne saurait trouver nulle part d'unanimité parfaite » [13].

Une campagne de pression orchestrée par des amis du trio inonde Raymond de lettres et de pétitions l'incitant à faire la paix avec Gouin, Hamel et Chaloult. On lui suggère, pour les amadouer, d'offrir la candidature de Stanstead à René Chaloult. Un correspondant, qui signe « Ave » et qui est un unioniste voisin de Chaloult en

Chambre, lui conseille d'écrire à P. Hamel pour lui montrer qu'il a la confiance du chef national du Bloc. Il demande aussi à Raymond de reconnaître Chaloult comme leader du Bloc à l'Assemblée législative [14].

Cette guerre de tranchées connaîtra son dénouement au Congrès du parti en février 1944. Gouin, Chaloult et Hamel quittent le Bloc parce qu'ils n'ont pas été officiellement invités au Congrès. La nomination d'André Laurendeau au poste de chef de l'aile provinciale compromettait irrémédiablement leurs ambitions. Cette lamentable lutte de pouvoir au sein du mouvement nationaliste démobilisa les militants et décontenança le public déçu par ces rivalités personnelles et ces chicanes politiques au sein d'une nouvelle formation politique qui prétendait pourtant être différente des vieux partis. Ces rivalités personnelles et ces divergences idéologiques réduisirent les chances de succès du Bloc à l'élection provinciale qui devait avoir lieu l'été suivant. L'imbroglio mina la crédibilité politique du Bloc et lui fit perdre le soutien d'hommes prestigieux qui, malgré leur suffisance et leur arrogance, avaient une influence politique certaine surtout dans la région de Québec. Le Bloc enfin perdit le seul député qu'il avait à l'Assemblée législative. Laurendeau a décrit ainsi l'impact de ce conflit :

> Ce qu'on a appelé l'imbroglio a décontenancé le public, troublé les nationalistes, tari certaines sources financières, diminué nos chances de succès. Plusieurs ne nous pardonnent pas encore de n'avoir pas su nous entendre [15].

Gouin et Hamel étaleront leur amertume au grand jour en essayant de discréditer Laurendeau et Raymond, les accusant d'avoir conclu une entente secrète avec Duplessis et d'être manipulés par des puissances d'argent [16]. Encore une fois, l'infantilisme politique privera les nationalistes de l'unité indispensable au triomphe de la cause nationale et Laurendeau, malgré ses efforts de réconciliation, ne réussira pas à recoller les pots cassés. Les comportements n'étaient pas au diapason des intentions puisqu'on ne pratiquait pas le programme du parti qui proclamait que le Bloc avait été fondé non pour diviser mais pour unir les vrais Canadiens [17].

Le Bloc fut avant tout un parti idéologique, c'est-à-dire un parti où l'aspect doctrinal était primordial. La politique aux yeux des fondateurs du Bloc est plus qu'une joute électorale où s'affrontent des candidats. C'est un combat d'idées où les électeurs doivent choisir entre des programmes politiques, d'où l'importance que revêt l'élaboration dudit programme pour ce parti qui se définit comme un mouvement d'idées. La réflexion politique et sociale menée par les dirigeants du Bloc sera entérinée par les 800 congressistes présents aux assises nationales du parti tenues en février 1944, quelques mois avant les élections provinciales. Maxime Raymond étant retenu à Ottawa, ce fut André Laurendeau qui prononça l'allocution d'ouverture. Debout, très droit, ému, pendant plus d'une heure il cravacha les vieux partis :

> Tristes gouvernements des vieux partis qui n'ont jamais eu le sentiment de la patrie, mais qui se laissent traîner inertes, à la remorque d'une grande puissance, qui en fait ont détruit peu à peu la souveraineté des provinces. Odieux gouvernements des vieux partis qui ont laissé les chômeurs croupir dans leur misère... Hypocrites gouvernements des vieux partis qui, par leurs actes, enseignent aux prolétaires bien plus efficacement que les marxistes que la seule façon d'avoir raison d'un État capitaliste libéral, c'est la révolte [18].

Ce discours énergique définissait les principales lignes de forces de l'idéologie du Bloc populaire qui offrait à la collectivité un nationalisme doté de préoccupations sociales inspirées de la social-démocratie. Cet amalgame constitue un apport intellectuel original dans l'histoire de la pensée politique au Québec. On retrouve d'ailleurs, dans ce programme, une bonne partie des réformes mises en œuvre par la Révolution tranquille. Ce programme est innovateur non seulement parce qu'il tente de lier le projet national et le projet social mais aussi parce que, pour la première fois, un parti pense utiliser l'appareil d'État comme levier de développement de la collectivité. Pour la première fois, les nationalistes lient le destin collectif au rôle dynamique de l'État. L'objectif du Bloc est de construire une politique de bien commun qui mette le pouvoir au service du peuple. Dans une intervention au Congrès, Laurendeau résume l'essentiel de ce programme :

> Le peuple désire obscurément une politique qui, sans être chauvine, respecte l'autonomie des provinces ; une politique qui, sans être socialiste, sera néanmoins audacieusement sociale, une politique enfin qui, sans tomber dans l'antibritannisme, se montrera canadienne avant tout [19].

Sur le plan constitutionnel, le Bloc accepte le cadre fédéral canadien, mais préconise des changements qui visent à éliminer les vestiges du colonialisme britannique. On propose une canadianisation des institutions politiques qui se traduirait par l'adoption d'un drapeau et d'un hymne national distinctif, par la nomination d'un Canadien au poste de gouverneur général et par l'abolition des appels au Conseil privé de Londres.

Si le Canada doit s'affirmer comme pays souverain, il doit aussi respecter la souveraineté des provinces dans leurs champs de compétence. L'objectif de l'autonomie provinciale est le point d'arrimage du programme de l'aile fédérale et de celui de l'aile provinciale. Pour Maxime Raymond, la défense des droits des Canadiens français exige une lutte aux deux niveaux de pouvoir :

> C'est parce qu'elles ne s'appuyaient pas sur un groupe fort et homogène bien intentionné et bien inspiré à Ottawa que les rares tentatives de ressaisissement national à Québec ont tristement échoué. Il faut à Ottawa un groupe solide, nombreux, énergique, qui travaille de concert avec celui de Québec [20].

Ce choix était logique, d'une part en raison des exigences de l'action partisane dans un régime fédéral et parce qu'il reflétait d'autre part les deux tendances du nationalisme canadien-français incarnées par H. Bourassa et Lionel Groulx.

La présence à Ottawa de députés nationalistes était une condition indispensable à l'établissement de relations décentralisées entre Ottawa et les provinces. Le Bloc, à cet égard, réclamait l'application de l'égalité politique entre les deux peuples fondateurs. Cette égalité devait se manifester concrètement par l'instauration du bilinguisme institutionnel, par la suppression des ministères fédéraux faisant double emploi avec ceux des provinces, par des accords de réciprocité entre le Québec et les autres provinces afin d'accorder, à toutes les minorités françaises du Canada, un traitement semblable à celui pratiqué par le Québec à l'égard de sa minorité anglophone [21]. Dans l'esprit de Laurendeau, c'était le Québec et non l'État fédéral qui avait le mandat de défendre la langue française. Le Bloc préconisait, à cet égard, la création d'un office de défense et d'expansion française.

Laurendeau définit ainsi sa conception de l'autonomie provinciale :

> Grâce à l'autonomie provinciale, le gouvernement provincial, à peu de chose près, est souverain dans son domaine, c'est-à-dire qu'il est maître chez lui. Dans les questions provinciales, c'est le gouvernement provincial qui doit décider seul. Dans les questions fédérales, c'est le gouvernement fédéral qui doit décider seul. Pourquoi cette situation est-elle bonne ? D'abord parce que le Canada est un grand pays comprenant des régions très diverses,

très différentes, souvent opposées à plus d'un point de vue. L'autonomie provinciale, c'est ce qui permet aux Canadiens français du Québec de diriger eux-mêmes leur vie économique, sociale... chaque fois que l'autonomie provinciale est violée, chaque fois que Québec abandonne des droits à Ottawa, nous enlevons le pouvoir de faire des lois à un gouvernement où nous sommes la majorité pour le donner à un gouvernement où nous sommes la minorité [22].

Laurendeau préconise une relation d'égal à égal entre l'État fédéral et les provinces. Cette thèse de la souveraineté partagée prenait le contre-pied des recommandations centralisatrices de la commission Rowell-Sirois et des pratiques du gouvernement fédéral qui avait profité de la guerre pour enlever les pouvoirs de taxation aux provinces. Le Canada s'apprêtait aussi à ce moment-là à mettre en application certaines idées contenues dans le rapport de Lord Beveridge, qui avait recommandé au gouvernement britannique de créer un régime de sécurité sociale. Ainsi, le fédéral avait établi un régime d'assurance-chômage et d'allocations familiales [23] et il s'apprêtait, en mars 1943, à proposer un plan d'assurance-maladie qui laissait présager de nouveaux empiètements sur les pouvoirs des provinces. Laurendeau met les Québécois en garde contre les velléités centralisatrices contenues dans le projet de la commission Marsh. Dans cette conjoncture, il s'agissait de restaurer l'autonomie de l'État québécois en lui confiant la responsabilité d'élaborer une politique sociale bien adaptée aux particularités de la société québécoise. Non seulement les ingérences du fédéral étaient-elles inadmissibles mais de plus, les politiques sociales conçues à Ottawa en fonction de critères et de normes canadiennes ne convenaient pas aux besoins du Québec. Cette ligne d'argumentation permettait de faire la jonction entre le national et le social et c'est sur ce plan que le bloc fait preuve d'originalité et se démarque le plus du nationalisme traditionnel, car il ne se contente pas de dénonciations abstraites, il esquisse sa propre politique de sécurité sociale.

> La pierre angulaire de l'édifice social est sans contredit l'institution familiale. Tout ce qui tend à sa conservation et à son développement travaille à la prospérité de la nation [24].

Ainsi débute le manifeste électoral du Bloc dont le mot d'ordre est « Patrie et famille d'abord ». Mais à l'inverse du discours traditionnel qui mettait l'emphase sur la famille rurale, le Bloc s'intéresse surtout au sort de la famille urbaine. L'idéologie du Bloc a intégré les transformations subies par la société canadienne-française et met au rancart les thèmes dominants de la pensée sociale canadienne-française : l'agriculturisme et l'antiétatisme. On propose des solutions qui répondent aux besoins d'une société industrialisée et urbanisée. Le Bloc prône donc une modernisation sociale et politique qui fait appel à une intervention positive de la part de l'État.

Le Bloc s'oppose au plan fédéral d'assurance-maladie et suggère de le remplacer par un plan provincial réservé exclusivement aux « classes nécessiteuses », récusant ainsi le principe de l'accès universel au nom de la justice sociale. L'objectif de la politique sociale doit être de compenser les inégalités et de réduire la pauvreté et non pas de menacer la survie de l'institution familiale, ce qui, de l'avis de Laurendeau, était la conséquence indirecte des programmes sociaux du gouvernement fédéral, lesquels n'encourageaient pas les familles nombreuses et favorisaient l'entrée des femmes sur le marché du travail.

Le Bloc veut venir en aide aux familles ouvrières surtout par sa politique d'habitation. On préconise un programme de rénovation urbaine fondé sur le crédit urbain et qui avait l'avantage, en plus d'éliminer les taudis et logements insalubres, de fournir du travail aux soldats démobilisés et d'obvier à la crise du logement qui allait s'amplifier à la fin de la guerre.

Le refus de la centralisation et le combat pour l'autonomie provinciale exigeaient que l'État provincial offre à ses citoyens des avantages comparables à ceux qu'offrait la politique fédérale. Mais cette nouvelle logique, qui impliquait la prise en charge par l'État provincial des nouveaux besoins sociaux, nécessitait des rentrées fiscales considérables. Le Bloc exige donc le rapatriement des pouvoirs de taxation extorqués aux provinces au début de la guerre car, peut-on lire dans le programme, « il n'y a pas de souveraineté véritable là où un pouvoir doit dépendre d'un autre pour la perception des fonds qui lui sont nécessaires ».

Dans le domaine économique, le Bloc se propose de mettre fin à la dictature économique des trusts sans toutefois s'attaquer à la propriété privée. Sans être très explicite sur ce plan, le programme se réfère, quant au rôle socio-économique de l'État, à une « doctrine qui tient le milieu entre l'État capitaliste esclavagiste, et l'État socialiste, esclave de la bureaucratie »[25]. Tout en admettant l'existence de l'entreprise privée, le Bloc entend favoriser le développement de la formule coopérative, en particulier dans les secteurs du logement, du vêtement, des transports et de l'agro-alimentaire. Pour corriger les abus des trusts, les congressistes prévoient recourir aux nationalisations « dans les cas extrêmes et dans les autres, contrôle ou concurrence de l'État ». À cet égard, on constate plus de grandiloquence que de mesures concrètes.

Le Bloc entendait enfin s'attaquer à la réforme du système politique qui, par le jeu des partis, anémiait la nation. Il se propose à cet égard d'abolir le Conseil législatif, d'éliminer le patronage, de réviser la carte électorale afin de corriger les inégalités de représentation créées par le découpage des circonscriptions électorales, de réviser le système judiciaire afin de le simplifier et de dépolitiser la fonction de juge. L'assainissement de la vie politique était un prérequis au renouveau national.

L'ouverture officielle de la campagne électorale eut lieu le 12 juillet 1944, lors d'une assemblée monstre au marché Jean-Talon où 30 000 personnes [26] vinrent acclamer M. Raymond et A. Laurendeau. Cette assemblée avait été précédée d'un défilé d'autos dans les rues de Montréal. André Laurendeau ouvrait le cortège et était suivi par un groupe de jeunes dirigé par Marc Carrière et qui brandissaient des pancartes : « Brisons les chaînes avec André Laurendeau », « Soyons maître chez nous ». Une foule en liesse l'accueillit lorsqu'il s'avança pour prendre la parole. Son éloquence lyrique souleva la foule. Roger Duhamel a décrit ainsi ses dons d'orateur :

> Quand il s'approchait du micro, mince, pâle, tendu, rien n'annonçait l'orage. Le début témoignait parfois de quelque embarras... L'accent devenait subitement chaleureux et passionné, l'auditoire recueillait la musique d'une voix qui exprimait une conscience collective [27].

Il expose successivement les principaux thèmes de sa campagne : lutte contre le patronage et la corruption des vieux partis. Cette élection est pour le peuple l'occasion de sanctionner les démissions et les trahisons des politiciens :

> Trompé à Ottawa, trompé à Québec, trompé par les libéraux, trompé par les conservateurs camouflés ou pas. Mais nous sommes un peuple qui a décidé de ne plus se laisser tromper [28].

Il dénonce les députés suiveux, ceux qui n'ont que l'esprit de parti comme seul credo et qui ont donné leur accord à des résolutions qui allaient à l'encontre de la volonté populaire. Il attaque le gouvernement Godbout en raison de sa servilité envers Ottawa ; celui-ci avait déclaré en chambre que ce n'était pas Québec mais Ottawa qui était sa patrie et avait incité les Québécois à être plus généreux dans l'effort de guerre. Jamais, dit-il, un chef d'État canadien-français n'avait proclamé, par ses actes, son esclavage vis-à-vis du pouvoir central. La tactique du Bloc consiste à associer Godbout et King et à faire retomber sur Godbout l'odieux des décisions prises par le gouvernement fédéral depuis le début de la guerre. Il lui reproche d'avoir cédé nos droits d'aînesse pour un plat de lentilles et d'avoir abandonné le champ de l'assurance-chômage au gouvernement fédéral, dont la politique ne tient pas compte des besoins de la famille et décourage de ce fait les familles nombreuses car, quel que soit le nombre d'enfants, la différence entre la prestation d'un célibataire et celle d'un père de famille n'est que de 2,20 $. « Je trouve que c'est criminel de donner 2,20 $ par semaine à un homme pour élever une famille... M. Godbout a sacrifié un lambeau de plus de notre autonomie provinciale... Nous voulons l'autonomie provinciale afin d'avoir le contrôle absolu de la vie économique, culturelle, nationale et éducationnelle... » [29].

Il s'en prend ensuite à Duplessis et l'accuse de tergiverser, d'être opportuniste et de changer d'opinion selon ses interlocuteurs. Il demande aux électeurs de ne pas lui faire confiance car il n'a rien fait contre la conscription, il s'est allié au Parti libéral pour empêcher Chaloult de présenter une résolution critiquant l'effort de guerre canadien, prétextant qu'il s'agissait d'une question fédérale : « Si on veut juger froidement M. Duplessis, on doit déclarer qu'il a été, avec son régime, une immense déception » [30]. Il avait promis de mater les trusts et il n'a rien fait. Le chef de l'Union nationale manque de sérieux et de suite dans les idées.

Après avoir dressé ce réquisitoire contre les vieux partis, il expose le programme du Bloc :

> Lutte impitoyable contre la dictature économique par les coopératives (applaudissements). Nous voulons une réglementation sévère des grands trusts et s'il le faut la nationalisation. Nous voulons l'autonomie provinciale... Nous sommes en faveur des allocations familiales surtout pour les grandes familles du Québec... Nous voulons une politique d'établissement des jeunes cultivateurs. Notre programme comprend de vastes travaux publics avec la démolition progressive des taudis. On nous accuse d'être des socialistes, nous n'en sommes pas car loin d'être contre la propriété, nous voulons encourager la propriété, surtout la petite propriété... M. Godbout nous accuse d'être des fascistes ? Non, M. Godbout, nous n'avons de haine pour personne. Nous avons deux ennemis : l'impérialisme et la dictature

économique. Nous avons une grande amie, la famille. Je vous promets non pas du patronage, non pas des faveurs personnelles mais une seule chose : la réalisation intégrale de notre programme [31].

Il termine son discours en annonçant qu'il sera candidat dans le comté de Montréal-Laurier. Le Bloc sera représenté dans quatre-vingts comtés et imposera à ses adversaires un rythme frénétique, en multipliant les assemblées où défilent orateurs et candidats. Le Bloc expérimente de nouvelles pratiques électorales en organisant des « assemblées de cuisine » qui facilitent le travail de politisation. Il fait aussi appel à des femmes pour effectuer de la propagande car, pour la première fois, des femmes peuvent voter à une élection provinciale.

Laurendeau, pour sa part, sillonne la province pour soutenir ses candidats. Le 17 juillet, il entreprend une tournée au Saguenay. Dans chacun de ses discours, il fustige tour à tour libéraux et unionistes pour leur lâcheté durant la lutte anticonscriptionniste. *Le Devoir* publie des comptes rendus très enthousiastes de la tournée du jeune et brillant chef du Bloc qui est partout acclamé comme un libérateur [32]. Le 20 juillet, il reprend les principaux thèmes de sa campagne à Sherbrooke. Sur la route du retour à Montréal, il s'arrête à Magog, Granby, Saint-Césaire, Saint-Jean où, chaque fois, il prend la parole. Le 27 juillet, il est à Lévis, le 28 à Nicolet et à Trois-Rivières, le 29 à Louiseville et à Saint-Gabriel, le 30 à Rigaud, Lachute, Saint-Jérôme et Lachine, le 31 à Mont-Laurier et Saint-Henri, le 2 août à Hull et à Gatineau. Il déclare à cette assemblée :

L'idée que nous défendons actuellement, nous serons capables de la réaliser une fois au pouvoir parce que nous ne serons liés par aucun fil d'or. Les vieux partis, eux, ont une caisse électorale remplie par les trusts... Le Bloc populaire n'a jamais reçu d'argent de la dictature économique et jamais nous n'accepterons quoi que ce soit des trusts qui oppriment la population depuis 40 ans [33].

Dans chacune de ses interventions, Laurendeau s'efforce de lier l'élection au plébiscite afin d'attirer le soutien de ceux qui ont voté non et pour souligner la collusion des libéraux et des unionistes avec la politique de guerre :

L'élection du 8 août prochain sera un nouveau plébiscite et un vote pour M. Godbout sera un vote d'approbation de la politique de M. King, tandis qu'un vote pour M. Duplessis sera un vote pour la coalition Brachen-Duplessis [34].

Cette tactique lui permettait de présenter le Bloc comme seul défenseur légitime des intérêts du Québec : « le Bloc, c'est la chance qu'il y a de donner à la province de Québec un régime nouveau qui apportera une politique vraiment québécoise ».

Ce feu roulant de déclarations, cette fougue et cette vitalité manifestée par les nationalistes obligent les deux partis adverses à prendre le Bloc comme cible de leur propre campagne. Le Parti libéral cède même à la panique et tente d'effrayer l'électorat en prédisant une guerre civile si le Bloc l'emporte. De son côté, Duplessis ne ménage pas ses jeunes rivaux. Il se déchaîne contre le nouveau parti par ses railleries et jeux de mots habituels. Il fait rire ses auditoires en disant qu'au Bloc il y a plus de chefs que de têtes, en traitant les bloqueux de patriotes à retardement ou de bloqués.

L'assemblée au stade Delorimier est l'apothéose de la campagne. En dépit d'une grève des tramways, plus de 20 000 personnes viennent applaudir les ténors du parti. Henri Bourassa est sur la tribune aux côtés de M. Raymond et André Laurendeau. Il dit de Laurendeau qu'il a l'étoffe d'un homme d'État et donne publiquement son appui au Bloc populaire. Dans son discours, Laurendeau répète les conditions du redressement national qui devait passer par une politique économique québécoise, par l'amorce d'une politique sociale, par la récupération des droits fiscaux et par l'affirmation de l'autonomie du Québec. La foule déborde de ferveur et d'enthousiasme comme en témoigne la description de l'événement par *Le Devoir* :

> La foule est presque délirante. Le spectacle est unique : tout le monde est debout, les figures sont remplies d'une joie indescriptible et les mains sont tendues vers les trois chefs réunis sur l'estrade [35].

Les clameurs de la foule et le rythme étourdissant de la campagne laissaient espérer une percée importante du Bloc. On croyait qu'une vague de changement était possible au Québec, comme il y en avait eu une en Saskatchewan où la C.C.F. venait de prendre le pouvoir.

Mais le Québec n'était pas encore prêt à s'engager dans la voie du changement. Le réflexe conservateur eut raison des espoirs nationalistes et ramena l'Union nationale au pouvoir avec une majorité absolue de 46 sièges à l'Assemblée législative. Le Bloc recueillit 200 000 votes, ce qui représentait 15 p. 100 de l'électorat, mais en vertu de la logique impitoyable du système électoral uninominal à un tour, il ne réussit à faire élire que quatre députés ; les deux tiers de ses candidats perdirent même leur dépôt. Outre André Laurendeau qui était élu député de Montréal-Laurier, les autres candidats élus furent Ovila Bergeron dans Stanstead, Albert Lemieux dans Beauharnois, et M. Édouard Lacroix dans la Beauce ; ce dernier toutefois n'ira pas siéger à Québec [36]. Cette performance décevante s'explique en partie par l'absence d'une organisation électorale bien rodée et par le manque de ressources financières. Le bénévolat et les souscriptions populaires ne pouvaient encore concurrencer les caisses électorales occultes des vieux partis. De plus, les dissensions intestines et un discours trop axé sur la guerre et la conscription, alors que la paix était à l'horizon, réduisirent les chances du Bloc de convaincre les Québécois d'abandonner leurs allégeances partisanes traditionnelles. Par la suite, la détermination de nombreux nationalistes se mit à fléchir devant les attraits du pouvoir que leur faisait miroiter l'Union nationale. Dès juin 1943, l'abbé Groulx avait perçu la faiblesse principale de ce mouvement et la conséquence de l'atavisme partisan :

> Quatre-vingts ans de chicane politique ont laissé au fond des meilleurs esprits une incurable passion de querelles. Faudra-t-il encore se replier sur une autre génération, sur une relève plus homogène [37] ?

NOTES

1. Lettre de René Chaloult à Gérard Filion, 1er septembre 1942. P6C3.
2. A. LAURENDEAU, *La Crise de la conscription*, p. 135.
3. Voir P.A. COMEAU, *Le Bloc populaire*. Montréal, Québec/Amérique, 1982, p. 95.
4. *Ibid.*, p. 229.
5. Lettre d'André Laurendeau à P.A. Comeau, 25 juin 1967. P2B118.
6. Lettre d'André Laurendeau à Maxime Raymond, 23 décembre 1942. P2A494.
7. Lettre d'André Laurendeau au directeur de la commission d'assurance-chômage, 18 juin 1942. P2A51.
8. Collection M. Raymond. Lettre du 7 octobre 1943. P3C17.
9. Collection André Laurendeau. Causerie à CKAC, 27 novembre 1942. P3A628.
10. Cité par P.A. COMEAU, *Le Bloc populaire*, p. 343.
11. *Ibid.*, p. 339.

12. Cité par P.A. COMEAU, *ibid.*, p. 247.

13. Collection André Laurendeau. P2A30.

14. Collection Maxime Raymond, lettre du 14 juillet 1943. P3C17.

15. Collection André Laurendeau, Rapport présenté au Conseil national du 21 septembre 1946, p. 2.

16. Voir *Le Devoir*, 6 mars 1944 et 15 mars 1944.

17. Voir J.L. ROY, *Les Programmes électoraux du Québec*. Montréal, Leméac, 1971, p. 327.

18. *Le Bloc*, 19 février 1944.

19. Propos rapporté par *Le Devoir*, 4 février 1944, p. 6, cité par P.A. COMEAU, *op. cit.*, p. 216.

20. *Le Devoir*, 2 septembre 1943.

21. Voir *Le Devoir*, 4 mai 1943.

22. Voir *Le Devoir*, 24 janvier 1944.

23. Il fut mis en vigueur le 1er juillet 1945.

24. Voir J.L. ROY, *op. cit.*, p. 322.

25. *Ibid.*, p. 327.

26. Selon une estimation du Montreal Gazette.

27. *Le Devoir*, 7 juin 1968, p. 4.

28. Causerie à CBF, 11 juillet 1944. P2A631.

29. Voir *Le Devoir*, 13 juillet 1944.

30. *Ibid.*

31. *Ibid.*

32. Voir *Le Devoir*, 17 juillet 1944.

33. *Le Devoir*, 1er août 1944.

34. *Le Devoir*, 1er août 1944.

35. *Le Devoir*, 4 août 1944.

36. Il démissionnera au printemps 1945.

37. Cité par P.A. COMEAU, *op. cit.*, p. 249.

Blanche Hardy et Arthur Laurendeau, en avril 1910

André Laurendeau, danseur de ballet

Pierre Dansereau, juin 1929

Saint-Denys Garneau et André Laurendeau, septembre 1931

André Laurendeau et Ghislaine Perreault, à Carillon, le 2 mai 1933

André Laurendeau sur le bateau qui le conduit en Europe, 1935

André Laurendeau, jeune marié, juin 1935

André Laurendeau et Ghislaine Perreault

Arthur Laurendeau, Blanche Hardy et André Laurendeau

Etes-vous opposé
à la CONSCRIPTION ?

Etes-vous opposé à la conscription pour service outre-mer ?

Si vous l'êtes, vous désirez certainement que le peuple canadien ne libère pas le gouvernement King de ses promesses anticonscriptionnistes; donc vous voulez que la réponse au plébiscite soit

NON

Telle est l'attitude de la Ligue pour la Défense du Canada. Est-ce que vous ne collaborerez pas à ses activités et à ses campagnes ?

Elle a déjà tenu quelques assemblées; elle en organisera des dizaines d'autres dans les principaux centres de la province.

Depuis mardi le 3 mars, elle a des émissions radiophoniques régulières **au poste CKAC**

TOUS LES MARDIS ET LES JEUDIS SOIRS, DE 7 hrs à 7 hrs 15.

Elle distribue des milliers et des milliers de circulaires, des affiches, etc., etc.

Devenez membres de la Ligue pour la Défense du Canada. Aidez-lui par votre sympathie, par votre travail, par votre contribution financière (la cotisation est de $1.00). Dites-lui en quoi votre collaboration pourrait consister exactement.

L'action individuelle est impuissante: l'action collective peut seule écarter la sombre menace de la conscription.— Groupez-vous autour de la Ligue pour la Défense du Canada.

Officiers de la Ligue:

Président: Dr JEAN-BAPTISTE PRINCE
Directeurs: MAXIME RAYMOND, GEORGES PELLETIER,
J. ALFRED BERNIER, L. A. FRÉCHETTE, PHILIPPE
GIRARD, GÉRARD FILION, JEAN DRAPEAU, ROGER VARIN
Secrétaire: ANDRÉ LAURENDEAU

Ne tardez pas:

Devenez tout de suite MEMBRE DE LA LIGUE

LIGUE POUR LA DEFENSE DU CANADA   MA. 2837
Suite 50, 354 est, rue Ste-Catherine
Montréal

L'Imprimerie Populaire, Limitée, Montréal

Tract de la Ligue de défense du Canada

AU PLÉBISCITE DU **27** AVRIL

LE **PARTI TORY** ET LES **IMPÉRIALISTES**

VOUS DEMANDENT DE VOTER "OUI"

AINSI QUE MONSIEUR MEIGHEN . . .

The Gazette
FOUNDED JUNE 3, 1778

MONTREAL, TUESDAY, FEBRUARY 24.

GO TO THE POLLS AND VOTE "YES."

Opposition Leader R. B. Hanson's call to "all adherents of the Conservative Party" yesterday might well have been addressed simply to all loyal Canadians—the call to "go to the polls and vote Yes in the plebiscite."

MEIGHEN ASKS ALL TO GIVE 'YES' VOTE

Conservative Leader Says Thought of 'No' Decision in Plebiscite Terrifying

Toronto, March 31. — ℗ — Rt. Hon. Arthur Meighen, National Conservative Party leader, urged all Canadians to vote "Yes" in the forthcoming plebiscite in a statement issued today.

"Certainly I shall vote 'Yes' on the plebiscite," stated Mr. Meighen. "I said so long ago, and I urge Canadians everywhere to vote 'Yes.'

LE **PARTI COMMUNISTE** VOUS DEMANDE

DE VOTER "OUI" . . .

VOTEZ:

OUI

DANS LE PLEBISCITE!

ORGANISEZ LA DEMOCRATIE POUR LA
GUERRE TOTALE!

UN APPEL DU PARTI COMMUNISTE, ADOPTÉ PAR LA CONFÉRENCE NATIONALE DE FÉVRIER À OTTAWA

ALLEZ-VOUS VOTER COMME VOUS LE DEMANDE:

LA "GAZETTE"
ARTHUR MEIGHEN
TIM BUCK
LES COMMUNISTES
ET
TOUS LES MANGE-CANAYENS?

VOUS ÊTES
CANADIENS, VOTEZ **NON**

LIGUE POUR LA DÉFENSE DU CANADA — 59 OUEST, RUE ST-JACQUES — MONTRÉAL

*Maxime Raymond et André Laurendeau au Congrès
du Bloc populaire*

André Laurendeau, chef du Bloc populaire provincial

ANDRÉ LAURENDEAU

DÉPUTÉ DE MONTRÉAL-LAURIER

Assemblée du Bloc populaire en juillet 1944

Animateur à l'émission « Pays et Merveilles »

La Commission Laurendeau-Dunton réunie à Québec en juin 1964. De gauche à droite : Mme Gertrude Laing et Messieurs Clément Cormier, Neil Morrisson, Paul Lacoste, Paul Wyczynski, Jean Louis Gagnon, André Laurendeau, le maire de Québec, Davidson Dunton, Jaroslav Rudnyckyj, Royce Frith, Frank Scott.

André Laurendeau et le chanoine Groulx à la Société Saint-Jean-Baptiste, en mars 1965.

Chapitre VIII

Le Bloc à Québec

Depuis que l'Assemblée législative avait été créée par l'A.A.B.N. en 1867, le bipartisme était la règle de la vie parlementaire. Les bleus et les rouges s'échangeaient les fauteuils ministériels du « salon de la race », pour reprendre une expression chère à Maurice Duplessis. Rares étaient les importuns qui troublaient les règles du jeu. À l'occasion, il arrivait que quelques indépendants réussissent à se faufiler et siègent sur les banquettes arrière. Mais ils devaient, pour la plupart, se contenter d'un rôle passif et assister aux joutes oratoires entre le gouvernement et l'opposition. Pour se faire valoir, ils étaient souvent forcés d'appuyer le parti gouvernemental.

L'arrivée du Bloc à Québec, même s'il avait été décimé par les inégalités du système électoral, était en soi une innovation dans la vie politique québécoise, de sorte que la routine parlementaire dut s'adapter au rapport triangulaire. La présence du Bloc à l'Assemblée signifiait une contestation vivante et active de l'esprit de parti car les députés du Bloc soutenaient les projets qu'ils jugeaient valables, indépendamment de leur origine libérale ou unioniste. Laurendeau décrit ainsi l'attitude de son parti :

> Les députés du Bloc appuieront, en Chambre, toute mesure qu'ils estimeront bonne et conforme à leur programme et ils combattront tout projet de loi qu'ils jugeront antisocial ou antinational [1].

L'intérêt de la nation devait primer sur la logique partisane. Ainsi durant la première session à Québec, il y eut 38 votes ; le Bloc vota 13 fois avec le gouvernement, 24 fois contre et s'abstint une fois.

Les élus du Bloc n'avaient aucune expérience parlementaire. Ils devaient non seulement se familiariser avec la procédure parlementaire que le chef du gouvernement maîtrisait à la perfection, mais aussi se documenter pour étayer leur argumentation sur les projets de loi soumis à la Chambre, ce qui représentait une somme de travail considérable étant donné leur petit nombre. De plus, André Laurendeau n'avait aucune formation juridique. Pour compenser cette lacune, il comptait sur l'aide du jeune avocat Lemieux, qui traduisait en langage juridique les textes législatifs du Bloc, ainsi que sur la collaboration d'Antonio et Jacques Perreault qui le conseillaient. Laurendeau fera aussi appel aux services de son ami François-Albert Angers qui enseignait aux H.E.C., pour étoffer ses interventions sur les questions économiques et budgétaires. Ces personnes ressources permettront aux représentants du Bloc de se distinguer par la qualité de leurs discours, fondés sur des données précises et des raisonnements élaborés.

À cette époque, les politiciens québécois étaient rarement des intellectuels. La politique attirait surtout des avocats qui, dans les débats parlementaires, attachaient plus d'importance au formalisme juridique qu'aux idées. Leur fierté consistait à ne pas s'encombrer de principes, à être pragmatiques, c'est-à-dire attachés aux intérêts particuliers et à court terme. Laurendeau détonnait dans le milieu parlementaire. Il s'exprimait avec élégance dans un style soigné et clair qui cherchait à atteindre l'esprit. Il n'attaquait pas ses adversaires sur le plan personnel, même s'il était souvent victime des sarcasmes de l'Union nationale, sarcasmes qu'il encaissait en silence. Même s'il souffrait de ces attaques, il ne ripostait pas car il aurait été forcé alors de se mettre au même niveau que ses adversaires. Son tempérament, ses convictions morales et politiques l'empêchaient de pratiquer l'art de la mesquinerie. Il préférait miser sur l'intelligence de ses interlocuteurs et faire confiance aux arguments rationnels. La sincérité et la vérité devaient avoir préséance sur les intérêts partisans. Il se soumettait aux exigences de la recherche de la vérité qui ne s'accommode pas des simplifications, des jugements sommaires et des dogmatismes. Ses positions et ses analyses manifestaient un sens aigu de la nuance et de la subtilité. Convaincre par la rigueur de sa logique et de ses démonstrations, telle était son ambition de parlementaire.

S'il faut en croire les souvenirs de René Chaloult qui était son voisin à l'Assemblée, le premier discours de Laurendeau en Chambre fit une forte impression sur les parlementaires, même les plus chevronnés comme Godbout et Duplessis :

André Laurendeau se lève en Chambre pour y prononcer son premier discours. Subitement, cette enceinte bruyante devient silencieuse. Les députés se tournent vers le chef du Bloc populaire. Il est très jeune, distant et peu apprécié dans ce milieu. Le chef de l'opposition, Adélard Godbout, est très attentif, tandis que le Premier ministre, Maurice Duplessis, visiblement nerveux, feint de lire un journal, mais ne perd pas une parole de l'orateur... Jamais on n'avait entendu à l'Assemblée québécoise un discours aussi convaincant et aussi bien structuré sur la question du jour, l'autonomie de notre État. Duplessis, c'était visible, n'en revenait pas. Il en avait sûrement assez d'écouter avec attention sans le paraître et pendant près d'une heure, un député qui avait osé le combattre et qui exposait mieux que lui son sujet de choix. Quant à Adélard Godbout, il fut conquis sans délai [2].

Son style est austère, mais sa dialectique irréfutable. Il développe sa thèse de façon vigoureuse et harmonieuse par l'accumulation des arguments en faveur du rapatriement du pouvoir de taxation. Il affirme que l'objectif du Bloc est de restaurer la souveraineté du Québec dans les matières qui sont de sa compétence à l'intérieur de la Confédération : « Québec, c'est un véritable État où nous sommes la majorité et où nous pouvons nous doter de lois conformes à nos intérêts et à nos idéals (sic) » [3]. Il incite le gouvernement à déclarer l'état d'urgence pour la défense des droits politiques du Québec. Pour faire obstacle au mouvement de centralisation cautionné par la Commission Rowell-Sirois, il exige la création d'une commission d'enquête provinciale qui mettrait à contribution les meilleurs esprits du Québec. Il met ses collègues en garde contre un nationalisme conservateur qui se contenterait de réclamer des droits sans proposer de réformes sociales. La défense de la souveraineté du Québec exige, à son avis, une législation sociale audacieuse qui justifiera aux yeux du peuple la souveraineté de l'État provincial. Il déplore les tergiversations et les silences du parti gouvernemental et lui rappelle son devoir de vigilance dans les relations fédérales-provinciales. Il fait part de ses inquiétudes à cet égard au directeur du *Devoir* :

> La session marche assez rondement. Mais la question qui me paraît la plus importante, celle des relations fédérales-provinciales, n'y a guère été abordée. Je vous avoue que ce silence et d'autres indices plus sérieux nous remplissent d'inquiétude. L'impression se répand à Québec que les États provinciaux pourraient fort bien céder certains droits fiscaux qui me paraissent capitaux ainsi qu'une grande part de la législation sociale [4].

Il inscrira au feuilleton plusieurs motions demandant à la législature de réaffirmer les compétences exclusives de l'État provincial. Ainsi celle qu'il a présentée en mars 1945 résume sa vision progressiste de l'autonomie provinciale :

> Que cette législature prie le gouvernement d'entreprendre sans tarder auprès du gouvernement fédéral des démarches dont le résultat permettra, dès la fin du présent conflit, une plus juste répartition des impôts entre le pouvoir fédéral et les pouvoirs provinciaux, de façon que l'État du Québec puisse bientôt doter nos familles de la grande politique sociale que réclament notre époque et nos besoins spécifiques.

Tout au long de son mandat, Laurendeau sera fidèle à cette logique. Pour lui, l'autonomie n'est pas un slogan creux, c'est la possibilité d'utiliser l'État pour favoriser le développement social de la nation. Il ne suffisait pas de réclamer des pouvoirs, il fallait les utiliser de façon constructive. Il refusera toujours de soutenir les politiques rétrogrades que Duplessis voulait faire adopter au nom de l'autonomie provinciale. Il s'oppose à l'autonomisme négatif de Duplessis et dénonce la stérilité de cette attitude dans ses causeries à CKAC :

> Sans doute sa résistance a connu de belles heures — J'ai applaudi à celles d'avril 1946 à Ottawa. Mais il s'est contenté d'une défensive purement négative. Il a redit non, sans expliquer en détail ce qu'il voulait. Il a répété sa doctrine autonomiste... jamais il n'a formulé de politiques autonomistes... En 1945, dès la première session, nous lui avions proposé en chambre toute une stratégie... [5]

Si Laurendeau appuie Duplessis lorsque celui-ci défend l'autonomie provinciale, il n'oublie pas pour autant de le critiquer. Pour l'aider à sauver l'autonomie, il est à ses côtés, mais il le dénonce avec vigueur lorsqu'il attaque les syndicats. Pour lui, Duplessis n'est pas nationaliste. Il est demeuré avant tout un conservateur. Duplessis le redoutait plus que tout autre en Chambre lorsqu'il se levait pour critiquer ses projets de loi.

L'attitude du Bloc en Chambre a été consignée par Laurendeau dans une brochure publiée afin d'informer les électeurs du travail fait par les députés. À Québec, il n'y avait pas comme à Ottawa de Hansard où les citoyens pouvaient prendre connaissance des interventions des représentants du peuple. Le Bloc sera à l'origine de la publication officielle des débats parlementaires à Québec, M. Lemieux ayant proposé une motion en ce sens, le 20 mars 1947. Le souci d'informer les électeurs entre les campagnes électorales ne préoccupait pas outre mesure les vieux partis, mais cela était essentiel pour les partisans d'une démocratisation de la vie politique. Pour le Bloc populaire, l'information était un prérequis au développement d'une conscience politique et à la participation des citoyens. Une opinion publique avertie et active était indispensable à la renaissance nationale car elle empêcherait les vieux partis de brader les intérêts de la nation et de dévoyer les institutions démocratiques. Conformément à cette morale politique, Laurendeau fera des comptes rendus réguliers des débats parlementaires dans sa chronique au *Devoir* et dans ses causeries radiophoniques à CKAC. Il croyait à la force persuasive de la raison. Pour les nationalistes, l'émancipation de la nation dépendait du combat contre l'ignorance, source des manipulations et de la déchéance collective. Un peuple ne pouvait être libre s'il était tenu dans l'ignorance par ses élites.

Conformément à son programme, en plus de prendre part à des discussions sur des questions constitutionnelles, le Bloc intervient en Chambre en faveur de réformes sociales. Le 13 mars 1945, Laurendeau interpelle le gouvernement sur la question du logement. Il inscrit une motion qui se lit ainsi : « que la Chambre, devant l'urgence du problème du logement, exprime l'opinion que le gouvernement provincial s'occupe immédiatement d'y apporter les solutions qui s'imposent ». Le gouvernement, pour empêcher le Bloc de se faire du capital politique sur cette question, retarda la discussion pour finalement rejeter la motion d'urgence, le 28 mars, par un vote de 46 à 35. Duplessis arguait que ce problème relevait du fédéral. Mais Laurendeau ne se laissa pas intimider par les tactiques dilatoires du gouvernement. Il revient à la charge en 1946 et en 1947, sans succès cependant. Tous ses efforts ne réussiront pas à briser l'inertie de l'Union nationale et finalement, seul le gouvernement fédéral agira en construisant des maisons à l'intention des anciens combattants.

Pour mettre fin aux derniers vestiges du colonialisme britannique, le Bloc a aussi proposé l'abolition des appels au Conseil privé de Londres parce que cette pratique était indigne d'un pays indépendant et qu'elle était coûteuse pour qui voulait s'en prévaloir. Duplessis, parce qu'il prenait ombrage du talent et de la combativité de Laurendeau qui le concurrençait sur le terrain du nationalisme, s'opposa au projet de loi, en invoquant une argumentation paradoxale. Il soutenait que la province n'avait pas le droit d'amender son propre code de procédure civile. Laurendeau ne rata pas l'occasion de lui décerner la médaille d'or du championnat du colonialisme juridique. Duplessis craignait en fait que les juges nommés par le fédéral ne favorisent la centralisation politique. La réplique de Laurendeau est empreinte de naïveté et d'inexpérience politique car il répondit qu'on ne pouvait dénigrer par des soupçons l'intégrité et la neutralité des juges et qu'au point de vue centralisation, il était encore plus dangereux de laisser l'interprétation de la Constitution à Londres car les jugements du Comité judiciaire du Conseil privé avaient favorisé la centralisation des pouvoirs [6]. Cette mesure était, à son avis, nécessaire à l'affirmation de l'autonomie provinciale et de la souveraineté du Canada qui étaient les deux axes de son nationalisme.

Laurendeau était aussi favorable à l'adoption d'un système d'allocations familiales provinciales. Au Bloc populaire, on discutait même la possibilité d'adopter le principe du salaire familial. Par cette mesure, on voulait effectuer une plus juste répartition de la richesse en fonction de l'institution familiale. Laurendeau jugeait inacceptable le projet fédéral d'allocations familiales parce qu'il constituait une atteinte aux juridictions provinciales et parce que la législation fédérale était injuste envers les familles nombreuses. En 1944, un chef de famille du Québec recevait en moyenne 5,58 $ par mois comparativement à 6,62 $ que recevait celui de l'Ontario alors que le nombre d'enfants par famille était plus élevé au Québec qu'en Ontario. Il fustigeait la mollesse de l'Union nationale sur cette question. Il a aussi dénoncé les retards du Québec dans le domaine de la sécurité sociale et plus particulièrement en ce qui concerne l'assurance-maladie que le fédéral s'apprêtait à prendre sous son aile. Dans cette perspective, le Bloc a voté contre la loi abolissant la commission d'assurance-maladie, adoptée par l'Union nationale.

Dans le bilan de l'action parlementaire du Bloc, il faut aussi inclure les positions prises à l'égard des projets de loi émanant de l'Union nationale. Le Bloc a appuyé la loi visant à favoriser l'électrification rurale en insistant pour que le gouvernement subventionne prioritairement les entreprises coopératives. Il a aussi soutenu la loi créant Radio-Québec afin de combattre la dictature sur l'opinion exercée par Radio-Canada, qui s'était donné pour mission durant la guerre de fabriquer une unité nationale artificielle. Laurendeau a toutefois déploré que le nouvel organisme soit placé sous l'autorité personnelle du premier ministre. Il aurait souhaité voir naître un organisme libre, indépendant et impartial : « nous risquons d'avoir une créature politique, une marionnette que les partis au pouvoir feront danser à leur goût » [7].

Dans le domaine de l'éducation, cheval de bataille traditionnel des nationalistes, le Bloc a réaffirmé en Chambre, contre les empiètements du fédéral, le pouvoir exclusif des provinces de légiférer dans ce domaine. Il protestait ainsi contre une loi fédérale décrétant qu'un ouvrier n'avait droit à ses prestations d'assurance-chômage que s'il avait suivi un cours approuvé par la commission fédérale d'assurance-chômage. Mais Laurendeau ne s'en est pas tenu à des déclarations de principe. Il a aussi proposé des actions concrètes pour relever la qualité de l'enseignement au Québec. Il a suggéré au gouvernement de percevoir une taxe uniforme à travers la province et de répartir son produit entre toutes les commissions scolaires au pro rata du nombre d'enfants et suivant la religion de ces enfants, afin d'éliminer les inégalités de services entre les commissions scolaires. Il est aussi intervenu, en mars 1946, à la suite des pressions orchestrées par la Fédération des instituteurs et institutrices ruraux, pour soutenir la demande d'incorporation de cet organisme et pour que l'État améliore les salaires et les pensions des professeurs qui étaient alors de 240 $ par année.

Le Bloc servit aussi de relais parlementaire à la lutte contre l'immoralité publique menée par la Ligue du Sacré-Cœur et autres ligues de tempérance. Cette campagne visait à restreindre l'attribution des permis de vente d'alcool. Au-delà des problèmes moraux et sociaux causés par l'alcoolisme, cette question était éminemment politique. L'Union nationale utilisait la vente des permis pour gonfler sa caisse électorale et retirait leurs permis aux hôteliers qui n'affichaient pas la bonne couleur politique. Pour éliminer la corruption et le patronage, Laurendeau proposa que la vente des boissons alcooliques soit régie par une commission vraiment indépendante constituée par cinq hommes libres d'attaches politiques et qu'aucun permis ne soit émis sans la publication dans les journaux locaux et sans l'affichage sur place d'un avis préalable. Le Bloc combattit enfin le trust de la bière qui, par des pressions indues, empêchait la fabrication et la mise en marché du cidre québécois. Alors qu'on pouvait acheter à la Régie du cidre de l'Ontario, on empêchait les pomminuculteurs du Québec d'en produire. Malgré le ridicule de la situation, les interventions du Bloc ne réussirent pas à infléchir la politique gouvernementale. L'Union nationale était plus sensible aux intérêts de ses bailleurs de fonds qu'aux besoins du Québec. Dans l'esprit des vieux partis, l'administration gouvernementale devait d'abord servir les intérêts du parti au pouvoir et de ceux qui le soutenaient. Faire de l'État un outil du développement collectif, comme le pensait Laurendeau, était un objectif trop avant-gardiste pour les mœurs politiques de l'époque. L'électorat québécois n'était pas habitué à ce langage politique et fut peu ébranlé par l'argumentation du Bloc qui semait cependant les germes d'une nouvelle conscience politique.

Laurendeau a accompli son travail de député de façon consciencieuse. Il était motivé par le désir d'améliorer la société et de servir la nation. Il prenait son rôle très au sérieux car il croyait à la fonction représentative. À titre de député, il recevait une correspondance volumineuse par laquelle groupes et individus sollicitaient faveurs et interventions de sa part auprès de divers services gouvernementaux. On s'adressait à lui pour obtenir des emplois, des bourses et des lettres de recommandation. Il répondait avec courtoisie à ce courrier, sans cacher à ses correspondants qu'un député d'un tiers parti avait peu de pouvoir et ne pouvait, sous ce rapport, concurrencer les élus ministériels. Voici ce qu'il écrit en réponse à une requête d'un électeur :

> Ne vous faites pas trop d'illusions sur la possibilité de vous procurer une situation car vous savez que nous ne sommes pas du côté du patronage [8].

Même s'il se sait impuissant, il informe toujours ses correspondants des démarches entreprises car il estime que le premier devoir du député est de dialoguer avec ses commettants.

Le travail de leader parlementaire était harassant car, comme chef d'un tiers parti, il était soumis à l'hostilité du parti gouvernemental et même, à l'occasion, à celle des députés de l'opposition officielle. Dans le système parlementaire britannique, un nouveau venu est toujours gênant pour les deux vieux partis qui chercheront à l'éliminer. Il doit être constamment sur le qui-vive, et éviter les pièges que lui préparent les spécialistes de la procédure. Duplessis l'attaque fréquemment, il prend plaisir à lui rappeler qu'il ne connaît pas le droit et à multiplier les tracasseries à son égard, minant ainsi l'efficacité de ses interventions. Laurendeau se plaint de la lenteur de la procédure, des pertes de temps, des querelles d'allure personnelle entre députés. Il souffre intérieurement de ces chicanes entre parlementaires, qui contribuaient à stériliser les efforts des députés les plus consciencieux. Le régime de la bousculade et de l'empoignade verbale ne correspond ni à ses attentes, ni à son tempérament pondéré, ni à ses ambitions. Il en vient à conclure que l'Assemblée législative n'est pas le lieu le plus propice au rayonnement de la pensée. L'expérience parlementaire l'a déçu. Il avait voulu être député pour continuer son œuvre de conscientisation entreprise à *L'Action nationale* et dans la Ligue de défense du Canada. Il devait investir le meilleur de ses énergies pour un aréopage ou hostile ou indifférent, qu'il ne pouvait de toute façon atteindre étant donné l'esprit de parti qui régnait en Chambre. Il avait l'impression de s'égosiller en pure perte. Il était démoralisé par l'inutilité de ses interventions et perdait de l'intérêt pour les batailles de coq dont les échos se perdaient dans les couloirs de l'Assemblée législative. Dans une conférence prononcée devant l'ICAP en 1963, il a relaté les sentiments qu'il éprouvait à l'égard des travaux parlementaires :

> Mes collègues, divisés sur tant de questions, avaient un sentiment commun : l'ennui. De brèves batailles réveillaient parfois la combativité ; mais presque tous sombraient peu à peu dans l'effrayante monotonie des discours qui n'en finissent plus. Songez qu'il faut les subir trois, six et jusqu'à huit heures par jour, qu'ils sont rarement substantiels ou amusants, que les mêmes hommes ont presque toujours la parole : en chambre, le backbencher intelligent risque de devenir très vite un objet [9].

Une telle audience était peu propice à l'action intellectuelle. Il pouvait dire à la suite de Groulx : « cette grande décevante qu'est la politique ». Il était aussi démoralisé par les difficultés financières de son parti et par les querelles intestines qui affaiblissaient l'organisation déjà fortement ébranlée par le cuisant échec subi aux élections fédérales de 1945. Laurendeau ne peut se faire d'illusion sur son avenir politique et sur celui de son parti.

Si le Bloc, à ses débuts, pour assurer le rayonnement de ses idées et l'efficacité de son action, pouvait compter sur un journal hebdomadaire, sur des émissions radiophoniques régulières, sur douze employés à plein temps avec une permanence à Québec et une autre à Montréal, cette structure s'atrophia à la suite des échecs électoraux et des piètres résultats des souscriptions nationales. Cinq ans après sa fondation, le Bloc n'a plus les moyens de vivre. L'hebdomadaire est disparu. Le secrétariat est réduit à trois employés. Il n'y a plus de fonds pour faire de la propagande. Seul *Le Devoir* fait encore écho aux déclarations et prises de position des députés en Chambre. La politique active n'offre plus à Laurendeau les moyens de ses aspirations, d'autant plus que de nouveaux horizons s'ouvrent à lui. À la mort de Georges Pelletier, le contrôle du *Devoir* passe aux mains de l'archevêché de Montréal. Jacques Perrault, qui est conseiller légal de

Mgr Charbonneau et beau-frère d'André Laurendeau, devient président. Gérard Filion, qui avait été membre des Jeunes-Canada et qui occupait le poste de secrétaire général de l'Union catholique des cultivateurs, est nommé directeur du journal.

Avant même d'entrer en fonction, Filion approche Laurendeau. Il lui propose, dès le 31 mars 1947, le poste de rédacteur en chef : « Comme futur rédacteur en chef, j'ai songé à deux hommes, Richer et toi. Je te le propose parce que tu m'as averti en février que tu quitterais probablement le Bloc » [10]. Une condition accompagnait toutefois cette offre. Pour se conformer à la tradition d'indépendance et de non-partisanerie du journal, Laurendeau devait démissionner de son poste de chef de parti et siéger comme indépendant à l'Assemblée. Au moment où ces tractations s'effectuaient, l'exécutif du parti se voyait obligé de suspendre le versement du salaire que recevait le chef du parti, la caisse étant à sec. À notre avis, il s'agit d'une pure coïncidence et il n'y a pas de relation de cause à effet entre cette décision et la démission de Laurendeau comme le pensait Maxime Raymond. La décision de Laurendeau était plus motivée par son analyse de la situation et sa propre fatigue politique que par des raisons matérielles.

Cette démission allait certes être fatale au parti mais elle n'est pas seule responsable de sa disparition car le parti, en plus d'essuyer de graves problèmes financiers, était miné par des dissensions stratégiques desquelles l'influence de l'Union nationale n'était pas absente. Déjà à l'élection fédérale complémentaire de mars 1947, une alliance tacite entre l'Union nationale et la direction du Bloc avait entraîné l'abstention de celui-ci. L'accord prévoyait l'absence de Laurendeau et des députés du Bloc dans la campagne que Paul Massé allait livrer comme candidat indépendant dans Montréal-Cartier. Cette décision privait les leaders du Bloc d'une tribune exceptionnelle et si nécessaire à quelques mois d'une élection législative. Paul Massé devait se présenter comme candidat autonomiste et anticommuniste et devait s'engager à ne pas attaquer Duplessis pour obtenir en échange le soutien organisationnel de la machine unioniste.

Cette alliance électorale allait prendre toute sa signification à la réunion du Conseil national du parti, le 10 mai. Depuis sa fondation, le Bloc était divisé sur le choix de son terrain électoral. Même si, en 1942, les nationalistes radicaux avaient réussi à convaincre la direction du parti d'occuper tout l'espace politique possible en créant une aile provinciale et une aile fédérale, les partisans du compromis avec l'Union nationale et d'une action exclusivement fédérale n'avaient pas décroché. Ils revinrent à la charge avec plus de vigueur à la suite des performances électorales décevantes du parti et pressèrent Maxime Raymond de laisser le champ libre à l'Union nationale pour se concentrer sur la scène fédérale. Ces dissensions ne s'exprimaient pas ouvertement mais créaient un climat d'incertitudes qui rendait vain tout effort de mobilisation.

Dans le but d'assainir ce climat et de faire éclater cet abcès, Laurendeau décida de provoquer le débat d'orientation qui s'imposait puisque personne n'osait soulever publiquement la question. Il demanda aux membres du Conseil national de se prononcer sur la participation du Bloc à la prochaine élection provinciale. La majorité adopta la résolution suivante :

> Il a été résolu que le Bloc populaire canadien ne participera pas aux prochaines élections provinciales et concentrera ses activités dans le domaine fédéral [11].

Laurendeau vota contre cette résolution parce qu'elle signifiait que le Bloc devenait ainsi l'aile fédérale de l'Union nationale [12]. Certains, comme Maxime Raymond, l'accuseront d'avoir agi de la sorte pour se donner un motif doctrinal justifiant sa démission. Même si cette hypothèse est plausible, elle n'explique pas vraiment l'attitude de Laurendeau. Il est fort probable que même si le Bloc avait décidé de poursuivre son action sur la scène provinciale, Laurendeau se serait retiré de l'action politique car il ne croyait plus à la possibilité de réaliser des réformes par le biais de l'action partisane. Avec lucidité, il attribuait les échecs du Bloc à l'absence de conscience politique des Québécois. L'éducation politique était donc, pour lui, la tâche prioritaire pour faire avancer le mouvement nationaliste et il croyait pouvoir y œuvrer plus efficacement par le journalisme. Il fallait changer les mentalités avant de s'attaquer aux réformes de structures.

À la réunion des dirigeants du Bloc à l'hôtel Windsor, le 28 juin 1947, le débat sur l'avenir du Bloc reprend car la résolution adoptée par le Conseil national a été annulée par Maxime Raymond, qui veut tout tenter pour enrayer l'effritement du parti qu'il a fondé et dans lequel il a beaucoup investi. Il ne pardonne pas à Laurendeau de vouloir démissionner :

> De plus, vous penserez quels peuvent être mes sentiments quand, après avoir sacrifié mon temps, ma santé, mes intérêts et j'ajoute un certain

196

> capital, je réalise que celui à qui j'avais accordé ma confiance la plus entière
> se constitue le fossoyeur de ce mouvement qui l'a mis en vedette, afin de
> pouvoir mieux servir ses intérêts personnels... Ce n'est pas parce qu'on ne
> peut plus continuer de payer un salaire substantiel à André Laurendeau que
> le Bloc doit trahir son mandat et être liquidé[13].

C'est dans un climat de fièvre et de méfiance que Laurendeau présente son rapport où il trace les perspectives d'avenir du Bloc. Après avoir rejeté le statu quo comme le proposait M. Raymond, après avoir écarté l'hypothèse de la dissolution de l'aile provinciale, il suggère, pour sauver le Bloc, de le transformer en mouvement d'opinion. Il veut éviter la dissolution du parti car elle aurait pour effet d'anéantir le nationalisme : « Le nationalisme en souffrirait pour des décades »[14]. Il propose de revenir à la vocation initiale du Bloc, qui prolongeait l'action de la Ligue de défense du Canada, laquelle vocation consistait à former des groupes, à répandre des idées, à faire du travail d'éducation politique. Ce projet est soutenu par Jean Drapeau et Michel Chartrand mais les autres délégués mettent en doute la bonne foi de Laurendeau, d'autant plus qu'il refuse de discuter de ses intentions et de sa situation personnelle. Les dissensions sont à ce point profondes qu'on est incapable d'en arriver à un compromis.

Même si aucune décision n'a été prise, Laurendeau rend sa démission publique le 7 juillet 1947 en invoquant une divergence idéologique :

> Il est devenu évident, depuis plusieurs mois, que la majorité des dirigeants
> du Bloc populaire canadien se font une idée très différente de la mienne de
> l'avenir du parti... Aussi, plutôt que de laisser ces divergences immobiliser
> notre groupe, ou ce qui serait plus grave, dégénérer en divisions, j'ai cru
> devoir remettre à Maxime Raymond, chef national du Bloc, les responsabilités
> qu'il m'avait confiées publiquement le 4 février 1944, et démissionner
> comme membre du parti[15].

Il expliquera, dans une lettre à M. Raymond, qu'il ne quitte pas le Bloc parce qu'un poste lui a été offert au *Devoir*, mais qu'il a accepté ce poste parce qu'il estime devoir quitter le Bloc :

> La distinction est importante. D'autres situations m'ont été proposées
> depuis deux ans. Je les ai refusées sans même vous en parler parce qu'alors,
> il n'était pas question de réorienter le Bloc. Je m'exprime ainsi pour donner
> aux faits leur interprétation réelle et éviter de nouveaux malentendus[16].

Il reconnaît, dans une lettre confidentielle à Maxime Raymond[17], que dans sa déclaration publique il a à peine motivé son départ mais il dit avoir procédé de la sorte afin de ne pas déclencher de querelle publique.

On peut supposer que les divergences d'opinions débordaient la question de l'avenir de l'aile provinciale. Sa démission à titre de chef et de membre signifiait peut-être que la réorientation du parti était non seulement organisationnelle mais aussi doctrinale. C'est du moins ce que laisse entendre Gérard Filion dans l'éditorial qu'il écrivit sur la démission de Laurendeau et dans lequel il révèle peut-être ce que Laurendeau ne voulait pas dire publiquement. Filion explique en effet que Laurendeau est entré au *Devoir* pour ne pas se compromettre avec la politique antisociale de Duplessis, ce qui laisse supposer que les dirigeants du Bloc s'apprêtaient à accepter ces politiques antisociales[18]. Cette analyse discréditait le Bloc et rendit M. Raymond encore plus amer. Il aura des mots très durs pour qualifier le geste de son ex-lieutenant : « Sa démission et sa déclaration constituent à la fois un acte d'égoïsme, de lâcheté, de malhonnêteté, inspiré par la vanité »[19]. La rupture entre les deux hommes sera totale.

Pour comprendre la décision de Laurendeau, il faut dépasser le jugement lapidaire de M. Raymond inspiré par la déception et la rancœur. Il faut aussi aller au-delà des termes mêmes du débat où les raisons financières, organisationnelles et idéologiques ont été invoquées, car le choix de Laurendeau implique une réorientation de sa carrière et de sa vie et procède du conflit non résolu entre les exigences du milieu et ses aspirations intimes.

Dans une situation d'oppression nationale, les choix individuels suivent des trajectoires exorbitées ; ces destins sont souvent détournés de leurs voies naturelles pour répondre aux impératifs de la défense des droits collectifs. L'individu est déchiré entre ses ambitions personnelles et les responsabilités que lui impose la situation de son groupe d'appartenance. Il oscille intérieurement entre le désir de se laisser aller à ses tendances naturelles qui lui procurent une pleine réalisation de soi et les exigences du combat. Même si ses valeurs, sa carrière et ses choix politiques sont surdéterminés par la situation collective, il est toujours tenté de suivre ses aspirations intimes.

Ainsi, après avoir consacré quinze ans de sa vie active au service de la nation, Laurendeau, en démissionnant, mettait entre parenthèses un choix de vie qui lui avait été imposé par la conjoncture mais qui ne correspondait pas à ses goûts personnels et à ses ambitions artistiques et littéraires. Il avait été déçu par son expérience parlementaire. Il ne croyait plus à l'efficacité de l'action politique. Il n'arrivait plus à se passionner pour ce rôle et à se donner entièrement. À 35 ans, après des années d'un combat incessant, il éprouvait une lassitude de la politique et aspirait à une vie plus calme qui lui permettrait de se consacrer à l'écriture laquelle, n'eussent été la crise de '29 et la naissance du nationalisme, aurait été son mode d'expression privilégié. Après s'être investi dans le développement de la conscience collective, il voulait désormais s'adonner à l'épanouissement de son intériorité.

Le journalisme lui apparaissait être le havre où il trouverait le répit nécessaire à la réalisation de son œuvre personnelle. Ce choix ne l'obligeait pas à renier ses engagements antérieurs. Il lui permettait de les aménager différemment en laissant plus de place à sa vie privée. Il pouvait ainsi alléger le poids du collectif sur ses ambitions personnelles. Il s'engageait sur un autre théâtre pour défendre les mêmes idées en espérant pouvoir profiter d'une plus grande liberté. Enfin, peut-être n'avait-il pas la résistance nerveuse suffisante pour supporter les pressions de la vie publique et pensait-il pouvoir contribuer au développement intellectuel du Québec de façon plus constructive par le journalisme que par l'action politicienne.

Le Bloc populaire était né des circonstances particulières créées par la guerre et la crise de la conscription. Le changement de conjoncture résultant de la victoire des Alliés, de la fin de la guerre, et du retour de la croissance économique lui fut fatal car il ne pouvait plus capitaliser sur le ressentiment populaire pour développer sa base électorale. Le climat psychologique avait changé et avec le retour de la prospérité, les Québécois étaient revenus au bercail des vieux partis. Enfin, le système électoral ne favorisait guère la persistance d'un tiers parti, d'autant plus que la principale raison d'être idéologique du Bloc — la défense de l'autonomie provinciale — avait été récupérée par l'Union nationale. Le Québec allait vivre la plus profonde mutation structurelle de son histoire sous la gouverne d'une élite politique traditionnelle. Les nouvelles forces sociales qui auraient pu le mieux accorder le système des valeurs et les institutions à cette mutation seront éliminées du jeu politique et poursuivront leur combat à l'extérieur du système parlementaire.

En dépit de son échec électoral, le Bloc aura servi à renouveler le discours idéologique et à lancer de nouvelles idées qui réapparaîtront plus tard dans les programmes des partis politiques. Il aura aussi laissé en héritage des innovations sur le plan des pratiques électorales qui seront, par la suite, utilisées avec succès par le Parti québécois. Enfin, les hommes qui l'ont animé deviendront les principaux leaders d'opinion de la société québécoise où ils poursuivront des carrières remarquables comme hommes politiques, hommes d'affaires, syndicalistes et journalistes.

NOTES

1. André LAURENDEAU, « Le Bloc continue l'œuvre entreprise », *Le Bloc*, 23 septembre 1944, p. 2.

2. René CHALOULT, « Souvenirs d'André Laurendeau », *Le Devoir*, 31 mai 1969, p. 4. Cité par P.A. COMEAU, *Le Bloc populaire*. Montréal, Éditions Québec/ Amérique, 1982, p. 384-385.

3. André LAURENDEAU, *Le Bloc à Québec*, p. 1.

4. Collection A. Laurendeau. Lettre d'A. Laurendeau à Georges Pelletier, 16 mars 1945. P2A475.

5. Collection A. Laurendeau. Causerie radiophonique à CKAC, 6 avril 1947, P2A635.

6. Dans les années cinquante, il reviendra sur sa position et s'opposera au projet de rapatriement de la Constitution proposé par Louis Saint-Laurent.

7. André Laurendeau, Causerie radiophonique à CHLP, 11 novembre 1945. P2A632.

8. Collection André Laurendeau. Lettre d'A. Laurendeau à R. Larose, 28 mars 1947.

9. A. LAURENDEAU, « Nos hommes politiques », Conférence ICAP, 15 septembre 1963.

10. Lettre de G. Filion à André Laurendeau, 31 mars 1947. P2AC18.

11. Cité par P.A. COMEAU, *op. cit.*, p. 421.

12. Notes personnelles d'André Laurendeau. P2A618.

13. Collection M. Raymond. Lettre à Gérard Tremblay, 3 septembre 1947.

14. Collection A. Laurendeau. Notes personnelles. P2A618.

15. André Laurendeau, Déclaration de démission, 8 juillet 1947. P2A494.

16. Lettre d'André Laurendeau à M. Raymond, le 8 juillet 1947. P2A494.

17. Lettre d'André Laurendeau à Maxime Raymond, 6 juillet 1947. P2A494.

18. Voir *Le Devoir*, 8 juillet 1947.

19. Collection M. Raymond, 3 septembre 1947. P3C19.

Chapitre IX

Les années de plomb

Le 28 juillet 1948, l'Union nationale est reportée au pouvoir avec la majorité absolue des voix, 51 p. 100. En raison des inégalités résultant du découpage de la carte électorale, cette victoire sera encore plus écrasante en termes de sièges puisque 82 candidats unionistes sont élus contre 8 libéraux et deux indépendants (R. Chaloult et F. Hanley). Même si le Québec a une population majoritairement urbaine depuis les années vingt, la répartition des sièges électoraux favorise la surreprésentation des ruraux, qui fournissent l'assise électorale sur laquelle s'établira la politique conservatrice de Duplessis. Ce déséquilibre élargira le fossé entre le pays légal et le pays réel, le système politique étant désaccordé par rapport à l'évolution de la société.

Le Québec de l'après-guerre est industrialisé et urbanisé. Les Québécois ont gravi l'échelon des emplois industriels dans la structure des occupations. Il y a eu une diminution de la main-d'œuvre dans le secteur primaire qui a fait passer la main-d'œuvre agricole de 21,7 p. 100 de la population active en 1941 à 7,6 p. 100 en 1961. Durant la même période, le secteur secondaire demeure stable, représentant 35 p. 100 de la population active. L'évolution la plus significative se fait dans le secteur tertiaire qui passe de 38,4 p. 100 à 51,1 p. 100 de la main-d'œuvre active. Toutefois, même si le Québec se modernise, il présente toutes les caractéristiques d'une société dominée et dépendante. Cet état de dépendance se traduit empiriquement par la domination des monopoles étrangers, par l'exportation des matières premières, par l'importation de capitaux et de produits finis et par la non-diversification des échanges économiques canalisés vers les États-Unis.

La guerre avait largement contribué à la modernisation de la structure industrielle du Québec car elle avait stimulé les investissements et favorisé l'établissement des grandes entreprises qui serviront de débouchés à la main-d'œuvre canadienne-française non qualifiée. Durant la guerre, les exigences ouvrières avaient été faibles car le mouvement syndical était décimé et l'effort de guerre imposait des sacrifices. Mais avec la fin des hostilités, et la transformation de l'économie de guerre en économie de paix, les syndicats deviendront plus combatifs et exigeront un rattrapage salarial, nécessaire par ailleurs au développement de la croissance économique. Ainsi, l'indice du salaire moyen passe de 69,3 en 1945 à 127,7 en 1952. Même si les salaires sont plus faibles au Québec et le taux de chômage plus élevé que dans le reste du Canada, on constate une amélioration relative du niveau de vie. Le Québec se met à l'heure de la société de consommation, ce qui se traduit par la croissance des ventes de voitures, de télévisions et de maisons unifamiliales. Ces transformations de la vie matérielle créent de nouveaux besoins, de nouvelles aspirations. Elles agissent sur les mentalités. Elles provoquent une prise de conscience des retards accumulés et stimulent les espoirs de mobilité sociale.

Mais les forces de changement sont bloquées par la résistance des élites traditionnelles qui ont conservé le contrôle des superstructures politiques et idéologiques de la société avec la complicité des monopoles étrangers. Cette distorsion entretiendra un décalage entre le système de valeurs officiel et la réalité vécue, obligeant les Québécois à fonctionner avec deux visions du monde et à se débattre contre des dilemmes sans issues.

Même si le Québec de l'après-guerre est encore dominé par l'idéologie traditionnelle, il sera aussi marqué par l'effritement du monolithisme idéologique sous la pression de trois mouvements d'opposition. Durant les années cinquante, la montée de nouvelles forces sociales sera représentée par les nationalistes radicaux du Bloc populaire et du *Devoir*, qui s'opposent au conservatisme économique de l'Union nationale tout en soutenant sa politique autonomiste. *Le Devoir*, qui dénonçait les fraudes électorales, le patronage et la dilapidation des fonds publics, sera le lieu de rassemblement des intellectuels critiques. Le mouvement syndical mènera le combat contre la législation sociale et la politique anti-ouvrière du régime Duplessis. Enfin, au sein même de l'Église, des dissidences se manifesteront. La faculté des sciences sociales de l'Université Laval et la revue *Relations* seront les deux principales sources de l'opposition cléricale au conservatisme ambiant.

Avec la guerre, l'élite a été obligée de se questionner et de constater qu'il y avait un écart grandissant entre la réalité et le système idéologique. Par la suite, l'ère de la télévision amplifiera cette prise de conscience en élargissant les cadres culturels québécois. Le caractère irréversible de l'industrialisation, la relance économique, les progrès technologiques, les mutations de la structure sociale et du mode de vie rendaient désuètes les structures et les valeurs de la société traditionnelle. Toute une génération se donnera comme objectif de moderniser le Québec et, pour ce faire, elle s'inspirera des expériences des autres sociétés. Il s'agissait de rattraper le temps perdu, d'adapter les superstructures aux exigences du monde industriel et d'implanter au Québec la démocratie politique. Dans ce contexte, Laurendeau s'imposera comme le maître à penser de cette génération. C'est par son activité journalistique qu'il influencera le plus profondément l'évolution de la société québécoise. Il était, à ce titre, considéré comme l'intellectuel le plus talentueux et le plus écouté du Canada français. Il avait entrepris cette nouvelle carrière en étant convaincu qu'il pouvait mieux servir son pays en formant l'opinion publique que par l'action partisane. Ce choix était conforme à la tradition bourassienne qui misait sur l'éducation et la formation des consciences pour effectuer le redressement national. Il suivait les traces du fondateur du *Devoir*.

Laurendeau est donc entré au *Devoir* afin d'accorder le nationalisme canadien-français aux temps nouveaux de l'après-guerre. À 36 ans, à titre d'adjoint du rédacteur en chef, il occupe une des tribunes les plus prestigieuses du Québec et il aura là un pouvoir beaucoup plus réel que s'il était demeuré député dans une Assemblée où il n'y avait presque plus d'opposition officielle. *Le Devoir* allait être, pendant ces années de plomb, l'opposition au régime duplessiste.

> « Notre journal s'attellera à cette tâche de surveiller les projets du gouvernement, d'appuyer les lois raisonnables et de dénoncer les mesures inacceptables. Jamais le rôle d'un quotidien indépendant n'aura été plus nécessaire [1].

Le titre qu'il donne à son premier éditorial est très révélateur de sa conception du journalisme : « Pour continuer la lutte ». Il y expose les principes qui ont guidé son action et tente de les relier à l'esprit du *Devoir*. Comme il l'avait fait lorsqu'il avait assumé la direction de

L'Action nationale, dix ans auparavant, il rappelle qu'il veut faire la jonction entre le social et le national :

> On peut dire que le nationalisme a toujours eu au Canada français des tendances nettement sociales... Et dans la conjoncture présente, notre nationalisme ne saurait être pleinement efficace, pleinement juste et vrai que dans la mesure où il s'attaquera aux difficultés sans nombre de la vie sociale, où il s'y retrempera, où il s'y rajeunira [2].

Il situe sa problématique dans la tradition du journal fondé par Henri Bourassa. Il rappelle à cet égard que le combat social du *Devoir* a toujours été mené au nom des exigences du catholicisme et de la justice chrétienne et que c'est dans cet esprit que Bourassa avait jadis pris position en faveur du syndicalisme catholique. Depuis lors, *Le Devoir* a toujours été fidèle à cette pensée sociale en dénonçant les trusts, en soutenant l'idéal coopératif et en appuyant le mouvement syndical :

> Voilà la vraie tradition du *Devoir* — qu'on permette à un nouveau venu de le proclamer parce qu'il l'a suivie depuis des années dans toutes les pages du journal... c'est là sans doute la raison principale de la joie que j'éprouve à entrer au *Devoir*. J'y retrouve les idées pour lesquelles je me suis toujours efforcé de combattre [3].

C'est en tant que nationaliste qu'il s'engage dans le combat social où il compte mettre sa plume au service de la justice. « C'est à cette œuvre que je viens collaborer avec la direction du *Devoir* » [4]. Il se donne pour mission de poursuivre la tâche intellectuelle entreprise depuis son retour d'Europe et de rompre la traditionnelle équation entre nationalisme et ordre établi.

Au *Devoir*, Laurendeau rédigeait non seulement l'éditorial mais aussi le Bloc-notes et des chroniques d'actualité qu'il signait du pseudonyme de Candide. En plus de ce travail rédactionnel accaparant, il participait activement à l'administration du journal car même s'il n'eut le titre de rédacteur en chef qu'en 1957, il exerça effectivement cette fonction dès le début des années cinquante. *Le Devoir*, à cette époque, vivait dans des conditions financières particulièrement difficiles car il devait payer le prix de son indépendance d'esprit, étant le critique de tous les partis politiques œuvrant sur la scène provinciale et fédérale. Sans le soutien de l'archevêché, joindre les deux bouts aurait constitué, pour la direction, un véritable casse-tête. L'arrivée de Laurendeau et de Filion rajeunit l'équipe et permit au journal d'élargir sa clientèle aux milieux syndicaux et coopératifs tout en renforçant le soutien traditionnel des nationalistes. En plus d'avoir un esprit fertile, Laurendeau possédait l'art de la plume. L'élégance naturelle du style, l'aptitude à prendre du recul, la finesse de ses analyses étaient les principales qualités du journalisme pratiqué par Laurendeau. Sa force persuasive ne repose pas sur des arguments d'autorité. Il s'adresse plutôt à l'intelligence du lecteur et l'investit progressivement par la subtilité de ses raisonnements. Il ligotait l'opinion de son interlocuteur par une logique implacable. « Esprit subtil, écrit Groulx, il l'était jusqu'à la perfection, jusqu'à l'excès » [5]. Laurendeau avait aussi un esprit positif. Il ne se contentait pas de critiquer le pouvoir au nom de principes abstraits et peu explicites — voie de la facilité empruntée par trop d'éditorialistes de nos jours — il proposait toujours des solutions concrètes, des remèdes pour corriger les situations qu'il dénonçait. Le style ne lui tenait pas lieu de rigueur intellectuelle. À travers la multitude d'articles qu'il écrivit durant cette période, on peut dégager quatre sujets de prédilection : le respect de l'homme, le respect de l'intelligence, l'autonomie du Québec et le progrès social.

Dès son entrée en fonction, il consacre ses premiers éditoriaux aux revendications ouvrières et aux grèves qui se multiplient depuis la fin de la guerre. Deux préoccupations sous-tendent ses positions envers le mouvement ouvrier. La montée du communisme en Europe dans les années trente l'avait amené à s'intéresser au syndicalisme. Avec ses amis de la revue *Esprit*, il aspirait à une pensée sociale moderne qui permettrait aux catholiques de concurrencer l'influence des communistes sur les masses ouvrières. Il estimait que le conservatisme social de l'Église était responsable de la déchristianisation des milieux ouvriers. À son avis, on ne pouvait combattre le communisme par la répression et la propagande :

> Nous sommes opposés au communisme, c'est vrai, et aussi profondément qu'on peut l'être. Non par un anticommunisme primitif d'origine financière. Mais d'abord pour des motifs spirituels et religieux. Et nous savons qu'on écrase rarement les idées avec des matraques ou des canons [6].

Pour l'enrayer, il fallait plutôt réformer nos lois sociales, la justice sociale étant le seul antidote au communisme. À cette première préoccupation, s'ajoute celle de la jonction du social et du national qui est propre au Canada français. Pour éviter que les masses ne se détournent du nationalisme, il fallait élargir le champ de la pensée nationaliste et trouver des réponses aux problèmes sociaux des temps modernes :

> Le social et le national se présentent actuellement comme s'ils étaient deux ennemis ou du moins comme si chacun réclamait toute la place. La plupart des systèmes traditionnels glorifient l'un à l'exclusion de l'autre et le prolétaire logerait à l'enseigne du social. Il s'agit de savoir si nous saurons opérer à temps la synthèse[7].

Le syndicalisme était le dernier recours contre la dénationalisation des masses canadiennes-françaises soumises, de façon irréversible, aux exigences de la société industrielle.

À la fin de la guerre, l'évolution de la structure économique pousse la Confédération des travailleurs catholiques du Canada à se redéfinir idéologiquement. Progressivement, les valeurs cléricales et morales sont supplantées par la poursuite d'objectifs économico-professionnels. Ce changement de perspective de l'action des syndicats catholiques coïncide avec l'arrivée de Gérard Picard à la présidence de la CTCC et de Jean Marchand au poste de secrétaire général.

En 1947, plusieurs grèves perturbent le monde du travail : celle des salaisons, de l'Asbestonos et de la Dominion Textile à Louiseville. Dans chaque cas, Laurendeau soutient la cause des grévistes car les salaires et les conditions de travail n'ont pas été ajustés aux changements des conditions économiques de l'après-guerre. Son attitude vis-à-vis des grèves est nuancée car il estime que la grève est un mal nécessaire :

> En matière de conflits ouvriers, il n'y a que des cas d'espèces... La mystique de la grève à tout prix ne vaut pas mieux que la condamnation de toutes les grèves. Il ne faut pas voir des bandits là où il y a des ouvriers persécutés ni des martyrs là où sont des coupables[8].

Il se réserve donc le droit de critiquer certaines attitudes syndicales car il ne reconnaît à aucune organisation le monopole de la vérité ou de la justice.

Il remet en question, entre autres, la position du Congrès du travail du Canada affilié au C.I.O. qui, durant la grève dans les abattoirs de Canada Packers, Swift et Burns, réclamait l'intervention du gouvernement fédéral pour régler le conflit. Cette demande était inacceptable à ses yeux, car les relations de travail étaient une responsabilité exclusive des provinces. Il développe sur ce thème une argumentation qui reviendra fréquemment sous sa plume :

> Nul syndicat n'a le droit d'exiger qu'un État provincial abandonne ainsi l'exercice de ses prérogatives essentielles. Ce serait le précédent par l'entremise duquel passerait l'avalanche centralisatrice. Car ce qu'on accorderait

aux salaisons, pourquoi ne pas le reconnaître à l'industrie textile, à l'industrie de l'acier ou de la construction ? Toute la législation sociale passerait à Ottawa... Que les ouvriers d'abattoirs obtiennent justice, et ils peuvent l'obtenir à l'intérieur des lois provinciales. Mais que leur triomphe ne devienne pas la défaite de la souveraineté provinciale [9].

Il rejetait le marchandage entre les niveaux de gouvernement comme moyen d'obtenir gain de cause. Que le gouvernement Duplessis soit réactionnaire, qu'il utilise la méthode forte contre les syndicats ou encore que la législation ouvrière soit désuète, ces raisons ne justifiaient nullement qu'on demande à Ottawa d'intervenir au mépris des compétences provinciales. Au lieu de favoriser la centralisation des pouvoirs, il valait mieux lutter pour changer la législation provinciale ou combattre les hommes au pouvoir lorsqu'ils adoptaient des politiques injustes. Il fallait se battre contre Duplessis et non pas contre l'autonomie provinciale. Il servira ce raisonnement chaque fois que des groupes se tourneront vers le gouvernement fédéral pour obtenir les politiques sociales que le gouvernement du Québec refusait d'adopter.

Pour être fidèle à cette logique, il réclame une réforme du Code du travail adopté par le gouvernement Godbout afin d'accélérer les procédures de conciliation et d'arbitrage [10]. Les délais encourus à cause de l'inefficacité de la loi poussaient souvent les syndicalistes à déclencher des grèves illégales parce qu'ils savaient que la procédure régulière n'aboutirait pas et leur ferait perdre du temps :

Certification syndicale, négociations, conciliations, arbitrage avec décision même unanime, quand il y a échec quelque part, ce long circuit conduit à la grève [11].

Même s'il préférait le règlement des conflits par un tribunal du travail, il admet que la grève puisse être une arme nécessaire. Ainsi, il donnera son appui aux travailleurs de l'amiante même si leur grève était illégale. Cette grève était justifiée car le gouvernement était responsable de la détérioration de la situation ; il n'avait rien fait pour faire respecter ses propres lois sur les maladies industrielles [12].

Il fut très attentif au problème des maladies industrielles. Il s'intéressa tout particulièrement à la situation des travailleurs de la Canada China Clay and Silica Ltd de Saint-Rémi d'Amherst où plusieurs ouvriers étaient morts de la silicose. La Loi sur les accidents du travail était insuffisante puisqu'elle exigeait qu'un employé ait travaillé au moins cinq ans dans une entreprise avant de lui accorder le droit à des compensations en cas de maladie ou de décès, alors qu'une étude scientifique démontrait que la silicose pouvait faire des ravages après trois ans d'exposition seulement. Il pressait le gouvernement de modifier sa législation et de faire respecter les normes d'hygiène industrielle. La santé des travailleurs était une revendication essentielle et, pour cette raison, il appuya de son autorité morale l'action des grévistes d'Asbestos et de Thetford Mines :

> Si j'étais ouvrier de l'amiante, je refuserais de travailler un jour de plus dans cette atmosphère empoisonnée, que mon acte soit légal ou pas ; car au-dessus de la loi, il y a le droit à la santé et le droit à la vie. Et il est faux, contraire à la doctrine chrétienne... qu'une cause soit nécessairement injuste parce qu'elle est illégale [13].

À la suite des émeutes d'Asbestos, Laurendeau accusa Duplessis de mettre l'État au service des abus du capitalisme et « de faire de sa police une machine de guerre contre les syndicats » [14]. Il dénoncera de nouveau l'attitude réactionnaire et anti-ouvrière de Duplessis à l'occasion de la grève de Louiseville où là aussi des travailleurs luttaient pour améliorer les conditions de travail et d'hygiène. Ces grèves avaient fait la preuve que le gouvernement n'était plus au service du bien commun et qu'au lieu d'être un arbitre impartial, il s'était allié aux patrons [15]. En s'associant à l'injustice, il avait manqué à son sens des responsabilités sociales.

Laurendeau n'appuiera pas toutes les grèves déclenchées par la C.T.C.C. Lors de la grève de l'Alliance des instituteurs de Montréal, il reconnaît que les instituteurs ont droit à un juste salaire, mais il réprouve les grèves dans le secteur public parce que ce mode d'action n'est pas compatible avec la responsabilité de l'éducateur ; en effet ce moyen de pression affecte avant tout l'intérêt moral et intellectuel de l'enfant :

> Les enfants ont le droit d'avoir des maîtres compétents qui ne les mêlent pas à leurs querelles (fussent-elles justes), qui soient sans amertume et qui les traitent avec amour. Ce devoir dépasse tous les autres. Il a comme corollaire le respect des autorités constituées, même de celles qui oublient leur propre dignité [16].

L'injustice ne doit jamais être commise au nom de la justice. Il presse donc les instituteurs d'en finir avec la grève et il incite les autorités scolaires à satisfaire les revendications légitimes des instituteurs afin de revaloriser cette profession et d'y attirer des personnes compétentes. Il fait valoir, à cet égard, que l'avenir d'un peuple dépend de la qualité et de la motivation de ses éducateurs et que, pour cette raison, des réformes s'imposent, les salaires des professeurs anglophones étant plus élevés que ceux de leurs collègues francophones.

Il condamna aussi la grève des typographes du *Devoir* car il avait la conviction que leurs réclamations n'étaient pas justes [17]. Il faisait valoir que *Le Devoir* était une entreprise à but non lucratif, et au surplus une entreprise déficitaire qui survivait grâce aux dons des amis du journal. Enfin, les typographes étaient déjà les employés les mieux payés de l'entreprise. Critiquer le bien-fondé d'une action syndicale n'était pas une preuve d'antisyndicalisme car les syndicats n'avaient pas le monopole de la raison et de la justice.

Au début des années cinquante, le syndicalisme catholique effectua un virage idéologique non seulement en acceptant la grève comme moyen légitime de revendication, mais aussi en faisant de l'amélioration des conditions matérielles des travailleurs le principal but de l'action syndicale. On avait abandonné la finalité spiritualiste du syndicalisme catholique qui, depuis sa fondation, avait axé son action davantage sur la défense de la foi et de l'ordre établi et sur la lutte contre les syndicats internationaux que sur la lutte pour des augmentations de salaire. On ne pensait plus que l'élévation du niveau de vie était incompatible avec la foi catholique. Laurendeau reflète cette modernisation de la pensée syndicale lorsqu'il écrit ce qui suit :

> La sagesse populaire l'a remarqué depuis longtemps ; l'argent ne fait pas le bonheur ; il ne suscite pas de soi une surabondance de spiritualité. Mais la misère non plus ne fait pas le bonheur ; et encore moins l'injustice sociale... Un accroissement de salaires n'implique pas un accroissement du sens chrétien. Mais des salaires injustement bas suscitent l'amertume et sèment le désordre. Un chrétien qui assiste sans sourciller à l'injustice sociale est le meilleur argument du communiste dans le monde contemporain [18].

Laurendeau opère un habile renversement dialectique car il fait de l'amélioration matérielle de l'existence une condition de la lutte contre le communisme, alors qu'auparavant la doctrine sociale de l'Église s'opposait au syndicalisme neutre qui supposément servait la cause communiste et menaçait la foi chrétienne par le matérialisme de ses revendications. La doctrine sociale de l'Église ne permettait pas de répondre adéquatement aux maux engendrés par la société industrielle. Les catholiques de gauche étaient de plus en plus convaincus de la nécessité de lutter contre les injustices économiques et sociales pour regagner la confiance du peuple prolétaire. Fidèle à l'esprit de Maritain, Laurendeau estimait que sur les questions sociales il fallait agir *en chrétien* et non *en tant que chrétien*, ce qui signifiait que sur les questions sociales et économiques il n'y avait pas de dogmes et qu'un catholique pouvait penser et agir librement. Le mouvement syndical pouvait alors prendre à son compte la cause du progrès social et défendre les intérêts économiques des travailleurs.

Conscient des effets de la révolution industrielle, Laurendeau cherchait à élargir la problématique du nationalisme qui s'était, à son avis, trop préoccupé des questions de langue, de bilinguisme et d'accès à la fonction publique, et avait trop négligé la classe ouvrière. Le conservatisme et l'embourgeoisement risquaient d'entraver l'épanouissement de la nation tout autant que les velléités centralisatrices du gouvernement fédéral et l'incurie de l'Union nationale. L'action nationale n'aura de sens pour l'avenir que si l'amélioration du sort de la classe ouvrière devient l'enjeu de la lutte nationale car cette classe formait la majorité de la nation [19]. Les nationalistes se devaient de proposer des solutions constructives aux problèmes sociaux.

À cet égard, Laurendeau favorisait l'établissement d'une politique de sécurité sociale. Il pressait le gouvernement Duplessis d'exercer, de façon concrète et positive, l'autonomie provinciale en dotant le Québec d'une politique du logement. Conscient des incidences de la politique du logement sur le taux de natalité, sur la moralité et sur la criminalité, il harcelait le gouvernement unioniste pour qu'il prenne ses responsabilités. Il rappelle qu'à Montréal 87 p. 100 des logis ouvriers sont surpeuplés et qu'il y a seulement 3,5 p. 100 des ouvriers qui sont propriétaires de leur logis. Il réclamait une politique de rénovation urbaine qui réponde aux besoins des familles nombreuses et fasse disparaître les « logis de la misère » [20]. L'établissement d'un crédit urbain servirait cette fin.

Pour gagner la bataille de l'autonomie, le Québec se devait de prendre l'offensive et d'occuper le plus de terrain possible pour couper l'herbe sous les pieds des centralisateurs. Au lieu de s'en tenir à un discours négatif, le gouvernement provincial devait intervenir dans trois domaines : le logement, le travail et la santé publique. Pour trouver un écho dans la population, l'autonomisme devait s'incarner dans des réalisations. Ainsi, le peuple pourra comprendre ce que l'autonomie provinciale lui apporte de tangible. Le gouvernement pourra alors dire :

Nous avons aidé à la construction de tant de maisons, au remplacement de tant de taudis. Nous voulons continuer. Mais Ottawa nous en empêche en gardant nos revenus. Qu'Ottawa nous rende nos taxes et nous continuerons à aider... [21]

Par cette logique, il faisait la démonstration que le nationalisme pouvait engendrer le progrès social, que cette idéologie n'était pas soudée à un modèle social traditionnel. La nation ne pouvait survivre qu'en assimilant les mutations imposées par l'industrialisation et l'urbanisation [22]. De son point de vue, le changement social devenait la condition sine qua non de notre redressement national pourvu que nous le contrôlions et l'adaptions à notre situation particulière.

Laurendeau n'était pas familier avec les questions économiques car sa formation avait surtout été littéraire et historique et l'avait amené à approfondir plutôt des problèmes sociaux. Sa vision des systèmes économiques se conformait aux positions de la doctrine sociale de l'Église et suivait les préceptes de la philosophie personnaliste. Son séjour d'études en France l'avait mis en contact avec la pensée socialiste et communiste. Même s'il avait rejeté ces systèmes idéologiques comme modèles de société, il en avait retenu la critique de l'exploitation capitaliste. Il ne condamnait donc pas le capitalisme comme système économique car il pensait qu'on pouvait en corriger les abus et l'humaniser. Le capitalisme laissé à sa propre dynamique ne peut engendrer que désordre et exploitation car la logique du profit déshumanise l'ouvrier. Les lois du marché réduisent l'ouvrier à n'être qu'une simple force de travail. Elles le privent de toute sécurité et détruisent les valeurs sociales et nationales. Le capitalisme doit donc être encadré par l'État et par des organisations qui reconstituent les liens sociaux. L'État devait donc empêcher la concentration du capital et encourager le développement de la petite entreprise. Les nationalistes avaient pensé trouver, dans le corporatisme, une doctrine qui respecte la propriété privée tout en justifiant des réformes du capitalisme. La pensée sociale catholique dans l'après-guerre ne se référait plus explicitement à cette doctrine, mais elle en avait conservé certains stigmates anticapitalistes. Ainsi, Laurendeau prendra à son compte l'idée de la cogestion ouvrière. Il appuie, à cet effet, une lettre pastorale des évêques du Québec qui prônaient la participation des travailleurs à la gestion, aux profits et à la propriété de l'entreprise [23]. Cette réforme avait pour objectifs de développer le sens des responsabilités chez les travailleurs et d'augmenter le rendement et la qualité du travail.

La logique de la participation ouvrière à l'entreprise était intégrée à une vision plus globale de l'organisation sociale et du développement économique. Tout comme les ouvriers devaient s'opposer à la dépossession du fruit de leur travail et du contrôle sur leur travail, de même la nation devait résister au grand capital étranger et à la dépossession de ses richesses naturelles. De cette façon, le projet syndical et le projet national (maître chez nous) se rejoignaient au niveau des objectifs et des valeurs.

La lutte contre les monopoles était un thème récurrent de la pensée nationaliste. Depuis les années trente, Laurendeau dénonçait la dépendance économique du Québec entretenue par les vieux partis, qui étaient inféodés aux intérêts du capital étranger. Il estimait que le manque de capitaux des Canadiens français pouvait être compensé par la solidarité collective et que le coopératisme et le syndicalisme étaient les deux mouvements qui pouvaient le mieux assurer le développement économique du Québec.

La mise en valeur de nos ressources naturelles et en particulier du minerai de fer du Nouveau Québec sera le dossier économique auquel il portera le plus d'attention. Avec l'accroissement de la demande occasionnée par la guerre de Corée et l'épuisement des réserves américaines de minerai dans le Mesabi Range, les Américains, pour éviter la disette de matière première, se tournèrent vers les ressources du Nord québécois. Après l'élection de 1948, le gouvernement Duplessis concède à la Hollinger (qui deviendra plus tard l'Iron Ore Co.) l'immense territoire de l'Ungava. Cette décision scandalise les milieux nationalistes et progressistes. Laurendeau attaque durement Duplessis, l'accusant de faire du Québec une colonie d'exploitation pour le trust américain de l'acier :

> Non seulement il (Duplessis) a cédé à vil prix des ressources fabuleuses, mais il n'a exigé en retour aucune garantie. Le minerai de fer de la Hollinger s'en ira aux États-Unis, nous canaliserons le Saint-Laurent pour qu'il s'y rende plus facilement. Et une fois de plus, nous ramasserons les miettes[24].

L'entente prévoyait que durant la période d'exploration la compagnie devait payer 6 000 $ par année à la Province. C'était, de l'avis de Laurendeau, accorder une immense faveur à une compagnie américaine car, selon un aveu écrit du ministre des mines, cette exploration aurait dû rapporter plus de cinq millions de dollars en douze ans. La royauté d'exploitation, quant à elle, était fixée à un cent la tonne, ce qui rapporterait 100 000 $ par année au trésor provincial. C'était une bagatelle car en Angleterre la royauté avait été fixée à soixante cents la tonne. Cette affaire d'or pour les Américains était un marché de dupes pour les Québécois. Ce minerai à bon marché allait être exporté sans être transformé, pour nous revenir sous forme de voitures ou de poutres d'acier que nous paierions au prix fort :

> Je n'accuse pas la compagnie qui sert ses intérêts, il est dans la nature du loup de manger le mouton. Mais quand le mouton est mangé, c'est le berger qui est coupable — le berger gouvernemental, trop bien avec les grandes puissances d'argent et qui ne défend pas le bien commun dont il a charge [25].

Laurendeau n'acceptait pas que le Québec soit un simple pourvoyeur de minerai pour les hauts fourneaux de Pittsburg. La mise en valeur de nos ressources naturelles devait avoir des effets industrialisants et, dans cette perspective, le gouvernement aurait dû obliger la compagnie à faire sur place la transformation d'une partie de ce minerai. Il croyait que le contexte était favorable à la création d'une sidérurgie québécoise sur la Côte Nord [26]. Il revenait à l'État québécois de financer l'établissement de cette sidérurgie, «condition première de notre émancipation économique» [27]. Cette conception autocentrée du développement est une constante de la pensée nationaliste, qui a toujours refusé les rapports de domination tant politique que militaire ou économique. Elle procède en fait d'un refus systématique de l'impérialisme.

Comme éditorialiste, Laurendeau se distinguera de ses confrères et de la plupart des intellectuels de sa génération (à l'exception du groupe de *Cité Libre*) en privilégiant une perspective mondiale dans le traitement des questions internationales. Après la guerre, les horizons géopolitiques s'élargissent et débordent les frontières de la politique britannique et américaine. Il n'est plus possible, après 1945, d'ignorer ce qui se passe en U.R.S.S., en Asie et en Afrique, car les ondes de choc de la politique internationale se répercutent plus rapidement et plus directement sur la politique interne des États. Laurendeau a été sensibilisé très tôt à l'importance de la scène internationale par l'étude des luttes anti-impérialistes menées par le mouvement nationaliste, par ses contacts avec la gauche catholique française et par la lutte anticonscriptionniste qu'il a dirigée durant la Deuxième Guerre mondiale. Ces expériences l'ont convaincu de l'importance des informations internationales et de l'ouverture sur le monde. À cet égard, on peut dire que ses analyses de la politique internationale contribuèrent à la redéfinition de la conscience nationaliste car l'information internationale diffusée par *Le Devoir* éveilla les jeunes intellectuels québécois aux luttes des mouvements de libération nationale et à la problématique de la décolonisation.

En politique internationale, Laurendeau préconisait « le devoir de neutralité »[28]. Il suit en cela la tradition nationaliste qui, au nom de l'indépendance du Canada et de l'expérience historique de la domination militaire, a toujours été anti-impérialiste et antimilitariste. Henri Bourassa s'était, au début du siècle, opposé aux engagements automatiques du Canada dans les guerres de l'Empire britannique. Par la suite, le pacifisme et la politique de neutralité du Canada français avaient provoqué les deux crises de la conscription. Ce sentiment était encore plus vif après le traumatisme de la bombe atomique d'Hiroshima et devant l'éventualité d'une troisième guerre mondiale, qui hantait les esprits depuis le début de la guerre froide entre les États-Unis et l'U.R.S.S.

Il critique sévèrement la politique internationale du Canada qui, à son avis, se comporte comme un satellite des États-Unis. Au lieu de s'aligner sur la politique américaine, il estime que le Canada devrait participer à la formation d'un troisième groupe de pays non alignés qui maintiendrait un équilibre entre les deux superpuissances[29]. Il s'oppose en particulier à l'adhésion du Canada à une alliance défensive car celle-ci pousserait le Canada dans le camp de l'impérialisme occidental. Cette logique ne pouvait conduire qu'à la confrontation entre les deux blocs et menacer les souverainetés nationales. Il s'oppose à l'adhésion du Canada à l'Organisation du traité de l'Atlantique Nord (Otan) votée par le Parlement en mars 1949 car ce traité entraînait la participation automatique du Canada dès que les États-Unis entraient en guerre :

> Accepter l'automatisme, c'est nous lier étroitement à la politique de puissances sur lesquelles nous n'avons pas la moindre action, nous n'exerçons pas le moindre contrôle... Accepter l'automatisme, c'est encore admettre, de façon plus irrémédiable, la division du monde en deux camps et la faillite de l'ONU, c'est renforcer la solidarité dans la guerre éventuelle plutôt que la solidarité dans la paix encore possible[30].

Il se défendait bien de prêcher l'isolationnisme du Canada en politique étrangère. Il souhaite plutôt que le Canada adhère à des organisations internationales qui fassent contrepoids aux superpuissances. L'indépendance et la neutralité des pays de moyenne puissance étaient indispensables pour faire la guerre à la guerre et gagner la paix. Il pensait que le principe de la sécurité collective préconisé par Louis Saint-Laurent ne pouvait produire que la plus grande insécurité pour le Canada et mener le monde au suicide collectif. En politique internationale, il aurait préféré voir le Canada suivre l'exemple de l'Inde et s'engager sur le chemin de la troisième voie, celle de la neutralité :

> Nous trahissons notre devoir international de petite nation qui devrait nous associer à la politique pacificatrice de Nehru. Au lieu d'être parmi les États qui tentent de se dresser entre les deux colosses rivaux, nous nous marions plus étroitement avec la guerre... Pays moyen, adversaire par nature de tous les impérialismes, le Canada devrait se trouver, quand éclate une crise, du côté des médiateurs et non du côté des guerriers... Car voilà le dilemme où l'expansionnisme communiste et la politique de M. Truman sont en train d'enfermer le monde ; les peuples ont à choisir entre la soviétisation et la guerre... Les Indiens indiquent la troisième voie. Les Indiens recherchent avec obstination à être des médiateurs... L'Inde de Nehru, qui sur ces points, demeure l'Inde de Gandhi, a montré en face de la roublardise russe et de la rudesse américaine, une modération dont bien des États occidentaux auraient pu s'inspirer [31].

La guerre de Corée lui donnera l'occasion d'illustrer concrètement ses critiques de l'impérialisme américain et ses thèses neutralistes.

Il ne croit pas qu'en Asie on puisse vaincre le communisme par la guerre car en Occident comme en Orient cette idéologie se nourrit essentiellement des injustices que laisse subsister le capitalisme. Elle se répandra tant que la misère ne sera pas vaincue. C'est par des réformes sociales dans les pays de l'Ouest et par l'aide économique aux pays sous-développés que sa progression pourra être arrêtée. Plus la course aux armements s'amplifiera, plus le communisme progressera. Il faut plutôt faire appel au beurre qu'aux canons pour vaincre l'idéal marxiste.

Il dénonce vigoureusement l'excitation belliciste des partisans d'une croisade préventive contre l'U.R.S.S. qui réclament, pour ce faire, l'augmentation des budgets militaires et l'envoi d'un corps expéditionnaire canadien de 15 000 hommes en Corée pour défendre les intérêts américains [32]. Le Canada, écrit-il, a une « politique de caniche » [33] car le gouvernement canadien suit les moindres soubresauts de la politique américaine et il est le seul des États américains à le faire puisque les autres pays d'Amérique latine n'envoient pas de troupes en Corée. Il ridiculise la théorie de la sécurité américaine qu'utilisent les fauteurs de guerre pour justifier les prétentions des grandes puissances :

Si, au nom de la sécurité, les Américains ont le droit d'intervenir dans les affaires intérieures de la Chine et d'empêcher le gouvernement chinois de s'installer chez lui à Formose — alors, au nom de cette même sécurité — pourquoi les Russes et pourquoi surtout les Chinois ne pourraient-ils intervenir dans les affaires intérieures de la Corée.

Posé en ces termes, le problème est insoluble. Les grands empires de droite ou de gauche ont une faim insatiable de sécurité au mépris de la sécurité des autres... au bout du raisonnement, on arrive à ceci : que la sécurité de l'un postule la destruction de l'autre, et la réciproque est vraie... Au bout de cette route, il y a l'enfer de la guerre totale à l'échelle planétaire. C'est-à-dire qu'au bout de la route de la sécurité, il y a l'insécurité absolue [34].

Il récuse l'utilisation de la force dans le règlement des différends internationaux et même s'il s'oppose au communisme il préfère la coexistence pacifique aux aventures guerrières [35].

Conquérir la paix, rester neutre, ne pas s'aligner sur une grande puissance, aborder chaque conflit de façon indépendante, ne pas céder à l'automatisme des alliances, défendre la souveraineté nationale et libérer les peuples assujettis, tels étaient les principaux leitmotive de Laurendeau en politique internationale.

Il est convaincu qu'il n'est plus possible, pour les Canadiens français, de continuer à vivre repliés sur eux-mêmes, sans s'intéresser aux affaires du monde, d'autant plus qu'il prévoit que l'arrivée de la télévision provoquera un changement de mentalité, soit en favorisant l'acculturation, soit en développant une conscience critique. La cause de la paix dépendait, dans une large mesure, dans les sociétés occidentales, du développement de la conscience politique des citoyens et d'une opinion publique informée et vigilante. Connaître et comprendre les autres était la meilleure façon d'enrayer les propagandes bellicistes. Dans cette perspective, la télévision plus que le journalisme pouvait décupler l'impact d'une action éducative sur les masses, action qui réduirait les risques de guerre en diffusant des connaissances sur le mode de vie des autres peuples.

Il accepte donc, à l'automne 1952, de participer à la première saison de Radio-Canada, qui lui propose d'animer un programme consacré à la découverte du monde. Cette expérience devait être temporaire et ne durer que cinq ou six semaines mais l'émission « Pays et Merveilles » restera à l'affiche jusqu'en 1959. Pendant sept ans, cette émission sera, pour de nombreux Québécois, leur seule fenêtre sur le monde. Ils pouvaient y voir et y entendre des voyageurs raconter les autres peuples.

Pendant les trois premiers mois, animateur et invités se tenaient debout. Les répétitions duraient de 10 heures à 20 heures car il était interdit d'utiliser un aide-mémoire en ondes de sorte que tout devait être appris par cœur. Le maquillage était si épais qu'en séchant sous les réflecteurs il les empêchait de sourire[36]. Laurendeau, durant l'émission, avait constamment une cigarette à demi consumée à la bouche. Il écoutait son invité avec un demi-sourire candide, les paupières plissées, le regard ébloui par la lumière trop vive des projecteurs, les jambes croisées et le corps penché reposant sur un seul coude. Il s'imposait le plus de discrétion possible afin de laisser le champ libre à son interlocuteur. Avec le père Ambroise Lafortune, c'est tout juste s'il arrivait à placer un mot tant l'enthousiasme de celui-ci était irrépressible. Si l'invité séchait, alors Laurendeau intervenait pour le relancer avec la formule consacrée : « Alors si j'ai bien compris... » et il reprenait l'exposé que l'invité lui avait débité durant la répétition. Pour briser la monotonie, le réalisateur, Jean-Paul Fugère, projetait des images du pays décrit par l'invité. Malgré le statisme de la mise en scène, les téléspectateurs étaient fascinés par les images de ces contrées exotiques que peu de Québécois connaissaient, les voyages n'étant pas encore à la mode. Le monde venait à eux ; de leur salon, ils pouvaient contempler l'œuvre des Pharaons, assister à la révolution cubaine, connaître l'Amérique latine ou encore pénétrer dans l'igloo de l'Inuk.

L'introduction de la télévision constituait une des prémisses de la mutation culturelle de la société québécoise car elle mettait fin au monolithisme idéologique en ouvrant aux forces de contestation l'accès à un appareil idéologique dont la capacité hégémonique était beaucoup plus grande que celle des canaux de communication utilisés par l'élite traditionnelle. Désormais, les réseaux de transmission des valeurs ne sont plus contrôlés par l'Église mais par une élite laïque qui utilise le processus de modernisation pour établir un nouveau pouvoir. Le petit écran rendait flagrant le contraste entre le système de valeurs traditionnelles et l'évolution du monde réel et permettait aux intellectuels progressistes de concurrencer les anciennes forces de socialisation : l'Église, l'école, les partis politiques. Radio-Canada procurait l'autonomie indispensable aux intellectuels pour qu'ils puissent utiliser la critique et la contestation comme source d'autorité et de pouvoir. Cette nouvelle hégémonie idéologique fut d'autant plus efficace que Radio-Canada eut le monopole des ondes jusqu'à la création de Télé-Métropole en 1962. De plus, la société Radio-

Canada étant un organisme fédéral, elle servait de refuge et de haut-parleur aux pourfendeurs du duplessisme. Les téléspectateurs voyaient défiler aux émissions d'affaires publiques tous les adversaires du régime, Jean Marchand réalisant l'exploit d'être vu le même jour à trois émissions différentes [37]. Pour l'intelligentsia, Radio-Canada était le principal relais de transmission de la nouvelle vision du monde. La nouvelle classe s'en servira comme tremplin pour accéder au pouvoir avec la Révolution tranquille.

Dans les années cinquante, l'école était encore la forteresse de l'Église mais elle montrait des signes de plus en plus évidents de défaillance car ses cadres n'offraient plus les ressources humaines et matérielles adéquates pour répondre aux besoins d'une société moderne. L'enseignement humaniste et l'incohérence des structures et des programmes rendaient le système scolaire dysfonctionnel par rapport aux besoins de main-d'œuvre d'une économie industrialisée et tertiarisée.

L'éducation a toujours été une des préoccupations principales des nationalistes car elle devait non seulement assurer la persistance de notre identité nationale, mais aussi servir de levier de développement et d'émancipation collective. Obnubilés par le mythe de la compétence, les nationalistes pensaient que le salut de la nation viendrait de la formation d'une cohorte d'hommes d'affaires et de gestionnaires compétents. Il suffisait d'être compétent et éduqué pour réussir.

Si, dans les années cinquante, leur stratégie de promotion individuelle et collective demeure fondée sur l'éducation, ils commencent à mettre en doute l'efficacité des structures traditionnelles. Ils ne suivent pas Duplessis lorsqu'il affirme que le système d'éducation au Québec est « aussi bon sinon meilleur que dans le reste du pays » [38]. Ils commencent à prendre conscience des déficiences du système scolaire, qui préparait des générations de manœuvres et de chômeurs puisque le Québec occupait le dernier rang parmi les provinces canadiennes pour la fréquentation scolaire des jeunes ayant entre 15 et 19 ans. Laurendeau, de sa tribune d'éditorialiste, préconisa une réforme en profondeur de notre système d'enseignement.

Duplessis avait déclaré à Trois-Rivières, en 1947, que l'enfant appartenait d'abord aux parents. Puisque les droits des parents en matière d'éducation étaient inaliénables, il leur revenait de remplir leur devoir et d'assumer le coût de l'éducation de leurs enfants. Dès lors, la gratuité scolaire au secondaire était inacceptable en vertu du principe de la responsabilité individuelle et, en conséquence, l'État n'avait pas le droit de s'ingérer dans l'éducation. Laurendeau, même s'il défend les droits des parents et l'autonomie locale en éducation, ne se laisse pas éblouir par les sophismes du premier ministre. Il ne peut s'empêcher de souligner les contradictions de Duplessis qui s'ingère, de façon arbitraire, dans l'enseignement en se réservant le droit de purger les institutions d'enseignement de ceux qu'il juge indésirables. Même s'il n'était pas d'accord avec les idées exprimées par Borduas dans le *Refus global,* il proteste énergiquement contre son renvoi de l'École du meuble.

> Nous intervenons d'autant plus vivement que M. Borduas est pour nous, sur le plan intellectuel et moral, un adversaire, et que personne ne peut s'imaginer que nous défendons un ami [39].

Il critique le contrôle politique que le gouvernement exerce dans l'éducation supérieure et les atteintes à la liberté d'expression qui en découlent.

Mais s'il reconnaît que l'éducation revient premièrement aux parents et que l'Église doit y jouer un rôle sur le plan spirituel et moral, il constate qu'à Montréal et à Québec les parents ne participent aucunement à la direction des écoles car la majorité des commissaires sont nommés par le gouvernement et ces nominations sont faites selon des critères arbitraires qui relèvent de considérations purement politiques.

Même s'il craint les effets néfastes de l'étatisme, il en vient à la conclusion que l'éducation ne pourra sortir de son marasme et se développer que par la création d'un ministère de l'Éducation [40] qui résoudrait les problèmes structurels de notre système d'enseignement, en améliorant le financement des institutions d'enseignement, en coordonnant les différents programmes et en favorisant la démocratisation de l'accès à l'enseignement supérieur. Il définissait ainsi les prémisses de la réforme de l'éducation qui sera réalisée dans la décennie suivante.

Il s'intéressera de près à la situation des collèges classiques qui n'avait pas changé depuis les années vingt. Laurendeau ne fait pas porter au clergé la responsabilité de notre infériorité économique mais il reconnaît l'urgence d'une réforme car il estime que les ressources cléricales ne pouvaient constituer un bassin de recrutement suffisant pour engager de bons professeurs. Il n'y avait plus de raisons, à son avis, pour que le monopole religieux sur l'enseignement persiste, d'autant plus que les clientèles scolaires s'accroissaient et que les universités produisaient maintenant des professeurs laïcs qualifiés. L'ouverture des collèges classiques aux professeurs laïcs était une condition indispensable à la formation d'une nouvelle élite intellectuelle. Le recrutement de professeurs laïcs impliquait une transformation radicale de l'appareil scolaire car cela supposait un accroissement des ressources financières des collèges, ces professeurs ne pouvant subsister avec les maigres salaires que les institutions payaient aux religieux et aux religieuses. À ce sujet, Laurendeau allait même jusqu'à soutenir que le travail intellectuel devait être mieux rémunéré que le travail manuel car il était plus productif pour la société[41]. Cela supposait une révision du mode d'attribution des subventions aux collèges classiques qui, jusque-là, étaient soumis à l'arbitraire gouvernemental. Laurendeau exigeait des critères plus objectifs et rationnels :

> Il faudrait, écrit-il, donner à l'octroi annuel le caractère d'une subvention automatique et tenir compte à la fois du nombre des élèves qui fréquentent une institution et des professeurs qui y sont attachés[42].

Il était aussi favorable à la démocratisation du cours classique. L'enseignement ne devait pas être le privilège de l'argent :

> Mais ce qui est injuste, ce qui nous révolte, c'est que l'enfant doué ne puisse obtenir la formation qui lui permettrait de donner sa mesure. C'est que, dans bien des cas, la fortune du père décide de la vocation du fils ou de la fille... C'est que, dans une certaine mesure, l'enseignement reste le privilège de l'argent[43].

Pour établir l'égalité des chances, il préconisait la création d'un système de bourse au mérite qui permettrait d'ouvrir l'université aux fils et aux filles des milieux ouvriers, ou encore l'ouverture de sections classiques dans les écoles publiques. À tout le moins, il fallait rendre l'enseignement secondaire gratuit[44].

Il était aussi ouvert à l'idée de moderniser les programmes d'enseignement. La rigidité du système ne correspondait plus à la complexité de la vie moderne. À certains égards, la formation gréco-latine était désuète et devait être réformée pour faire une place plus grande aux sciences. Laurendeau était convaincu que l'avenir de la nation exigeait qu'on prépare les jeunes aux carrières scientifiques. Le

Québec devait, entre autres, former des ingénieurs canadiens-français, s'il ne voulait pas rester à la périphérie du monde industriel :

> Car la fonction de l'ingénieur est devenue capitale dans le monde industriel. Nous continuons donc largement de rester en marge du développement industriel de notre pays et de notre province. Toute réorganisation de l'enseignement doit tenir compte de cette carence [45].

Il revenait à l'État provincial de prendre les mesures nécessaires pour rattraper le retard et offrir aux jeunes les possibilités d'entreprendre des carrières scientifiques qui assureraient leur promotion sociale et le progrès de la nation.

Même si l'Union nationale ne comprend pas cette nécessité, Laurendeau s'oppose à ceux qui sont prêts à accepter l'ingérence du gouvernement fédéral dans l'éducation supérieure en échange de subsides aux universités. Il refuse, de façon catégorique, d'aliéner les droits du Québec pour de l'argent. Il n'accepte pas la subtile distinction que fait le père Lévesque, pour la Commission Massey, entre éducation formellement scolaire et culture. Cette distinction opère un découpage arbitraire qui n'a pour seule raison que de légitimer l'envahissement du champ culturel par le gouvernement fédéral. La culture et l'éducation ne sont pas synonymes mais, étant étroitement reliées et dans la mesure où elles relèvent de l'État, elles doivent au Canada relever de l'État provincial [46].

L'éducation étant de juridiction provinciale, il recommande aux universités de refuser les subventions d'Ottawa. Il n'accepte pas non plus qu'Ottawa transfère cet argent à la province pour qu'elle le redistribue car, à son avis, un subside fédéral pourrait vouloir dire une tutelle indirecte ; il y aurait en effet des normes à respecter et celles-ci seraient fixées à Ottawa en fonction d'objectifs pancanadiens. Ce serait entrer en servitude, dit-il, car nous serions alors dans l'impossibilité de définir, pour l'enseignement supérieur, les priorités correspondant à nos besoins spécifiques. Il faut plutôt obliger la province, qui a les ressources nécessaires, à investir celles-ci dans l'éducation et non pas uniquement dans les travaux de voirie. En 1952, les dépenses du gouvernement du Québec pour le transport représentaient 31,6 p. 100 des dépenses totales alors que le budget de l'éducation n'en représentait que 16,3 p. 100 [47]. Le développement de l'éducation n'était pas une question d'argent mais de volonté politique.

À partir de dossiers concrets, comme ceux de l'éducation, du logement, de la sécurité sociale et de la fiscalité, Laurendeau élabore les paramètres d'un nationalisme positif et dynamique qui s'appuie sur la défense de l'autonomie provinciale, qui est la pierre angulaire de sa pensée constitutionnelle. Pour Laurendeau, le Canada est une confédération, ce qui signifie que l'État fédéral est la somme des pouvoirs de l'État central et des États provinciaux. C'est donc un système à souveraineté partagée où chaque niveau de gouvernement doit avoir l'autorité suprême dans sa sphère de compétence. L'État central n'est pas l'État canadien, il n'en est qu'une partie :

> Qu'est-ce que l'État canadien ? C'est l'ensemble des pouvoirs politiques, c'est-à-dire l'État central et les États provinciaux. Ceux-ci ne sont pas, devant celui-là, des pouvoirs subalternes dans les sujets qui sont de leur compétence. Ils traitent entre eux d'égal à égal [48].

Ce principe de souveraineté partagée et d'égalité politique entre les niveaux de pouvoir se justifie par l'existence historique de deux peuples fondateurs et par la réalité sociologique de deux cultures distinctes. De plus, la décentralisation politique se justifie, à son avis, parce qu'elle rapproche le pouvoir du peuple, ce qui favorise une meilleure adéquation entre les besoins réels et les politiques. Laurendeau invoque aussi la philosophie personnaliste pour étayer sa conception du fédéralisme :

> Notre époque de rationalisation extrême réclame la centralisation au nom de l'efficiency : elle est prête à noyer la personne dans une mer d'uniformité. Nous nous rattachons à une philosophie plus humaine... nous pensons que le citoyen gagne infiniment à n'être pas écrasé sous le poids d'un pouvoir unique [49].

Laurendeau est fédéraliste par conviction, par idéal, parce qu'il estime que le partage des pouvoirs crée un équilibre qui protège mieux la liberté des citoyens que le cadre d'un État unitaire. Mais il est conscient de la fragilité de cet équilibre constamment menacé par les tendances centrifuges et centripètes qui se manifestent forcément lorsqu'il y a inégalité dans les rapports de force.

Cette théorie constitutionnelle ne s'inscrivant pas dans les faits, il est aux prises avec un dilemme insoluble. Il est en effet obligé de dénoncer les progrès constants de la centralisation des pouvoirs en invoquant l'autonomie des provinces, tout en défendant le système fédéral contre ceux qui poussent la logique de la décentralisation jusqu'à la séparation. Il s'oppose au séparatisme au nom du fédéralisme coopératif alors que celui-ci est nié par la pratique même de l'État central. Il se définit comme autonomiste par rapport aux centralisateurs et comme fédéraliste par rapport aux séparatistes. En termes plus contemporains, sa position constitutionnelle se résumerait à revendiquer un Québec fort dans un Canada décentralisé. Il s'agissait avant tout pour lui de préserver l'autonomie provinciale :

> L'autonomie provinciale, c'est l'assurance donnée aux États provinciaux, dans les domaines qui leur sont propres, que leur décision sera dernière et leur volonté souveraine. Elle s'appuie sur la lettre de la Constitution et sur des décisions capitales de nos plus hautes cours de justice. Elle est conforme à l'esprit de l'Acte de l'Amérique du Nord britannique et prend, dans notre province, une signification très nette : le régime de 1867 a prévalu pour permettre aux Canadiens français du Québec le gouvernement autonome qui leur garantira la possibilité d'avoir des lois et des institutions sociales conformes à leurs besoins comme à leur mentalité. Elle suppose que ces pouvoirs demeurent intacts et intacts également les moyens financiers de les réaliser [50].

Sur cette dernière question, il approuve l'attitude du chef de l'Union nationale qui affirme l'autonomie du Québec contre les tentatives d'empiètement du fédéral et qui lutte pour ramener au Québec les pouvoirs de taxation extorqués durant la guerre. Mais il estime que la position défensive de Duplessis est insuffisante, que ses luttes négatives ne peuvent aboutir qu'à des reculs. Il préconise plutôt une stratégie offensive par laquelle l'État provincial doit occuper le terrain des nouvelles zones de juridiction avant que l'État fédéral intervienne. Ainsi lorsque les provinces ont hésité à reconnaître que le chômage était un fléau endémique dans l'économie moderne, le fédéral a pris les devants et a créé son programme d'assurance-chômage. Les États provinciaux doivent utiliser leurs pouvoirs et créer de nouveaux programmes. Mais pour ce faire, ils doivent d'abord récupérer leurs impôts.

Le Québec est plus qu'un État provincial. Il est différent des autres provinces canadiennes car il représente une nation. L'État du Québec est responsable non seulement de ses citoyens mais aussi de toute la diaspora canadienne-française :

> Grâce à la Confédération, il y a un État où nous demeurons la majorité, où nous pouvons nous donner la politique qui répond à nos idées et à nos intérêts. Dans la mesure où l'État du Québec est diminué, dans cette mesure nous perdons cette possibilité. Québec, c'est la réalité politique à laquelle s'accroche notre destin de peuple [51].

Non seulement il estime que le Canada est un pays biethnique et biculturel où coexistent deux sociétés distinctes, mais il soutient que chaque nation doit s'appuyer sur un État distinct. Il ne reconnaît pas à l'État central le droit de représenter les francophones :

> Certains voudraient remettre à Ottawa des responsabilités nouvelles en matière de culture ; du même coup, ils prétendent obtenir du gouvernement central un meilleur traitement pour le français. Cela risque d'être un jeu de dupes. Car non seulement c'est trahir l'esprit du fédéralisme, mais c'est remettre à une majorité anglo-protestante la haute main sur une partie de notre vie culturelle [52].

Il met les minorités vivant hors du Québec en garde contre la tentation de réclamer l'intervention d'Ottawa dans les champs de compétences provinciales parce qu'elles n'obtiennent pas justice dans les provinces anglophones :

> Il faut que les Canadiens français soient quelque part une majorité. Ils le sont dans le Québec. Là ils sont en possession de l'État provincial (et faut-il rappeler qu'ils n'en ont jamais abusé pour malmener qui que ce soit, bien au contraire ?) Rogner ailleurs les pouvoirs provinciaux, c'est les diminuer dans le Québec ; dans l'éducation, nous ne pourrions l'admettre parce que ce serait aller contre le bien commun de la nation [53].

Cette attitude équivaudrait à lâcher la proie pour l'ombre. Le Québec est le seul État national des Canadiens français parce que c'est le seul endroit où les francophones sont en majorité et peuvent maîtriser leur destin collectif. L'État canadien ne peut se substituer à l'État québécois car à Ottawa nous sommes minoritaires et la loi du nombre joue infailliblement contre nous, en nous empêchant de déterminer notre avenir. La dualité culturelle doit s'accompagner d'une dualité politique. Le maintien de ce dualisme de représentation conditionne la survie du Canada :

> Nous voulons un Canada libre et indépendant. Nous voulons des provinces libres dans leur domaine. Nous voulons l'un et l'autre indissolublement et nous demandons qu'on ne nous oblige pas à choisir [54].

Cette prise de position laisse sous-entendre que si l'autonomie provinciale était remise en cause, par un processus de centralisation, l'allégeance des Canadiens français devrait se concentrer sur leur État national : le Québec. Si jamais l'équilibre des pouvoirs était modifié en faveur de l'État central, cela signifierait pour Laurendeau une rupture unilatérale du pacte entre les deux nations. Il est convaincu qu'une trop grande centralisation ferait éclater le Canada qui, à cause de sa diversité ethnique et de ses dimensions géographiques, a besoin d'une structure de pouvoirs décentralisée [55]. Même s'il ne l'affirme pas explicitement, on peut déduire de son analyse qu'il estime que, dans une telle éventualité, les francophones n'auraient pas d'autre choix que de se séparer. Cette interprétation est légitime si on examine ses positions sur la formule d'amendement à la Constitution.

En 1949, Louis Saint-Laurent veut profiter du climat favorable créé au Québec par l'arrivée au pouvoir d'un francophone afin de rapatrier au Canada le pouvoir d'amender la Constitution. Il convoquera, à cette fin, une conférence fédérale-provinciale, le 10 janvier 1950. Laurendeau écrit alors plusieurs éditoriaux où il développe ses thèses constitutionnelles. Il s'objecte d'abord au projet du premier ministre canadien qui visait à faire de la Cour suprême du Canada un tribunal de dernière instance en matière constitutionnelle car les juges à ce tribunal étant nommés par le gouvernement fédéral, ils auront tendance, dit-il, à penser comme lui et à favoriser la centralisation au détriment de l'autonomie des provinces. Il doute de l'impartialité de l'arbitre car celui-ci dépendrait d'un des deux ordres de gouvernement :

> Reconnaître à l'une des deux autorités le pouvoir de nommer les arbitres suprêmes entre les deux États... c'est bel et bien découronner le système, c'est bel et bien rompre l'harmonie au bénéfice de celui qui a le pouvoir de nommer [56].

Il estime de plus que le projet de Saint-Laurent est inacceptable car il réserve au Parlement fédéral le pouvoir d'amender la Constitution sur les sujets fédéraux et prévoit une simple consultation des provinces lorsqu'il s'agit de sujets relevant de leur juridiction. Ce projet signifie, pour lui, un recul majeur pour les Canadiens français car il remet en cause l'entente entre les deux nations en ne reconnaissant pas au seul représentant légitime des francophones, l'État du Québec, un droit de veto sur les changements constitutionnels :

> Puisque l'État canadien, écrit-il, est constitué par la synthèse de deux pouvoirs, c'est à l'État canadien tout entier (et non pas à l'une de ses parties, l'État central), que doit revenir le pouvoir de modifier la Constitution...
>
> La Confédération étant et devant rester un pacte entre deux nationalités, on ne saurait se débarrasser du seul État dont la nationalité canadienne-française est maîtresse [57].

Il refuse de transférer à Ottawa la responsabilité de protéger les droits de la langue française, les droits en matière d'éducation de même que toute la série des droits concernant les minorités. Ce transfert serait, à ses yeux, un marché de dupes car « Nous gagnerions à Ottawa où nous sommes minoritaires ce que nous perdons à Québec où nous sommes majoritaires »[58]. Il pense que ces droits devraient être déclarés imprescriptibles et qu'ils ne devraient pas être modifiés sans l'accord unanime des provinces. Il favorise donc la règle de l'unanimité en ces matières. Au sujet de la formule d'amendement proprement dite, il se rallie à celle que proposait Paul Gérin-Lajoie car elle équivalait à un droit de veto pour le Québec ; elle exigeait l'adhésion des deux tiers des membres des Chambres fédérales et l'accord de sept provinces sur dix, le Québec et l'Ontario devant obligatoirement être du nombre des provinces consentantes. La conférence constitution-nelle de 1950, comme toutes celles qui allaient suivre, ne put arriver à un consensus sur la formule d'amendement. Cette négociation ayant échoué faute d'avoir obtenu l'unanimité des participants, cela démontrait au moins dans les faits que la règle de l'unanimité était acceptée pour l'adoption d'une formule d'amendement.

Ses convictions autonomistes et sa vision d'un Canada décen-tralisé furent renforcées par un voyage qu'il fit à travers le Canada à l'automne 1955. La société Radio-Canada (réseau anglais) l'avait invité à passer six semaines dans l'Ouest pour effectuer une série de reportages sur la réalité canadienne et la vie des minorités franco-phones. Il a relaté ses impressions de voyage dans une lettre à Neil Morrisson :

> Le voyage m'a fait comprendre les grandeurs et les misères de notre pays. Nous avons traversé d'immenses régions aussi diverses qu'étendues, si l'étendue et la diversité d'un pays peuvent exprimer sa force et sa richesse, ils signifient, en même temps, sa fragilité... Alors, je suis comme saint Paul, je suis deux hommes en moi ; l'un très fier de ce que son pays s'étende comme vous disiez « a mari usque ad mari », l'autre fort mal à l'aise de faire partie d'un pays dénué à ce point d'unité géographique... nous habitons un pays essentiellement divers composé de parties qui ne se ressemblent pas. Quelle doit être la politique d'un tel pays ? Son être même le lui dicte. Elle devra être souple et son gouvernement central devra laisser aux autorités locales ou provinciales une forte dose d'autonomie. Vouloir unifier à tout prix, en d'autres termes, obtenir l'unité par l'écrasement systématique de l'une ou de plusieurs de ses parties (tant au point de vue économique, social que culturel et politique) ou bien ce serait appauvrir le Canada ou bien, ce qui paraît plus vraisemblable, ce serait provoquer l'éclatement de la confédération parce que certaines provinces, plutôt que d'étouffer, préfé-reraient la sécession [59].

Cette vision du Canada est constante dans la pensée de Laurendeau qui incarne l'idéal du nationalisme canadien-français. Cet idéal réconcilie l'affirmation de l'indépendance du Canada chère à la tradition bourassienne et le principe de la dualité culturelle instituée politiquement dans l'autonomie provinciale, principe défendu par Lionel Groulx et ses disciples. Le respect de la dualité culturelle est la pierre d'assise de l'indépendance du Canada car il y a, pour Laurendeau, deux dangers qui menacent le Canada.

En premier lieu, pour ne pas être victime de l'américanisation de sa culture et maintenir une existence politique indépendante, le Canada anglais se devait de renforcer sa spécificité culturelle et de développer une identité nationale fondée sur les traditions britanniques. En second lieu, il estime que l'existence du Canada demeurera problématique tant que la majorité anglo-saxonne ne reconnaîtra pas de droits historiques à la minorité francophone. Le Canada, à son avis, ne doit pas reproduire la politique américaine du melting pot, car elle impliquerait, à long terme, l'assimilation des francophones et la disparition de la spécificité culturelle canadienne. Le biculturalisme est donc indispensable à la survie du Canada car les deux nations dépendent l'une de l'autre et elles ont intérêt à s'accepter mutuellement. Cette dépendance réciproque commande un rapport d'égalité entre les deux peuples qui peut seul garantir l'unité et l'indépendance du Canada. Cette dialectique subtile définissait implicitement la stratégie du nationalisme de conservation. Il s'agissait de négocier d'égal à égal la reconnaissance juridique et politique de l'existence des deux peuples fondateurs en faisant abstraction du rapport majorité-minorité. Le Canada ne pouvait survivre que si les francophones avaient les droits et les pouvoirs nécessaires à leur développement ; en conséquence, il revenait au Canada anglais de faire les concessions indispensables pour sauver le Canada. Dès lors, puisque le Québec était le foyer national des Canadiens français, il fallait qu'on lui rétrocède les pouvoirs et les ressources lui permettant de jouer pleinement et efficacement son rôle d'État national. Selon le raisonnement de Laurendeau, la survie des minorités françaises exigeait un Québec fort et, en même temps, l'accroissement des pouvoirs du Québec était une condition indispensable à la survie du Canada. Les chances du Québec et du Canada de vivre l'un sans l'autre étaient beaucoup plus grandes pour le Québec qui, comme entité collective, pouvait résister avec plus de succès à la force d'attraction de la puissance américaine. En définitive, seule la spécificité culturelle canadienne-française était en mesure de compenser la faible identité nationale des Canadiens anglais et d'empêcher l'intégration du Canada aux États-Unis. Il ne lui restait plus qu'à convaincre le Canada anglais du bien-fondé de cette conclusion et des changements constitutionnels qu'elle supposait. Cette mission impossible le conduira sur le chemin tortueux de la Commission d'enquête sur le bilinguisme et le biculturalisme.

Dans le contexte de la politique québécoise des années cinquante, les intellectuels progressistes et nationalistes n'avaient qu'un pouvoir d'influence très limité car leurs positions sociales ou constitutionnelles n'avaient pas de support politique, et ne pouvaient servir à définir les enjeux des luttes électorales. Certes, sur le plan des revendications constitutionnelles, Laurendeau applaudit les positions de principe du chef de l'Union nationale mais il juge sa tactique désastreuse car il reproche à Duplessis de ne jamais formuler de contrepropositions aux projets d'Ottawa. Il lui sait gré de n'avoir pas cédé au chantage d'Ottawa et d'avoir refusé la chaîne d'or des compensations fiscales ; s'il la compare à l'«aplaventrisme» du Parti libéral, il ne peut que souscrire à l'attitude du premier ministre : cependant, il estime que sa défense de l'État provincial est plus verbale que concrète parce qu'elle s'appuie sur une vision conservatrice de la politique sociale et du rôle de l'État. Même s'il est d'accord avec la défense de l'autonomie provinciale, Laurendeau n'aura aucune complaisance envers le gouvernement de l'Union nationale qui est, à ses yeux, un vieux parti au service des intérêts financiers qui alimentent sa caisse électorale. Pour cette raison, l'Union nationale ne peut mettre de l'avant une politique sociale qui réponde aux exigences d'une société moderne et qui procède d'un nationalisme positif.

Il fustige avec vigueur l'inertie du gouvernement qui, au nom d'un antiétatisme désuet, accentue les retards de la société québécoise. La position de Laurendeau sur le rôle de l'État est nuancée. Il n'en fait certes pas une panacée universelle mais il reconnaît que le recours à l'État est devenu une nécessité pour assurer le développement de la société québécoise [60]. Il s'avance prudemment sur ce terrain miné. Si l'État doit assumer de nouvelles responsabilités parce qu'il est seul à pouvoir remplir certaines fonctions, son intervention ne doit pas conduire à l'absorption complète par l'État de ces secteurs d'activités. Il admet le rôle de suppléance de l'État, mais lorsque celui-ci est appelé à se substituer aux initiatives privées, il ne doit pas pour autant les avaler ; surtout dans le domaine de l'éducation où sont en jeu des valeurs morales et intellectuelles. Il se méfie de l'intervention de l'État dans l'éducation car il craint les mesures arbitraires et le favoritisme.

Toutefois, il réclame une intervention modérée de l'État pour réduire les inégalités sociales car l'entreprise privée a démontré qu'elle était inadéquate pour répondre efficacement aux problèmes sociaux. Une abstention systématique de l'État dans les affaires sociales serait de l'irresponsabilité. À cet égard, il dénonce Duplessis qui s'oppose à l'assurance-maladie obligatoire en prétextant que la solution des problèmes sociaux doit être laissée à l'individu et à l'entreprise privée. Il récuse ce point de vue rétrograde car il a des preuves tangibles des insuffisances de la charité individuelle. Il favorise donc une plus grande intervention de l'État pour soulager la misère en effectuant une meilleure redistribution de la richesse collective. Il s'agissait de trouver un équilibre entre la satisfaction des besoins et le maintien du sens des responsabilités. Il conservait certaines réticences à l'égard de l'État providence car il craignait que cet État, en prenant en charge systématiquement et complètement les besoins de l'individu, ne détruise l'esprit d'initiative et ne conduise à la dépersonnalisation.

Si un nationalisme positif devait s'appuyer sur la revalorisation du rôle de l'État, celui-ci, pour être opérant et offrir une gestion rationnelle, devait procéder à une modernisation de la fonction publique. À son avis, il fallait, de façon urgente, mettre fin au patronage dans le recrutement du personnel administratif et établir un système de concours qui sélectionnerait les candidats les plus compétents. Mais pour attirer des fonctionnaires compétents, il fallait, en plus, leur offrir des salaires correspondant à leur qualification. Dans les années cinquante, non seulement les fonctionnaires provinciaux étaient parmi les cols blancs les plus mal payés au Québec, mais, en outre, ils exerçaient leur métier dans la plus grande insécurité, étant à la merci de décisions arbitraires des politiciens. Une telle situation était, pour Laurendeau, lourde de conséquences [61] car elle éloignait les jeunes Québécois compétents de la fonction publique provinciale. Or, cette situation était désastreuse pour le Québec, d'une part parce que toute bonne administration repose sur des fonctionnaires compétents et, d'autre part, parce que le Québec était engagé dans une lutte incessante contre l'État fédéral qui, pour disposer des meilleurs esprits, offrait des conditions alléchantes à nos jeunes diplômés. Cette réforme de l'administration publique provinciale s'imposait non seulement pour enrayer cette hémorragie de matière grise, mais aussi pour assurer le renouveau du rôle de l'État, si nécessaire à la modernisation de la société québécoise.

Dans la deuxième moitié de la décennie cinquante, les oppositions entre *Le Devoir* et le régime Duplessis sont plus tranchées et les critiques deviennent presque systématiques. Laurendeau et Pierre Laporte dénoncent en particulier les attitudes antidémocratiques de l'Union nationale, qui abuse de son pouvoir à l'Assemblée législative. Les exemples d'autocratie abondent. Les débats sont menés par le premier ministre et non par l'orateur. Les procédures parlementaires sont manipulées afin de brimer les droits de l'opposition. Il y a dégénérescence des mœurs politiques et du travail parlementaire car les budgets et les projets de loi sont étudiés à la sauvette, ce qui dessert en fin de compte le bien public [62]. Laurendeau eut des mots très durs contre le chef de l'Union nationale, le qualifiant de « roi nègre ». Les dénonciations soutenues du scandale du gaz naturel [63] et l'affaire Roncarelli [64] poussèrent à la limite la détérioration des relations entre *Le Devoir* et le pouvoir provincial. L'animosité de Duplessis était à ce point exacerbée qu'il expulsa de sa conférence de presse hebdomadaire le journaliste du *Devoir*, Guy Lamarche. On raconte même que Duplessis avait interdit aux employés de la fonction publique de lire *Le Devoir*.

Même si Laurendeau vilipendait l'Union nationale, il ne considérait pas pour autant le Parti libéral comme une alternative politique valable. Depuis sa contestation du régime Taschereau et de la conscription, il ne s'était jamais réconcilié avec les libéraux parce qu'ils étaient inféodés aux politiques centralisatrices du parti frère d'Ottawa. Il refusait sa confiance à un parti qui avait collaboré à la dépossession des droits du Québec. Même s'il abhorrait le régime Duplessis, il ne soutenait pas le ralliement des forces antiduplessistes au parti dirigé par G. Émile Lapalme, parce que ce dernier ne prenait pas la défense de l'autonomie provinciale. Lapalme avait commis l'erreur de s'opposer à l'impôt provincial sur le revenu.

> L'avenir immédiat du Parti libéral provincial est sombre. Son grand frère outaouais lui permet de prolonger son existence, mais non de vivre. Sans Ottawa, il pourrait ou déchoir rapidement, et libérer une position que d'autres occuperaient, ou se renouveler de fond en comble, et attirer des éléments jeunes et agressifs. Il y a ainsi des parentés trop éclatantes à l'ombre desquelles on végète sans arriver à vivre ni à mourir [65].

Laurendeau fustige autant le parti au pouvoir que le Parti libéral car ils sont tous les deux asservis à la haute finance qui alimente leurs caisses électorales et n'ont pas de programmes politiques consistants et cohérents à présenter aux électeurs. Il estime que le programme social du Parti libéral n'est pas plus avancé que celui de l'Union nationale et qu'il n'est pas vraiment favorable aux ouvriers. Enfin, les structures politiques du Parti libéral ne sont pas plus démocratiques que celles de l'U.N. et ses mœurs politiques ne sont pas plus recommandables. L'un et l'autre favorisent l'esprit de parti, qui ne peut que desservir l'intérêt public. Ils ne peuvent donner au Québec que des gouvernements conservateurs.

Laurendeau ne croyait pas à la capacité de renouvellement interne du Parti libéral. La gauche devait chercher ailleurs un moyen d'expression politique. Il favorisait à cet égard la création d'un nouveau parti provincial qui regrouperait les forces d'opposition. Après dix ans de retraite politique et de réflexion, l'urgence d'agir pour mettre fin à la grande noirceur duplessiste et effectuer le redressement national se faisait plus pressante. Il adhère aux objectifs proposés par Trudeau qui, dans « le manifeste démocratique », appelait un rassemblement des forces progressistes qui puisse restaurer la démocratie au Québec. Trudeau écrivait :

> *Démocratie d'abord*, voilà qui devrait être le cri de ralliement de toutes les forces réformistes dans la Province. Que les uns militent dans les chambres de commerce et les autres dans les syndicats, que certains croient encore à la gloire de la libre entreprise alors que d'autres répandent les théories socialistes, il n'y a pas de mal à cela, à condition qu'ils s'entendent tous pour réaliser d'abord la démocratie : ce sera ensuite au peuple souverain d'opter librement pour les tendances qu'il préfère [66].

Si Laurendeau était sur la même longueur d'onde que Trudeau en ce qui concerne la démocratisation de la société québécoise et les réformes sociales à effectuer, il ne le suivait pas dans son analyse des causes de notre retard historique et du rôle du nationalisme.

À l'occasion de la parution de l'ouvrage collectif dirigé par Trudeau sur « La Grève de l'amiante », il écrit trois éditoriaux où il fait le point sur l'évolution du Québec et du nationalisme [67]. Dans cet ouvrage, Trudeau s'attaquait à l'irréalisme de la pensée nationaliste canadienne-française et surtout à son projet social axé sur l'agriculture, la petite entreprise et le coopératisme. Laurendeau reconnaît la justesse de ses observations :

> Si donc j'estime ces pages toniques, c'est qu'elles prennent pour cibles principales des défaillances chez nous constantes, sur lesquelles nous voudrions toujours fermer les yeux. Ainsi, le retard des Canadiens français à aborder les questions sociales en elles-mêmes, le caractère tardif et parfois peu réaliste de leurs interventions en ce domaine... l'incompétence quasi

générale dans l'ordre économique et la paresse d'esprit qui fait préférer à la recherche une répétition rituelle des vieilles formules, tout cela s'explique, mais tout cela existe [68].

Mais étant moins soumis à la rigidité intellectuelle de la formation juridique et se méfiant du mépris élitiste qui porte au jugement excessif, il préfère analyser ces phénomènes comme les résultats d'un processus historique et sociologique au lien d'en faire des essences de notre existence collective, car cette attitude intellectuelle dégénère souvent en racisme inversé et procède d'une distanciation malheureuse. Les thèses de Trudeau sur notre inaptitude congénitale à la démocratie lui semblent simplificatrices et plus inspirées par les besoins de la polémique que par une intelligence des situations réelles et complètes [69]. Il montre les inconséquences de ceux qui, par antiduplessisme, rejettent le nationalisme :

> Je pense à tous ces antiduplessistes qui sont devenus ou prétendent être anti-autonomistes. Et une chose me frappe : ils dénoncent aujourd'hui sous le terme générique de « duplessisme » ce que, voici un quart de siècle, leurs aînés dénonçaient sous le nom de « taschereautisme ». C'est une constante assez troublante, dira-t-on dans la vie politique du Québec. Et certains en tirent d'ailleurs argument pour affirmer, implicitement ou explicitement, l'impuissance congénitale des Canadiens français à diriger sainement leurs affaires. Ils éprouvent la tentation d'aller chercher secours à l'extérieur contre leurs compatriotes, contre eux-mêmes, contre les risques qui seraient inhérents à la condition de Canadien français : éternels mineurs, ils solliciteront du père ou du grand frère d'Ottawa une sorte de police d'assurance contre les périls que comporte, pour le Québec, l'exercice de sa propre autonomie. Attitude qui peut se comprendre mais qui n'en reste pas moins marquée d'infantilisme... Il y a là une sorte de fuite et l'aveu d'une impuissance... ils sont eux-mêmes en quête d'un père, d'un tuteur... Notre propre salut viendra de nous ; ce n'est pas quelque chose qu'on importe. Cette exigence est inscrite dans la notion même de démocratie [70].

Si l'antidémocratisme et l'immoralisme politique des Canadiens français sont indissociables de leur culture et de leurs traditions, comment expliquer alors qu'ils n'ont pas le monopole en ce domaine, qu'ils ne sont pas les seuls à accepter l'autoritarisme du régime Duplessis ? Si les anglophones ont la démocratie dans le sang et qu'ils sont les champions des libertés, comment se fait-il que les anglophones du Québec et plus particulièrement la presse anglophone manifestent une telle complaisance envers le régime et s'abstiennent de critiquer l'arbitraire et les abus du pouvoir ? Puisque l'appartenance nationale n'explique pas le phénomène, il faut plutôt faire appel à des causes structurelles comme la situation coloniale :

Ces dirigeants se comportent donc comme des métropolitains dans une colonie d'exploitation qui conserve une marge d'autonomie locale ; ils ferment les yeux sur les abus de l'autorité pourvu que celle-ci serve bien leurs intérêts. C'est ce que nous appelons la théorie du roi-nègre. Que le roi-nègre, disent les métropolitains, traite les naturels à peu près comme il l'entend, pourvu qu'il nous permette d'édifier ou de consolider des fortunes [71].

La théorie du « roi-nègre » ouvrait de nouvelles perspectives à l'analyse de la société québécoise car elle identifiait des causes objectives, elle donnait une explication sociologique de notre aliénation collective et de notre immaturité politique. Le nationalisme et le cléricalisme n'étaient pas des causes mais des effets d'un rapport de domination et d'exploitation. La régression de la démocratie et du parlementarisme était plus le résultat d'une absence de liberté collective que d'un atavisme culturel. Cette situation était entretenue par la finance anglo-canadienne qui profitait du règne incontesté de l'Union nationale. Dans l'ordre des responsabilités, Laurendeau donne la priorité causale aux facteurs matériels et aux rapports de force car ils rendent mieux compte de la complexité de la réalité socio-politique.

Ainsi, contrairement à Trudeau, il ne croit pas que l'erreur de l'agriculturisme doive être attribuée au nationalisme. Il reproche à Trudeau d'avoir oublié, dans son analyse, de tenir compte des conditions matérielles du milieu, dont la pauvreté ne favorisait guère d'autres choix. Il récuse aussi les jugements de Trudeau sur le mouvement coopératif qui, selon le citélibriste, n'aurait servi qu'à contrer le socialisme sans pour autant développer le sens de la responsabilité démocratique et la propriété collective. Laurendeau lui rappelle à juste titre que le coopératisme a été un ferment démocratique effectif et qu'il a favorisé l'apparition d'une autre forme de propriété, à tel point que, dans les campagnes, on associait le mouvement coopératif au communisme [72]. Pour Laurendeau, il n'y a aucun lien logique entre le nationalisme et le refus de l'industrialisation. À son avis, les tendances conservatrices et autoritaires de la société canadienne-française tiennent plus à la situation existentielle d'un groupe minoritaire et traduisent les effets du colonialisme :

Une analyse plus poussée du concept de minorité eût peut-être expliqué pourquoi nous n'avons pas été le seul groupe au monde qui, pour survivre dans des conditions difficiles, s'est isolé, a durci ses idéologies élémentaires et rejeté impitoyablement tous les « corps étrangers » [73].

Aveuglé par la passion politique, Trudeau ne peut reconnaître cette réalité et se laisse aller à la caricature. Cela l'empêche aussi d'identifier les réformes structurelles qui s'imposent pour corriger ces défauts. « Son étude ne résout aucunement le principal problème qu'elle pose. Elle le rendrait au contraire plus brumeux »[74].

L'urgence des réformes à réaliser primant sur les divergences d'interprétation, Laurendeau accepta de participer à la fondation du Rassemblement démocratique, le 8 septembre 1956, aux côtés de Pierre Trudeau, Pierre Dansereau, Jean-Paul Lefebvre, Jacques Hébert, Gérard Pelletier, Arthur Tremblay et Jean Marchand. Ce mouvement devait regrouper tous les éléments démocratiques de la société, sans distinction d'origine sociale, dans le but de fonder un nouveau parti politique qui devait s'appuyer sur le soutien des mouvements coopératif et syndical. Fort de l'expérience du Bloc populaire, ce nouveau parti serait financé par les souscriptions de ses membres et fonctionnerait grâce au bénévolat de ses militants qui, en 1957, étaient au nombre de 511. Ce mouvement visait à regrouper les forces de la gauche québécoise autour d'un programme minimum axé sur la réalisation d'une société libre et juste, ouverte aux changements et débarrassée de l'intolérance et de l'autoritarisme. Défini au départ comme mouvement d'éducation politique, il devait s'orienter progressivement vers l'action électorale.

L'antiduplessisme était suffisant pour mobiliser ceux qui, après s'être engagés dans l'action sociale, avaient pris conscience du lien indissoluble entre le social et le politique et qui voulaient démocratiser la vie politique québécoise mais ne pouvaient s'identifier aux vieux partis. Rassembler contre un adversaire commun est toujours plus facile que de définir une stratégie pour agir contre ce même adversaire, car alors les divergences et contradictions prennent le dessus sur l'objectif fixé au départ. Le Rassemblement ne put jamais passer à l'action car il s'enlisa dans des discussions bysantines. Les intellectuels ne sont pas reconnus pour leur pragmatisme en politique et donnent souvent préséance à la pureté idéologique sur l'efficacité de l'action. Le Rassemblement fut victime de cette tendance. Ses dirigeants ne s'entendaient pas sur l'attitude à adopter vis-à-vis des partis existants. Certains désiraient une alliance avec le Parti social démocrate, version québécoise de la CCF, d'autres, pressentant un renouveau du Parti libéral, favorisaient le soutien à ce parti[75], d'autres encore, comme Laurendeau, préconisaient la formation d'un nouveau parti. Ces tiraillements minèrent la crédibilité du mouvement qui ne put résister à l'attraction qu'exerçait de plus en plus le Parti libéral sur les réformistes modérés, qui y voyaient une alternative plus sérieuse pour mettre fin au règne de l'Union nationale. Laurendeau ne s'attarda pas dans cette salle des pas perdus. Ayant obtenu un congé sabbatique du *Devoir*, il en profita pour réaliser un rêve de jeunesse : devenir écrivain. Le poids du réel était encore trop lourd pour être renversé. L'imaginaire était le meilleur refuge contre le désespoir.

NOTES

1. *Le Devoir* (éditorial), 9 octobre 1948.
2. *Le Devoir*, 9 septembre 1947.
3. *Ibid.*
4. *Ibid.*
5. Lionel GROULX, *Mes mémoires*. Montréal, Fides, t. 4, p. 313.
6. *Le Devoir* (Bloc-notes), 6 avril 1949.
7. *L'Action nationale*, juin 1948, p. 424.
8. *Le Devoir*, 11 octobre 1947.
9. *Le Devoir* (éditorial), 16 septembre 1947.
10. Voir *Le Devoir*, 24 octobre 1947.
11. *Ibid.*
12. Voir *Le Devoir*, 29 mars 1949.
13. *Le Devoir*, 24 février 1949.
14. *Le Devoir*, 17 mai 1949.
15. *Le Devoir* (éditorial), 15 octobre 1952.
16. *Le Devoir* (éditorial), 19 avril 1951.
17. *Le Devoir*, 25 avril 1955.
18. *Le Devoir* (Bloc-notes), 3 septembre 1948.
19. Voir *L'Action nationale*, octobre 1947, p. 84.
20. Voir *L'Action nationale*, septembre 1947.
21. *Le Devoir*, 5 janvier 1948.
22. *Le Devoir*, 16 avril 1952.

23. Voir *Le Devoir*, éditoriaux du 15 novembre 1950 et du 12 juin 1951.
24. Voir *Le Devoir*, 21 février 1951.
25. *Le Devoir* (Bloc-notes), 14 avril 1951.
26. Voir *Le Devoir*, 26 janvier 1949.
27. *Le Devoir* (éditorial), 7 avril 1949.
28. *Le Devoir*, 25 septembre 1948.
29. Voir *Le Devoir*, 28 mai 1948.
30. *Le Devoir*, 7 mars 1949.
31. *Le Devoir* (éditorial), 21 juillet 1950, 19 septembre 1950 et 2 février 1951.
32. Voir *Le Devoir* (Bloc-notes), 14 septembre 1950.
33. *Le Devoir* (éditorial), 14 juillet 1950.
34. *Le Devoir* (éditorial), 5 décembre 1950.
35. Voir *Le Devoir* (éditorial), 30 mars 1951.
36. *Journal des vedettes*, « Entretien avec André Laurendeau », 14 février 1958.
37. Voir Frank DESOER, « Intelligentsia et médias : de l'éducation populaire au pouvoir », *Politique*, n° 2, pp. 97–117.
38. Voir *Le Devoir*, 26 août 1946.
39. *Le Devoir* (Bloc-notes), 23 septembre 1948.
40. Voir *Le Devoir*, 10 juin 1955.
41. Voir *Le Devoir*, 9 septembre 1948.
42. *Le Devoir* (Bloc-notes), 27 juin 1959.
43. *Le Devoir* (éditorial), 1er mars 1950.
44. Voir *Le Devoir* (éditorial), 26 juin 1954.
45. *Le Devoir* (Bloc-notes), 10 janvier 1955.
46. Voir *Le Devoir* (Bloc-notes), 17 mars 1950.
47. *Rapport de la commission royale d'enquête sur les problèmes constitutionnels*, 1956, tome II, p. 231.
48. *Le Devoir* (Bloc-notes), 27 septembre 1948.
49. *Le Devoir*, 22 septembre 1947.
50. *Le Devoir*, 11 septembre 1947.
51. *Le Devoir*, 30 septembre 1949.
52. *Le Devoir* (éditorial), 1er juin 1951.
53. *Le Devoir* (Bloc-notes), 21 février 1950.
54. *Le Devoir* (éditorial), 20 septembre 1949.
55. Voir *Le Devoir* (éditorial), 29 septembre 1949.
56. *Le Devoir* (Bloc-notes), 19 octobre 1949.
57. *Le Devoir* (Bloc-notes), 27 septembre 1948 et (éditorial), 10 janvier 1950.
58. *Le Devoir*, 30 septembre 1949.
59. Archives André Laurendeau. Lettre à Neil Morrisson, non datée. P2A727a. Voir aussi la série de douze articles publiés dans *Le Devoir* sous le titre « Un Canadien français découvre l'Ouest », en décembre 1955.

60. Voir *Le Devoir* (éditorial), 15 mars 1958.

61. Voir *Le Devoir* (Bloc-notes), 17 avril 1950.

62. Voir *Le Devoir* (éditorial), 14 novembre 1957.

63. Voir *Le Devoir* (éditorial), 9 décembre 1958.

64. Cette affaire était restée onze ans « sub judice ». Duplessis avait ordonné à la Commission des liqueurs de retirer le permis de vente d'alcool à M. Roncarelli parce qu'il avait fourni des cautionnements à des Témoins de Jéhova que la police avait arrêtés pour distribution illégale de circulaires. Roncarelli porta sa cause jusqu'en Cour suprême qui condamna le gouvernement du Québec à lui payer 33 123,23 $ en dédommagement.

65. Voir *Le Devoir*, 4 juillet 1956.

66. Pierre Elliott TRUDEAU, « Un manifeste démocratique », *Cité Libre*, n° 22, octobre 1958, p. 21.

67. Voir *Le Devoir*, numéros du 6, 10 et 11 octobre 1956.

68. *Ibid.*, 11 octobre 1956.

69. Voir *Le Devoir* (éditorial), 6 octobre 1956.

70. *Le Devoir* (entrevue avec J.M. Léger), 21 mai 1959.

71. *Le Devoir* (éditorial), 18 novembre 1958.

72. Voir *Le Devoir* (éditorial), 10 octobre 1956.

73. *Le Devoir* (éditorial), 10 octobre 1956.

74. *Le Devoir* (éditorial), 6 octobre 1956.

75. Voir Gérard BERGERON, *Du duplessisme au johnsonisme (1956–1966)*. Montréal, Parti Pris, 1967, pp. 120–135.

Chapitre X

Le jeu
des apparences

Dès l'enfance Laurendeau fut fasciné par le théâtre et sa magie du déguisement qui permet de devenir autre. L'odeur des fards, les mystères des coulisses et la splendeur des costumes l'avaient attiré vers cet art où l'imagination a le pouvoir de transformer le réel et la perception du moi. Le théâtre peut devenir une échappatoire où s'opère le retournement critique du réel. Il sert d'antidote à l'étouffement des pulsions de vie lorsque le poids du social devient intolérable. Il libère alors l'énergie des sentiments refoulés par l'action répressive du surmoi collectif.

Dans le Québec traditionnel, la théâtralisation du destin collectif était assumée par la religion et passait par la symbolique de la victime triomphante qu'était le Christ crucifié et ressuscité. L'Église était le lieu du drame. L'expression des émotions y était canalisée par le rituel liturgique qui assurait la libération par l'identification malheureuse à un destin sublimé.

La politique et les élections servaient aussi de théâtre profane à l'épanchement collectif. L'Église toutefois encourageait une forte distanciation entre le destin collectif et le théâtre du pouvoir temporel, confinant ce dernier à la comédie. Tant que nos mœurs politiques demeuraient burlesques et que les acteurs politiques étaient pris pour des farceurs par le peuple, l'Église pouvait continuer à représenter l'autorité — puisqu'elle possédait le monopole de la dramatisation, utilisant le rituel religieux pour mettre en scène le psychodrame collectif.

La dramaturgie canadienne-française pouvait difficilement émerger dans une société cléricale où l'expression des passions était détournée des biens de ce monde vers les mystères de l'au-delà. L'expression du moi est impossible lorsque l'intériorité est consumée par l'idéal mystique. L'Église servait ainsi de substitut au théâtre et plus notre impuissance politique était manifeste, plus le collectif était opprimé dans les rapports de force, plus les déploiements de la mise en scène liturgique étaient somptueux. Le faste des cérémonies devait nous donner l'illusion d'exister pour une destinée supérieure.

Hormis les spectacles historiques et religieux, les processions de la Fête-Dieu et quelques saynètes mélodramatiques comme « Aurore, l'enfant martyre » présentées dans les collèges et les salles paroissiales, on peut dire que la vie théâtrale au Canada français était anémique. D'ailleurs, après la faillite du théâtre Stella en 1935, on ne trouvait à Montréal aucune salle de théâtre digne de ce nom. La crise économique et l'invasion du cinéma entravèrent le développement des troupes professionnelles autres que burlesques.

Il fallut attendre que le drame collectif soit vécu sur une scène extérieure, sur les champs de bataille européen, lors de la Deuxième Guerre mondiale, pour que le voile de la problématique cléricale se dissipe et laisse apparaître une thématique plus existentielle et plus humaine. Des individus pourront alors mettre en scène leurs angoisses, leurs frustrations et leurs désirs. Le drame collectif est à ce moment représenté par des héros individuels qui, comme dans « Ti-Coq » (1948), incarnent le destin collectif en symbolisant dans le rôle de l'orphelin l'absence d'appartenance, d'identité, et la moïra de l'échec, l'être né pour perdre. Marcel Dubé, quant à lui, exprimera l'étouffement opéré par la famille et le conflit des valeurs entre les pressions familiales et paroissiales et les exigences de la vie moderne. Ainsi, dans *Zone* (1953), qui met en scène un groupe d'adolescents de la zone grise de Montréal, Dubé montre l'affrontement de deux systèmes de valeurs. Le héros Tarzan incarne le rédempteur ; son projet est messianique, il veut par la révolte collective sauver le groupe. L'urbain supplante le rural comme champ de la représentation collective. L'individu porte le fardeau d'une psyché déchirée.

Le théâtre québécois pourra naître de l'effritement du monolithisme idéologique provoqué par l'ouverture du Québec sur le monde. Son développement sera favorisé par l'intensification des échanges culturels et l'apparition d'un nouveau moyen de communication, la télévision, qui échappait au contrôle des élites traditionnelles et offrait un débouché aux nouveaux auteurs qui utiliseront ce canal privilégié pour diffuser leur nouvelle vision du monde et de la société québécoise sans passer par les filtres cléricaux. En 1958, le réseau français de Radio-Canada rejoignait 293 000 foyers, ce qui représentait environ un tiers de la population totale du Québec. Les nouveaux intellectuels avaient désormais accès à un pouvoir considérable. Ils utiliseront cette tribune pour concurrencer l'hégémonie des élites traditionnelles. Le théâtre connaîtra alors un essor sans précédent. « Les nouveautés dramatiques », « Le Théâtre canadien », puis, par la suite, « Le Théâtre populaire » et les téléthéâtres présentent des textes originaux d'écrivains québécois.

Laurendeau s'était familiarisé avec ces deux modes de communication puisqu'il avait collaboré à la création, en 1933, d'une comédie musicale « L'argent fait le bonheur » et qu'il animait depuis 1952 l'émission « Pays et Merveilles ». Lorsqu'il étudiait à Paris, le théâtre était son principal divertissement. Ses dramaturges préférés étaient Musset, Ibsen, Pirandello, Shakespeare, Claudel, Dostoïevski, Becket et Strindberg [1]. Le sens du tragique, les préoccupations intimistes et les consciences tourmentées mis en scène par ces auteurs habiteront les personnages créés par Laurendeau.

Constamment sollicité par l'actualité et les responsabilités d'un rédacteur en chef, Laurendeau n'avait que le temps des vacances à Saint-Gabriel-de-Brandon à consacrer à son œuvre littéraire. Au fil du quotidien public et privé, il avait accumulé des idées et des impressions mais la concentration nécessaire pour leur donner la forme définitive du roman ou de la pièce de théâtre lui manquait. Les exigences du journalisme ne lui avaient permis que de rassembler ses souvenirs d'enfance et de les transcrire pour une série radiophonique intitulée « Voyages au pays de l'enfance », qui fut diffusée par Radio-Canada durant l'été 1953. Le texte était dit par Charlotte Boisjoli sur un fond musical de Ravel ou Debussy. Gérard Pelletier qui commente cette émission, à son avis la plus remarquable de Radio-Canada, s'étonne que Laurendeau ait choisi une voix de femme pour lire le texte car, dit-il, « cela ne s'accorde pas toujours avec ce qu'il y a de fort, de viril dans certain amour paternel »[2]. En revanche, il célèbre les qualités de l'œuvre : le sens de la nuance délicate, le don d'intimité et la sensibilité à la poésie des personnes et des choses [3].

Pour donner libre cours à ses ambitions littéraires et esthétiques, il obtint du *Devoir*, en 1957, un congé sabbatique. Il en profitera pour compléter plusieurs projets restés en chantier et pour commencer l'écriture d'un roman qui expose les angoisses et les vicissitudes de la vie adulte. Ce roman, qui ne fut publié qu'en 1965, décrit l'univers intérieur d'un homme veule, lâche, bourré de complexes et non dépourvu de méchanceté.

Ce long délai de publication est dû en partie à l'étroitesse d'esprit du milieu. Le directeur du *Devoir*, à qui Laurendeau avait fait lire le manuscrit, le mit en garde contre les ennuis qu'il encourrait s'il publiait ce livre trop personnel et trop libre pour être bien reçu au Canada français. Il lui aurait dit :

> Tu peux bien si tu veux publier ton roman, mais si jamais les lecteurs reprochent au *Devoir* d'avoir un rédacteur en chef qui écrit des choses aussi osées, moi je vais être obligé de te mettre à la porte [4].

Laurendeau n'eut pas le courage de transgresser l'interdit au Québec mais, sur les conseils de sa femme, il tenta de faire publier son roman à Paris aux Éditions du Seuil. Il expose ses craintes et motive cette décision dans une lettre à Paul Flamand, directeur littéraire au Seuil :

> ... bien qu'il se publie maintenant ici des livres beaucoup plus scandaleux, il reste que je suis rédacteur en chef du *Devoir* et que ceci accentue la difficulté. Ma femme me suggère que le risque ne serait plus le même si le livre paraissait en France [5].

Les lecteurs du Seuil ayant refusé le manuscrit, il dut se résigner à attendre que les brumes de la pudeur janséniste se dissipent pour rendre publique son expérience du rapport à la mère.

L'intrigue de ce roman est mince. Elle relate la déchéance morale d'un journaliste qui voulait être reconnu comme écrivain. Elle se compose de récits et de rétrospectives qui racontent les temps forts de l'enfance et de la jeunesse du personnage qui est devenu directeur d'une feuille de choux spécialisée dans les potins et le chantage. Le héros, en mal de reconnaissance littéraire et mû par une jalousie incestueuse, aura d'ailleurs recours à ce procédé pour obliger un professeur d'université, qui était l'amant de sa sœur, à rendre un hommage public à ses deux recueils de poèmes passés à l'oubli.

Dans ce roman au style élégant et précis, Laurendeau tente de cerner la dynamique de l'échec et du dégoût de soi. Par cette thématique, il explore les angoisses de la maturité mal assumée pour remonter à l'âge de l'innocence. Alain est un raté conscient de sa médiocrité. Un instinct d'autodestruction l'habite et le pousse à saccager délibérément sa carrière de journaliste et sa vie affective. Médiocre mari, il n'arrive pas à être plus heureux avec sa maîtresse, qui pourtant le comble, parce que celle-ci a une personnalité envahissante qui double celle de la mère. Alain la tyrannise moralement jusqu'à ce qu'elle se suicide alors qu'elle est enceinte. Le personnage d'Alain incarne les stigmates de la mère castratrice qui causent son impuissance. Il est incapable de résoudre la contradiction entre une morale puritaine faite de principes absolus et les compromis qu'impose le vécu. Une trop forte idéalisation lui rend la vie insupportable, car elle suppose le dédoublement de la personnalité. Le dialogue introductif entre Alain et Élisa, sa maîtresse, aborde directement le problème de la duplicité et de la perfidie qui serait le propre de toutes les femmes [6], infidèles à l'image de perfection qu'on projette sur elles. Alain voudrait briser le miroir des apparences pour trouver son identité ou la pureté du moi. Mais cette quête est entravée par la présence de la femme, qui incarne pour le héros de Laurendeau la chaleur étouffante de l'enfer, car en donnant la vie elle impose son emprise sur le destin de l'homme. Alain ne pourra apaiser le feu intérieur qui le ronge que par la retraite dans la solitude du Grand Nord. Seul le gel et la pureté de la neige peuvent le ramener à la paix fœtale.

Le roman se termine donc par une fuite du réel, de cet enfer qu'est la vie et que porte la femme. Cette attitude morbide, cette incapacité d'être, prend ses racines dans l'enfance. Alain a grandi dans un milieu familial puritain caractérisé par une religiosité sans spiritualité et par l'omniprésence d'une mère possessive. Le père est absent. Il fuit la chaleur étouffante du foyer :

> Mon père est une énigme. Il souffrait les patenôtres avec un sourire. Il s'évadait dans les affaires. Il avait tant de projets. Il partait toujours, revenait, repartait [7].

Ainsi privé de Dieu et de père, l'enfant est soumis à l'influence d'une mère protectrice à outrance qui représente l'autorité et canalise la recherche d'identité. Incapable de s'affirmer contre un père absent et d'effectuer le meurtre symbolique, libérateur, Alain se révolte contre la femme-mère et contre une religion faite de dévotions et de superstitions. La révolte contre la matrice remplace la révolte contre le père. L'horreur janséniste du sexe est manifeste dans l'extrait qui suit :

> Je hais la puissance qui est en moi de communiquer la vie. On ne confie pas ces idées-là. Je crois n'y avoir jamais fait allusion devant qui que ce soit. J'hésite à l'écrire à l'instant même.
>
> Je hais plutôt la puissance qui est en moi de saccager un autre corps.
>
> Tout cela d'ailleurs reste dans la brume et m'hallucine. Est-ce de la vie que je me détourne? Le corps féminin est-il à mes yeux le symbole de la plus parfaite et fragile beauté? J'ai horreur de cette blessure que j'infligerai, de cette blessure où l'on m'accueillera. L'amour m'apparaît comme une chirurgie de destruction. Toute femme enceinte me fait honte pour l'homme [8].

Mais le réflexe œdipien empêche le meurtre de la mère, matrice originelle. Alain rêve d'assassiner sa mère parce qu'il ne peut supporter le dégoût que lui inspire la chair vouée à la décrépitude :

> Il y a une chose que je veux consigner ici. C'est moi qui ai tué ma mère. Cela s'est passé comme je l'avais souvent imaginé. Nous sommes partis un soir dans ma voiture pour la campagne. Elle demeurait silencieuse. J'allais très vite. Elle devait avoir peur mais ne se plaignait pas... Bien sûr je n'ai pas tué ma mère [9].

Le meurtre de la mère étant impossible, il y eut détournement d'agressivité contre les autres femmes; contre sa maîtresse qu'il pousse au suicide alors qu'elle porte son enfant et contre sa propre fille qu'il tue dans un accident provoqué délibérément, comme il l'a imaginé pour sa mère. Finalement cette haine se retourne contre lui-même, lui rendant insupportable sa puissance génitrice. L'impuissance devenant le seul recours contre la culpabilité, il procède alors à l'autocastration, symbolisée par l'exil vers le froid. Là où rien ne vit, où il n'y a pas de femmes [10].

Il est difficile de départager ce qui relève du réel et ce qui relève de l'imaginaire dans une œuvre romanesque, car le génie de l'écrivain consiste à se distancier des situations et des personnages qu'il décrit. Mais l'imaginaire a besoin de matériaux pour construire et l'écrivain les trouve dans son expérience personnelle et dans les situations qu'il connaît. Même s'il ne s'identifie pas à ses personnages, il ne peut s'empêcher de les revêtir de son vécu pour les rendre plausibles; cette projection partielle du moi étant, règle générale, plus accentuée lorsqu'il s'agit d'un premier roman.

Les obsessions d'Alain ne sont pas nécessairement celles d'André Laurendeau, mais l'auteur n'est pas étranger à son personnage. Il y investit son monde intérieur et c'est peut-être ce qui explique que le roman n'ait été publié que huit ans après avoir été écrit.

Dans son œuvre littéraire, Laurendeau s'intéresse exclusivement aux ressorts du destin individuel. Il dissèque la morbidité des relations homme-femme et la rattache au traumatisme causé par une présence trop envahissante de la mère, situation qu'il a éprouvée personnellement. Il met aussi en cause, quoique de façon beaucoup plus implicite, les effets débilitants d'une pratique religieuse infantilisante qui ont marqué tout autant les comportements individuels que collectifs. La place de l'Église dans la société québécoise peut à cet égard se comparer à la place de la mère dans la famille, l'absence du père au niveau collectif étant symbolisée par l'absence de l'État-nation. Nous extrapolons bien sûr mais ce non-dit dans le texte littéraire est très explicite dans la correspondance privée de Laurendeau, qui a toujours déploré la fadeur de la nourriture spirituelle offerte par l'Église au Canada français. Cette révolte contre une religion sans âme, contre une Église omniprésente, pourquoi ne l'exprimerait-il pas sur le mode métaphorique de la mère? Cette interprétation est d'autant plus plausible qu'on retrouve dans plusieurs romans publiés à l'époque la récurrence de l'absence du père et de la figure autoritaire de la mère et la volonté d'échapper au réel aliénant structuré par l'oppression cléricale. Tout comme Alain se sent étouffé par la chaleur et la possessivité féminine, le Québec d'alors suffoque sous le poids du conformisme et de l'autoritarisme clérical. Mais une société ne peut fuir vers le froid que si elle s'identifie à une autre culture, ce qui est une façon de se suicider, tout en subsistant. Laurendeau doute que le Québec ait la force intérieure pour se transformer radicalement et s'aérer. Il est subjugué par la fatalité. Comme Alain qui se réfugie dans le Grand Nord, parce qu'il ne croit plus en lui, Laurendeau cherche à se réaliser par la création littéraire, parce que l'horizon politique est bouché. Alain symbolise sa déception vis-à-vis du Québec qui ne peut se libérer par lui-même du conservatisme social. Même s'il n'avait pas d'intentions idéologiques ou politiques, Laurendeau a reconnu que le ton du roman traduisait le sentiment d'exaspération qu'il éprouvait à la fin du régime duplessiste. « Je crois que j'ai atteint dans "Une vie d'enfer" le maximum de dureté, de négativisme que je pouvais exprimer »[11].

Il poursuivra cette exploration de la vie intérieure, de ses tourments et de ses obsessions par l'écriture théâtrale essentiellement consacrée aux relations conjugales et amoureuses. En moins d'un an, de juin 1957 à mars 1958, Radio-Canada diffusera trois créations de

Laurendeau : « La Vertu des chattes », « Marie-Emma » et « Deux valses ».

La présence fréquente de Laurendeau au petit écran ne plaisait pas à tout le monde. Un article anonyme, publié dans *Nouvelles et Potins*, dénonçait la collusion entre la société d'État et les journalistes du *Devoir* :

> Bref, ce n'est pas en exerçant le métier de journaliste au *Devoir* que l'opulent André Laurendeau doit tirer la bonne part de ses revenus mais plutôt à la télévision. Il faudrait bien en prendre note en haut lieu. Il faudrait noter que nous avons eu raison de dire que les journalistes du journal précité sont favorisés par Radio-Canada même si c'est contraire aux règlements du poste d'État [12].

En plus des téléthéâtres, Laurendeau animait chaque semaine l'émission « Pays et Merveilles », il était régulièrement l'invité de l'émission « Ce soir » et écrivait les textes d'une série de quinze émissions intitulées « Affaires de familles », où il analysait les comportements du couple à la lumière des facteurs socio-économiques. Il touchait 275 $ par émission. Au-delà de la mesquinerie et de la jalousie dont sont victimes ceux qui se distinguent de la grisaille par leur originalité et leur productivité, cette réaction d'un chroniqueur anonyme révèle deux choses. D'abord que Radio-Canada était effectivement le centre névralgique du réseau des intellectuels québécois qui l'utilisaient pour diffuser une pensée critique et non conformiste. Les composantes subsidiaires de ce réseau étaient *Le Devoir*, *Cité Libre*, l'Institut canadien des affaires publiques et la CTCC. Même s'ils étaient peu nombreux, ces intellectuels contrôlaient les lieux stratégiques de l'influence idéologique et s'en servaient pour combattre le régime duplessiste. Ils préparaient ainsi leur future hégémonie politique. Cette critique montre ensuite que la vision du monde de Laurendeau dérangeait les censeurs, qui avaient de plus en plus de mal à endiguer les forces de vie qui commençaient à faire craquer l'orthodoxie traditionnelle. Ainsi, Léopold Richer fulmine dans *Notre temps* contre la décadence morale des téléthéâtres présentés par Radio-Canada et s'en prend en particulier à « La Vertu des chattes » pour son atmosphère trouble et troublante [13].

« La Vertu des chattes » fut présentée à l'émission « Le Théâtre populaire » de Radio-Canada le 30 juin 1957, dans une réalisation de Jean-Paul Fugère. Les interprètes étaient Jean-Louis Roux, Huguette Oligny et Ovila Légaré. La pièce met en scène un homme et une femme dans la quarantaine et mariés. Jérôme, qui est banquier, avait invité des amis à passer la soirée à sa maison de campagne. Mais à la dernière minute, l'absence de sa femme, qui est restée à la ville, l'oblige à envoyer des télégrammes pour décommander ses invités. Le télégramme n'est pas arrivé à temps et Sylvie se présente seule car, heureuse coïncidence, son mari n'a pas voulu sacrifier une excursion de pêche pour l'accompagner. La situation est d'autant plus embarrassante qu'il lui sera impossible de repartir, comme les convenances l'exigeraient, car la nuit tombe et la route est mauvaise. Après un marivaudage élégant, l'atmosphère s'alourdit car le couple se laisse aller aux confidences où percent des désirs secrets. L'arrivée inopinée d'un quêteux et la chasse amoureuse entre un « marcou » et la chatte feront diversion et la vertu sera sauve. Sylvie finira par se retirer sagement dans la chambre d'amis, alors que Jérôme ira refroidir ses ardeurs dans le lac.

La morale répressive et puritaine de l'époque ne permettait pas une expression directe des sentiments et des désirs. Grâce à sa sensibilité et à sa subtilité, Laurendeau réussit à ne pas franchir les limites imposées par les convenances. Il les déjoue plutôt en les illustrant, en les mettant en scène. Ainsi, il n'y a rien de délibéré dans l'attitude de Jérôme et de Sylvie. Ils n'ont pas vraiment choisi d'être ensemble ; ce sont les circonstances qui leur imposent cette situation délicate et qui leur révèlent des sentiments refoulés. Laurendeau expose la force des désirs et des interdits et la fragilité des fidélités humaines. Les deux protagonistes jouent avec le feu, mais ne cèdent pas à la tentation. Ils sont retenus par la force des interdits, par la puissance du surmoi. Sylvie dit à ce propos :

> J'ai peut-être été créée ainsi, qu'est-ce que je sais de moi ? Je suis pleine de désirs que je ne sais pas assouvir. Je suis prisonnière de quelque chose qui est en moi.

Selon Claude Marie Gagnon, Laurendeau montre que « la fidélité des couples tient plus à un conformisme social qu'à un choix personnel et profond »[14]. Il en découle une division de l'être qui doit vivre selon deux morales. Cette dichotomie est bien résumée par Jérôme lorsqu'il affirme : « Entre penser et faire, il y a un monde. » Laurendeau ne libère pas ses personnages de l'emprise du rigorisme moral. Il repousse toutefois la frontière du péché en limitant l'interdit à l'acte et en déculpabilisant la pensée. Il décrit le conflit entre les pulsions de vie, la liberté d'expression et une échelle de valeurs inhibantes que par ailleurs il respecte. Le devoir, le sens des responsabilités doivent l'emporter sur la satisfaction immédiate. Il n'ose pas transgresser l'ordre établi. La morale de l'histoire est qu'il est préférable de sacrifier son épanouissement personnel pour préserver les liens sacrés du mariage et la stabilité de la famille qui, au bout du compte, garantissent un bonheur peut-être moins exaltant mais plus confortable et tranquille. Le risque de la liberté ne vaut pas la sécurité de l'habitude et des traditions, même si le prix à payer est l'ambivalence de la conscience. Les apparences sont sauves.

La réaction de la critique fut partagée. Certains qualifièrent la pièce et l'auteur d'adultes alors que d'autres prétendirent qu'il s'agissait du téléthéâtre le plus osé jamais présenté à Radio-Canada. Laurendeau avait effectivement osé aborder la contradiction entre le conçu et le vécu. Il reçut personnellement une vingtaine de témoignages, certains enthousiastes, d'autres indignés. Voici un échantillon qui est révélateur de l'état d'esprit qui régnait au Québec à la fin des années cinquante. « Cette pièce est un bijou ». « Votre pièce m'a fait jouir... à la manière des religieuses ». « Cette pièce n'est certainement pas digne de votre talent, surtout de votre formation chrétienne. Elle transpire un naturalisme païen. L'absence totale de Dieu, l'oubli du sens chrétien du mariage, l'atmosphère trouble et sensuelle, la hantise de la chair, donnent à votre pièce l'allure d'un stimulant génésique... » « Cher monsieur, j'ai été scandalisé, dimanche dernier, par votre pièce passée à la télévision... vous vous êtes abaissé en écrivant une pièce aussi sale »[15].

Les résistances à la libéralisation des mœurs et la crainte des comportements autonomes étaient fortes, si on en juge par ces lettres de téléspectateurs choqués qui ne supportaient pas le spectacle du questionnement intérieur. Même si Laurendeau avait dévoilé l'ambivalence de notre morale individuelle et collective, il n'y avait pas de quoi fouetter un chat dans ce divertissement théâtral.

La deuxième pièce de Laurendeau, « Marie-Emma » fut jouée au téléthéâtre, le 21 janvier 1958. La distribution comprenait Charlotte Boisjoli, Paul Guèvremont, Paul Dupuis, Yves Létourneau, Robert Gadouas. Elle met en scène une autre dimension de notre subconscient collectif : la tentation de la fuite du réel. Laurendeau s'est inspiré du roman de Flaubert, Emma Bovary, pour construire ce personnage romantique et complexe. L'action se déroule dans le Vieux-Montréal avant la Première Guerre mondiale. Marie-Emma est une fille vieillissante. Elle vit avec un père lunatique, Guillaume, un passionné de musique qui tient un magasin de musique et dirige la fanfare locale, et un frère ivrogne, mal dégrossi, Ernest. Depuis la mort de la mère, décrite comme tyrannique mais efficace, la maison est comme une barque à la dérive et le commerce périclite. Pour fuir cette vie médiocre et oublier une déception amoureuse, Marie-Emma fait la navette entre le rêve et la réalité. Elle s'est forgé une chimère qui prend la forme imaginaire d'un chevalier du Moyen Âge, Frédéric, qui représente l'homme idéal et romantique. Sur une toile de fond qui dépeint de façon stylisée la société canadienne-française, Laurendeau montre comment la situation collective contraint l'individu à fuir le réel pour se réaliser. Marie-Emma n'est pas seule à osciller entre la fuite et l'attirance du réel. Le père et le fils ne réussissent pas plus à concilier le rêve et la réalité. Cette incapacité d'affronter le réel est autodestructrice ; elle pousse Marie-Emma au suicide, le père se laisse déposséder de son commerce par Nécropoulos et de son poste de chef de musique par le frère Onésiphore, alors que le fils Ernest quitte son emploi et se retrouve chômeur. La déchéance n'est toutefois pas fatale. Laurendeau conclut sur une note optimiste. Le jeune tromboniste de l'orchestre, Laurent, par son amour indéfectible sauve in extremis Marie-Emma de l'évasion finale dans les eaux glacées du fleuve et relance le commerce du père Guillaume. Laurent est l'antithèse de Frédéric. Il a les deux pieds sur terre. Il connaît ses limites et mise sur le travail acharné pour s'accomplir. Il incarne le moyen terme entre les personnages rêveurs et les êtres froids et calculateurs. Laurent est peut-être le modèle porteur d'espoir pour un avenir collectif qui échapperait aux illusions véhiculées par la société traditionnelle et au matérialisme déshumanisant de la société nord-américaine.

Selon Charlotte Boisjoli [16], pour qui le rôle de Marie-Emma avait été écrit, Laurendeau a investi cette pièce de sa propre déception vis-à-vis du réel québécois. Marie-Emma en toute logique aurait dû se suicider, se jeter dans les eaux du Saint-Laurent. Mais Laurendeau n'a pu se résoudre à cette fin, d'une part parce que la représentation suicide était interdite à Radio-Canada à cette époque et, d'autre part, parce que lui-même malgré tout, en dépit de son sentiment d'échec, refusait de désespérer. Il a donc préféré au suicide le renoncement au rêve, à l'idéal absolu, et l'acceptation de l'ordinaire, de la quotidienneté banale.

Dans cette pièce, Laurendeau a donc réussi à marier des dimensions nationales à des préoccupations universelles. D'une part il s'en prend avec hardiesse à la tartufferie régnante lorsqu'il dépeint le frère Onésiphore, prototype du religieux « chez qui le sens de la communauté tourne à l'égoïsme et produit une véritable dureté de cœur »[17] et d'autre part il s'attaque à l'exploitation à travers le personnage de Nécropoulos, à l'esprit mercantile et cupide qui arrête les élans généreux. Si ces thèmes ne sont pas propres à la situation québécoise, les névroses des personnages principaux par contre ne peuvent s'expliquer que par référence aux deux cents ans d'histoire nationale marqués par la situation coloniale.

La réaction de la critique fut encore une fois mitigée. *La Presse* titra son commentaire ainsi : « Marie-Emma fut une soirée perdue »[18]. Le chroniqueur déplore l'ambiguïté du personnage de Frédéric, qui est un fantôme trop insistant, trop musclé pour qu'on puisse croire à sa non-réalité. Raymond Guérin, de *Radiomonde*[19], critique la lenteur de la mise en scène et souligne les décalages de niveaux de langues entre les personnages. Le critique de *Vrai* trouve l'ensemble confus :

> André Laurendeau a fait de la création dramatique à rebours. Il a d'abord eu des idées et pour les exprimer, il a ensuite créé des personnages, inventé une action dramatique, oubliant sans doute que le résultat final d'une œuvre dramatique dépend moins de la grandeur des idées que de la grandeur des personnages[20].

À l'inverse, pour Gilles Hénault, c'est une réussite. La pièce est fraîche, ironique et intelligente[21]. D'autres, comme Maurice Blain, se montrent très enthousiastes :

> Je n'hésite pas à affirmer que votre pièce se situe d'emblée au-dessus de toute la création dramatique canadienne-française et qu'elle révèle du premier coup par son langage et sa sensibilité un écrivain d'une force singulière[22].

Selon Réal Benoit, l'analogie entre la situation de la famille et la situation collective était intentionnelle de la part de l'auteur qui a voulu montrer à travers le personnage de Guillaume « qu'un homme vivant par conviction dans la pauvreté et le détachement le plus absolu en arrive à reporter sur son groupe ses ambitions de richesse et de grandeur »[23].

Le 18 mars 1958, Radio-Canada mettait à l'affiche un téléthéâtre intitulé : « Une maison dans la ville ». L'idée directrice consistait à présenter la grandeur et la décadence d'une maison cossue à trois époques différentes : 1900, 1930, 1958, les trois épisodes devant être écrits par trois dramaturges différents. Pour réaliser cette expérience, Jean-Paul Fugère fit appel à Laurendeau, à Françoise Loranger et à Marcel Dubé.

Pour l'occasion Laurendeau écrivit un divertissement léger intitulé « Les Deux Valses », qui met en scène un couple bourgeois. Laurendeau juxtapose deux univers où les personnages s'agitent pour des motifs futiles. Dans la première « valse » il présente l'univers terre-à-terre des hommes où Zéphiren, pour obtenir un important contrat, tente d'acheter l'échevin Ladéroute. Dans le second tableau, Amanda, son épouse, organise un bal où sa fille Albertine fait ses débuts.

Dans ce tableau de mœurs, Laurendeau se livre à une satire sociale de l'élite canadienne-française en mettant en relief les comportements stéréotypés des hommes et des femmes. Il y décrit l'insouciance frivole des femmes mises à l'écart des préoccupations viles entièrement assumées par les hommes, qui assurent la prospérité par des manœuvres véreuses. Tout ce beau monde valse au rythme de ses ambitions pusillanimes.

Après cet intermède musical, Laurendeau reviendra aux problèmes existentiels du choix et de l'autodestruction dans une tragédie intitulée « Deux femmes terribles », présentée sur la scène du TNM en octobre 1961 dans une mise en scène de Jean-Louis Roux. À notre avis, cette pièce rassemble tous les thèmes de l'écriture littéraire de Laurendeau : les relations de couple, la fuite du réel, la dualité de l'être, la déchéance morale, le refus de soi.

Le rideau s'ouvre sur trois couples qui se retrouvent après une longue séparation pour célébrer leur dixième anniversaire de mariage. S'engage alors un chassé-croisé où se pose la question du choix. Hélène a épousé Hector, agent d'assurances insipide, pragmatique et riche ; ils ne s'entendent plus mais se supportent encore. Marguerite et Wilfrid forment un couple assorti et uni. Quant à Agnès, qui a épousé Renaud, elle est venue seule car son mari l'a quittée. Le sixième personnage est Jean, qui est encore célibataire et qui revient d'Afrique.

L'intrigue tourne évidemment autour de ce Renaud qu'on ne verra pas. Ses amis le décrivent comme un homme supérieur, talentueux. Il a gravi tous les échelons de la réussite sociale mais une fois arrivé au pinacle, il a été frappé d'une crise d'autodestruction, d'autodévalorisation. Lors de la réunion annuelle des actionnaires de sa compagnie, au lieu de présenter son rapport financier, il s'est mis à lire du Rabelais. Depuis il a démissionné et quitté sa femme, pour s'adonner à la déchéance masochiste.

Après cette mise en situation, le deuxième acte se déroule dans une chambre d'hôtel quelconque où Renaud a convoqué par lettre Hélène, Agnès et une jeune secrétaire qui a été sa maîtresse. Hélène et Agnès s'affrontent dans un dialogue brutal où sont mis à nu tous les ressorts de la jalousie et de la possessivité. On y apprend qu'Hélène mène une double vie et qu'elle a été elle aussi maîtresse de Renaud. Laurendeau s'est expliqué sur le caractère de ces deux jeunes femmes :

> Ce sont deux femmes qui s'intéressent au même homme. Elles sont terribles parce que très fortes en tant que femmes. Bien différentes l'une de l'autre tant au point de vue caractère que physique mais chez qui on retrouve le même caractère d'amour possessif qui vous ligote, qui vous étouffe [24].

Ce portrait de la mère-épouse étouffante, qui opprime l'homme et le force à chercher la libération dans la fuite, revient de façon obsessive dans l'œuvre de Laurendeau.

Depuis dix ans Renaud vit écartelé entre ces deux femmes aux tempéraments contrastés. Il a été obligé de fuir la situation parce qu'il ne s'est pas résolu à faire un choix. Son drame intérieur ne peut se dénouer que par le suicide qui survient au tableau suivant. On retrouve dans cette pièce la même structure de comportements morbides que dans «Une vie d'enfer»: femmes surprotectrices, médiocrité du milieu, irrésolution, dépression, fuite du réel et auto-destruction. Dans ces deux œuvres, Laurendeau décrit une situation analogue à celle qu'il vivait lui-même car, tout comme ses héros Alain et Renaud, il ne se conformait pas à la morale conjugale et avait une liaison amoureuse avec Charlotte Boisjoli, liaison qui dura onze ans, dans la plus grande discrétion [25]. Il était donc familier avec les sentiments de culpabilité et d'échec qu'il fait porter à ses personnages et pouvait témoigner des conflits intimes de sa génération. Selon Charlotte Boisjoli, il se considérait parfois comme un raté. Il était profondément déçu de ne pas avoir réussi à faire une carrière littéraire internationale et à produire des œuvres comparables en universalité à celles des auteurs qu'il admirait le plus comme Racine, Claudel, Pirandello ou Musset. Pour Charlotte Boisjoli, il y a un lien étroit entre la situation coloniale et l'incapacité d'être des intellectuels québécois :

Il avait les stigmates de la colonisation très profondément inscrits en lui car il est un de ceux qui en ont le plus souffert. Il aurait pu faire une carrière littéraire, mais à cause du climat — et je pense aussi à Saint-Denys Garneau qui a été victime du milieu — les gens ne le comprenaient pas. Il lui est arrivé la même chose et il en a gardé une amertume, une amertume devant une situation qui fait qu'on ne peut pas réaliser ce qu'on devrait réaliser [26].

Même si on était au début de la Révolution tranquille, ce jeu de massacre présenté dans « Deux femmes terribles » fut reçu fraîchement par la critique, qui s'arrêta à une interprétation superficielle et moralisante de l'intrigue. *Le Soleil* éreinta la pièce. Jean Hamelin dans *Le Devoir* [27] se dit agacé de ne pas connaître les raisons de la déchéance morale de Renaud. Il voudrait en savoir davantage sur ce personnage invisible, mystérieux. Gilles Hénault dans *Le Nouveau Journal* [28] ne commente pas le fond, mais critique la forme de la représentation. Il avoue avoir été déçu comme spectateur. Enfin Robert Élie dans *La Presse* [29] vient contredire cet accueil mitigé de la critique. Cette pièce, dit-il, est une révélation, car elle nous fait toucher à la vie. On y joue la vie. Laurendeau fut profondément meurtri par le jugement de la critique : « Les raclées que j'ai reçues m'ont laissé endolori »[30], ce qui explique peut-être qu'il n'ait rien produit d'autre par la suite. Il faut beaucoup de courage à l'écrivain pour continuer son œuvre dans l'incompréhension générale. Le public vit donc dans cette pièce l'histoire de deux femmes qui s'accrochent à un homme. Il fut déçu par la banalité de l'éternel triangle.

Mais il y a un second niveau d'intelligibilité, une signification souterraine mise à jour par Jean Bouthillette qui a inversé la perspective dans son interprétation. Pour comprendre cette pièce, il ne fallait pas s'arrêter aux apparences, aux personnages présents sur scène. C'est l'absence qui est porteuse de sens. Cette clé avait d'ailleurs été suggérée par Laurendeau qui dans sa démarche se disait préoccupé par le hiatus entre les apparences et la réalité des êtres. Bouthillette soutient que le sujet de la pièce, c'est Renaud et que les deux femmes n'existent pas mais qu'elles incarnent le conflit vécu par le personnage. Il n'y a donc qu'un seul personnage sur scène. Ces deux femmes ne se déchirent pas pour la possession d'un homme, mais un homme se suicide pour échapper à deux conceptions de la vie qu'elles incarnent. Selon Bouthillette ce personnage, c'est Laurendeau lui-même :

> C'est le Canadien français pris entre le besoin de survivre et le désir de vivre, entre une fidélité et une émancipation... L'histoire de « Deux femmes terribles » est celle d'une impuissance à choisir entre la tradition figée et l'affirmation créatrice qu'incarnent les deux femmes ; sur un autre plan, il est impuissant à se réaliser dans son milieu... Par impuissance donc à s'affirmer dans sa personne puis dans son milieu, il ne reste au Canadien français que le suicide ou la fuite ou une médiocrité étale. Tel est le pessimisme de votre œuvre. Votre pièce, M. Laurendeau, est riche de tout le destin d'un peuple et incarne, en plus des drames personnels qui se jouent sur la scène, les conflits profonds de toute une collectivité [31].

Dans sa lettre réponse, Laurendeau confirme le bien-fondé de cette interprétation où le Canadien français est étouffé par un dualisme au niveau de l'être, dualisme qui est source de la maladie de l'être : « Ainsi j'ai souvent dit que la pièce devait s'appeler "Un homme terrible", — terrible d'inexistence ; et j'employais le terme au sens, je crois, où vous parlez d'impuissance » [32]. Pour Bouthillette, Laurendeau était impuissant à choisir entre deux capitales : ou le Québec seul ou Ottawa seul, parce que son être est fait pour les deux à la fois. D'où les déchirements intérieurs de l'identité écartelée par la double appartenance :

> Les deux femmes, ce sont nos idéologies traditionnelles qui, au niveau de l'inconscient collectif, incarnent notre drame de peuple déchiré et divisé contre lui-même ; elles sont les deux voix de notre essentielle incohérence [33].

NOTES

1. Voir *Le Nouveau Journal*, 7 octobre 1961.
2. *Le Devoir*, 3 août 1953.
3. Le texte sera publié en 1959 par les Éditions Beauchemin.
4. Propos rapporté par Charlotte Boisjoli. Entretien réalisé en juin 1983.
5. Collection André Laurendeau. Lettre d'André Laurendeau à Paul Flamand, 20 juin 1961. P2A67.

6. André LAURENDEAU, *Une vie d'enfer*. Montréal, HMH, 1965, p. 9-10.

7. *Ibid.*, p. 57.

8. *Ibid.*, p. 57-58.

9. *Ibid.*, p. 93 et 99.

10. *Ibid.*, p. 196.

11. Voir entretien avec Gilles MARCOTTE, *La Presse*, 27 novembre 1965.

12. *Nouvelles et Potins*, 1er février 1958.

13. *Notre temps*, 27 juin 1959.

14. *Dictionnaire des œuvres littéraires du Québec*. Montréal, Fides, 1982, t. III, p. 1056.

15. Collection André Laurendeau. P2A60. La plupart des lettres injurieuses sont anonymes.

16. Entretien avec Charlotte Boisjoli, juin 1983.

17. André LAURENDEAU, *Théâtre d'André Laurendeau*. Montréal, HMH, 1970, p. 91.

18. *La Presse*, 25 janvier 1958.

19. *Radiomonde*, 1er février 1958.

20. *Vrai*, 8 février 1958.

21. *Journal des Vedettes*, 2 février 1958.

22. Collection André Laurendeau. Lettre de Maurice Blain, 28 janvier 1958, P2A61. Voir aussi lettre de Jacques Gougeon, 27 janvier 1958. P2A60.

23. André LAURENDEAU, *Théâtre*. Montréal, HMH, 1970. « Note liminaire », p. 91.

24. *La Presse*, 9 septembre 1961.

25. Entretien avec Charlotte Boisjoli, juin 1983.

26. Entretien avec Charlotte Boisjoli, juin 1983.

27. *Le Devoir*, 10 octobre 1961.

28. *Le Nouveau Journal*, 10 octobre 1961.

29. *La Presse*, 21 octobre 1961.

30. Lettre d'André Laurendeau à Jean Bouthillette, 29 novembre 1961.

31. Collection André Laurendeau. Lettre de Jean Bouthillette, 17 novembre 1961, P2A67.

32. Lettre d'André Laurendeau à Jean Bouthillette, 29 novembre 1961. P2A67.

33. Jean BOUTHILLETTE, *Le Canadien français et son double*. Montréal, l'Hexagone, 1972, p. 70.

Chapitre XI

« *L'histoire n'avance pas en ligne droite* »

> Le monde change. Il faut changer avec lui,
> sous peine de devenir une tribu primitive
> dans une province rétrograde [1].

L'intellectuel ne fait pas l'histoire mais il lui arrive d'en être le précurseur. Parce qu'il se consacre à la réflexion et à l'analyse, il peut mieux se dégager de l'immédiat, aller au-delà des apparences, saisir les tendances profondes et dévoiler les contradictions d'une société. Par le biais des connaissances historiques, sociologiques et économiques, il est à même d'évaluer les événements et de leur donner une signification. Il traduit et systématise des expériences qui sont vécues de façon parcellaire. Par métier, il se doit de critiquer le pouvoir et de faire des propositions constructives qui orientent l'agir collectif. Parce qu'il agit sur les consciences et qu'il n'a qu'un pouvoir d'influence, il se produit forcément un décalage entre ses prises de position et le changement qu'elles appellent. Il balise les chemins de l'avenir. À cet égard, Laurendeau fut l'un de ceux qui contribuèrent le plus à préparer le terrain idéologique des réformes réalisées par la Révolution tranquille.

À la fin des années cinquante, il pressent que la fin du régime approche. Les charges contre le pouvoir deviennent systématiques car Duplessis gouverne de plus en plus en autocrate. Les réformistes le rendent responsable des retards accumulés dans tous les secteurs de la vie sociale et de la dégénérescence de la vie démocratique. Laurendeau dresse à ce sujet un vigoureux réquisitoire contre le régime et ses abus de pouvoir :

Ce que le régime Duplessis a de plus pernicieux, c'est précisément sa tendance constante à recourir à l'arbitraire, sa volonté d'échapper aux règles générales et fixes, son art d'utiliser les impulsions du chef comme moyens de gouvernement. Contrats sans soumission, octrois non statutaires ; représailles contre les personnes ; ce sont les manifestations quotidiennes auxquelles l'arbitraire donne lieu. Quand il s'associe à l'intolérance, alors la liberté de tous est en danger [2].

Il est convaincu qu'un changement de chef ou même de parti au pouvoir ne sera pas suffisant pour établir au Québec une société libre et démocratique. La nature d'un régime ne tient pas à la volonté d'un homme, celle-ci ne peut s'imposer que grâce à la connivence plus ou moins passive d'une partie de la population. La corruption et le patronage se sont incrustés dans nos mœurs politiques, de sorte que l'adversaire à combattre n'est pas seulement le parti au pouvoir, c'est aussi une mentalité qui a des causes structurelles. Un changement de régime qui ne s'attaquerait pas à ces causes, qui n'entreprendrait pas de réformes structurelles, risquerait très vite de retomber dans les mêmes ornières [3]. Il estime que l'élection du Parti libéral est une nécessité, mais ce n'est pas en soi une garantie de changement. La réalisation des réformes majeures de la société québécoise suppose plus que jamais une opinion publique consciente, informée, vigilante et active.

Il doute de plus en plus des chances d'un tiers parti de prendre le pouvoir au Québec. Cela ne s'était jamais produit depuis la Confédération. L'urgence d'un changement commande à son avis l'union de toutes les forces de l'opposition et l'appui au Parti libéral [4]. Il se réjouit du vent de renouveau qui anime le Parti libéral car ce dernier, à la suite de sa cure d'opposition à Québec et à Ottawa, a été obligé de réviser ses orientations. Les jeunes se montrent aussi plus actifs et prennent la relève des vieux états-majors conservateurs. Il admet que la démocratie connaît un regain de vitalité au sein de ce parti puisque les militants ont maintenant une influence directe sur le programme et y ont fait inscrire des mesures courageuses comme la nationalisation du gaz naturel, l'établissement de la gratuité scolaire, la réforme de la loi électorale afin d'assurer une distribution plus équitable des sièges entre la ville et la campagne. Il est enfin rassuré par le virage nationaliste effectué par le nouveau chef du parti, Jean Lesage, qui se montre plus sensible à certains aspects de l'autonomie provinciale. Cette conversion est trop soudaine pour ne pas sentir l'opportunisme électoral mais elle vaut mieux que de laisser le monopole de la revendication nationaliste à l'Union nationale, qui ne l'a utilisée que pour se maintenir au pouvoir sans lui donner de contenu positif. Il pense que les libéraux n'ont aucune chance de prendre le pouvoir s'ils ne concurrencent pas Duplessis sur le terrain de l'autonomie provinciale, d'autant plus qu'il pressent, à l'occasion de la grève des réalisateurs de Radio-Canada, une résurgence et une radicalisation du mouvement nationaliste [5]. Il préfère prendre le risque de se tromper sur les intentions des libéraux plutôt que de maintenir des positions rigides, contribuer à diviser les forces d'opposition et faire réélire le parti de Duplessis. À tout prendre, les libéraux seront un moindre mal.

Laurendeau avait une grande qualité : il ne méprisait pas ses adversaires politiques. Il savait être passionné et féroce dans l'argumentation et la critique mais l'impératif de la lucidité le ramenait toujours à la modération dans ses jugements. Cet idéal intellectuel l'éloignait de la tentation manichéenne qui déforme les meilleurs esprits dans la lutte politique. À la mort de Duplessis, il fit l'éloge de l'homme qu'il combattait depuis plus de vingt ans. Il sut alors exprimer les qualités et les faiblesses de son œuvre [6], tout en soulignant que désormais le changement était possible. Le choix du successeur, Paul Sauvé, confirmait les espoirs de déblocage car en quelques jours il régla des problèmes qui attendaient depuis des années. Sauvé amorçait le rattrapage et donnait le signal de départ de la modernisation de l'État québécois :

> On avait l'impression qu'enfin la province était mise en chantiers, qu'on allait y percer de larges avenues, qu'il y aurait plus d'air et de lumière. Puis la mort a frappé de nouveau [7].

L'année 1960 commençait par un « malheur public ». La révolution n'avait duré que cent jours. L'effort de renouveau entrepris par Paul Sauvé allait s'enliser dans les querelles mesquines qui marquèrent le court règne d'Antonio Barette.

Le 22 juin 1960, après plus de quinze ans de pouvoir, l'Union nationale dut céder la place au Parti libéral. L'arrivée des libéraux au pouvoir marque un point tournant dans le développement de la société québécoise. À l'ère du conservatisme clérico-politique et de l'immobilisme social succède l'ère du progrès, du changement social et culturel et de la revalorisation de l'État et du nationalisme.

Si on emploie le terme révolution pour désigner les changements survenus au Québec dans les années soixante, c'est beaucoup plus en fonction du retard qu'il fallait rattraper que du contenu même des changements. Il s'agissait de mettre le Québec à l'heure des sociétés modernes. Les réformes qui paraissaient alors audacieuses avaient déjà été mises en œuvre dans la plupart des sociétés occidentales. C'est surtout le rythme rapide des transformations, après une longue période de stagnation, qui donne une coloration révolutionnaire aux changements réalisés par le Parti libéral. Ces changements n'avaient d'ailleurs rien de subits, ils avaient été proposés depuis longtemps par les intellectuels nationalistes et progressistes. Mais ceux-ci n'avaient pas réussi à actualiser politiquement leurs projets de réformes. Après 1960, les idées nouvelles ou les projets de modernisation qui jusque-là avaient été ostracisés sont désormais acceptés par une majorité de citoyens et dessinent les lignes de force d'une nouvelle idéologie dominante.

Laurendeau a été un de ceux qui ont le plus influencé l'orientation de cette nouvelle idéologie. Il sait d'expérience que la victoire d'un parti politique n'entraîne pas automatiquement la réalisation de son programme et qu'il doit en conséquence continuer à être vigilant, même s'il est sympathique au nouveau pouvoir. Ce sens critique est d'autant plus nécessaire que le renouveau du Parti libéral est récent et qu'il n'est pas complètement purgé de ses éléments conservateurs, qui pourraient compromettre certaines réformes essentielles. L'espoir ne l'empêche pas de reconnaître avec lucidité qu'«en politique, on a affaire à des êtres vivants et (dans une certaine mesure) libres : donc imprévisibles »[8]. L'emprise des progressistes sur le parti était fragile et devait être consolidée par l'appui de l'opinion publique. Laurendeau n'a pas oublié le sort réservé au programme de restauration sociale et à ses défenseurs au sein de l'Union nationale en 1935-36. Sachant que l'histoire ne suit jamais une ligne droite et que la pratique du pouvoir embourgeoise, il pense que le devoir de l'intellectuel est d'aiguillonner le pouvoir et de l'empêcher de renier ses engagements. Le Parti libéral avait certes renouvelé son programme mais pas sa structure. La caisse électorale demeurait occulte. On pouvait alors douter de la marge de manœuvre du gouvernement, pour réaliser les réformes qui s'imposaient. Comme éditorialiste, son attention sera surtout mobilisée par la démocratisation de la vie politique, par la modernisation de l'État, par la réforme de l'éducation et par la crise constitutionnelle.

Il incite le nouveau gouvernement à s'attaquer en priorité à la restauration de la démocratie politique au Québec par une refonte de la loi électorale et une réforme des pratiques administratives de l'État. Même si la démocratie est un idéal qu'on n'atteint jamais tout à fait, il faut tendre vers ce but, si on veut que l'État soit au service du bien commun et non des intérêts particuliers et occultes des puissances d'argent. Il y a, à son avis, un lien direct entre la démocratisation du fonctionnement des partis politiques et l'assainissement de l'administration publique. Fort de l'expérience du Bloc populaire qui avait innové sur le plan des pratiques partisanes, il insiste sur deux réformes urgentes : la participation des membres à l'élaboration du programme et au choix des dirigeants et le financement démocratique par des contributions volontaires et publiques des membres du parti. C'est à cette seule condition qu'un gouvernement peut avoir les mains libres et mettre en œuvre les réformes désirées par l'électorat qui l'a élu sur la base de son programme électoral. À cet égard, il aurait été fortement impressionné par la structure et le fonctionnement du Parti québécois qui a réalisé son idéal de parti démocratique.

Pour Laurendeau, la politique devait avant tout être un débat d'idées où s'expriment, se confrontent et se concilient les divers intérêts et conceptions qui existent dans une société pluraliste. Malheureusement les partis politiques traditionnels au Québec faussaient le jeu démocratique en utilisant le pouvoir d'État à des fins partisanes et en favorisant les intérêts de l'oligarchie financière. Dans un tel contexte, les choix politiques n'étaient pas déterminés par les besoins de la collectivité et les ressources publiques ne servaient qu'indirectement au bien commun, ce qui expliquait en partie les retards de la société québécoise. La réforme de l'administration publique et le développement des fonctions sociales de l'État supposaient un prérequis : la démocratisation du processus électoral et de ses acteurs, les partis politiques. Il fallait que les dirigeants politiques soient choisis démocratiquement, qu'ils soient responsables devant les membres du parti, que ceux-ci définissent les grandes orientations politiques et que le parti leur appartienne non seulement idéologiquement mais aussi financièrement. Un tel parti, une fois au pouvoir, serait forcé de réaliser ses engagements et pourrait le faire d'autant plus facilement qu'il serait indépendant des grandes compagnies. Le financement des partis politiques étant la clé de voûte de notre système politique, il fallait modifier la loi électorale afin de limiter les dépenses électorales, ce qui réduirait l'inégalité des forces et des options en présence et assainirait les conditions de choix des citoyens. Pour libérer les partis de « la servitude dorée des caisses électorales », l'État devait ensuite assumer les dépenses des candidats. Ces deux réformes étaient indispensables pour attaquer la corruption à sa racine.

Une fois un parti élu, il fallait éviter qu'il ne se comporte comme s'il était propriétaire de l'État, et qu'il n'exerce le pouvoir de façon arbitraire. Laurendeau croit qu'il est possible de démocratiser l'administration publique. Il faut d'abord rationaliser l'attribution des contrats et des subventions en systématisant l'usage de la soumission publique. Il faut ensuite « départisaner » la fonction publique, en instaurant des critères d'embauche et de promotion qui soient plus objectifs que la recommandation du député ou le service rendu au parti. Pour servir l'intérêt public, les fonctionnaires devaient être neutres et indépendants des pressions politiques. Pour mieux garantir cette indépendance, il fallait augmenter leurs salaires et permettre la syndicalisation de la fonction publique. Ces réformes étaient préalables à la revalorisation des fonctions de l'État, qui ne pourrait jouer un rôle dynamique dans le développement du Québec que dans la mesure où il serait au-dessus des intérêts particuliers et libre de réaliser les réformes adéquates aux besoins de la collectivité et essentielles pour sortir la nation de son marasme. Pour Laurendeau, le patronage est une plaie sociale non seulement parce qu'il enfreint des principes moraux mais aussi parce qu'il entretient le gaspillage et l'incompétence et entrave ainsi l'épanouissement de la nation.

Toute sa vie Laurendeau a été préoccupé par le système d'éducation au Québec car l'éducation était pour lui la clé du salut national [9]. Il était convaincu de l'importance primordiale des intellectuels dans la vie de la nation ; il fallait en conséquence mobiliser les ressources collectives pour assurer leur formation et leur donner les moyens de jouer un rôle dynamique dans le renouveau social et politique du Québec car ce qui a le plus manqué au Québec, à son avis, ce sont les hommes compétents :

> C'est un grief qu'on doit formuler contre les gouvernements antérieurs, c'est une responsabilité que porte en particulier le duplessisme : méfiant à l'endroit des intellectuels et des spécialistes, il n'a pas vu à renouveler le fonctionnarisme, à ouvrir assez de carrières nouvelles. Or nous sommes ici dans un domaine où, sauf brillantes exceptions, l'effort collectif, l'appui social et politique sont rigoureusement nécessaires [10].

Il importait donc de s'attaquer en priorité aux déficiences de notre système d'enseignement en instituant une commission royale d'enquête sur l'éducation [11]. Dans ce secteur d'activité, l'intervention de l'État s'avérait nécessaire et urgente car les institutions privées ne pouvaient affronter efficacement les défis d'une société moderne. Le clergé, en ce domaine, avait rendu d'immenses services avec de faibles moyens. Mais il devait passer la main à l'État et ne pas empêcher la réalisation de cette réforme si indispensable à notre survie collective.

Laurendeau félicitait le nouveau pouvoir libéral d'avoir le courage de piloter cette réforme. Il favorisait la création d'un ministère de l'éducation, l'établissement de la gratuité scolaire à tous les niveaux afin de démocratiser l'accès à l'enseignement supérieur, la révision des programmes d'études, l'augmentation des subsides aux universités et la décléricalisation des cadres scolaires. Dans le débat sur la confessionnalité, il adopte une position nuancée mais ouverte au changement. Au nom du droit des parents, il justifie tout autant le maintien d'un système confessionnel que la création d'écoles publiques neutres pour desservir les francophones qui ne s'identifient plus à la foi catholique [12]. Même s'il reconnaît que le clergé est partiellement responsable de notre incompétence, de notre immaturité intellectuelle, il ne cède jamais à l'anticléricalisme. Il préfère combattre ces déficiences en respectant la complexité du réel et en proposant des solutions constructives.

Il opte résolument pour la laïcisation du système scolaire. Il s'oppose entre autres à la création de l'Université des Jésuites car il favorise plutôt la création d'une université dirigée par des laïcs. À l'époque où nos seuls intellectuels étaient des clercs, le monopole clérical était une nécessité de sorte que tous les collèges classiques et toutes les universités étaient dirigés par eux. Le clergé remplissait alors un vide. Mais ces temps sont révolus et il faut désormais permettre à la nouvelle intelligentsia laïque d'exercer des responsabilités. Mais, à son avis, il n'est pas nécessaire pour cela de prêcher l'anticléricalisme et d'ostraciser tous les intellectuels en soutane. Le Canada français a besoin de toutes ses forces et seule la compétence doit compter [13].

Mais si les mentalités avaient évolué et si les besoins de changement étaient largement admis, les résistances n'en demeuraient pas moins très fortes parmi les élites cléricales, qui pouvaient compromettre par leur influence les espoirs de réforme. La liberté d'expression était encore balbutiante et la position des réformistes fragile. Laurendeau put s'en rendre compte à l'occasion des remous provoqués par la publication des « Insolences du frère Untel », qui fut le premier « best-seller » québécois, le tirage atteignant 28 000 exemplaires en trois semaines.

Laurendeau avait été à l'origine de ce livre qui lui fut d'ailleurs dédié par le frère Untel (Jean-Paul Desbiens). Dans sa chronique d'Actualité qu'il signait Candide, Laurendeau avait publié, le 21 octobre 1959, une critique du parler des jeunes Canadiens français qu'il avait appelé le « parler joual ». Il mettait directement en cause l'enseignement du français dans les écoles et l'insouciance des élites cléricales et politiques qui favorisaient l'anglicisation des jeunes. « Le joual, écrit-il, est un langage qui se décompose à cause d'un contact trop étroit et trop massif avec une autre langue » [14]. Le laisser-faire en matière linguistique conduisait à l'américanisation.

Cette réflexion d'apparence anodine libéra la parole de nombreux instituteurs qui n'avaient pas osé jusque-là s'en prendre à l'autorité établie et dévoiler publiquement les faiblesses de nos institutions et de nos programmes d'enseignement. Mais ils ne pouvaient encore se permettre de parler à visage découvert. Ils étaient encore dominés par la peur comme a pu le constater Laurendeau dans la correspondance qu'il recevait :

> Le courrier nous apporte régulièrement, ces temps-ci, des lettres d'instituteurs. Elles sont pour la plupart intéressantes. Mais quatre fois sur cinq, le correspondant écrit : de grâce, gardez-moi l'anonymat, mon gagne-pain en dépend [15].

Ainsi pour protéger l'anonymat d'un de ses correspondants qui avait la plume franche et alerte, Laurendeau inventa le pseudonyme du frère Untel et l'encouragea à approfondir sa critique et à la publier. Ce livre déclencha un débat public d'une rare intensité et amorça une prise de conscience de l'urgence d'améliorer la langue française au Québec. Il contribua indirectement au réveil du mouvement nationaliste. Mais il souleva aussi l'ire de la hiérarchie cléricale.

Le cardinal Léger intervient secrètement auprès du directeur du *Devoir* afin de le dissuader d'engager son journal dans la polémique déclenchée par « Les Insolences ». Il menace le journal d'un blâme public de Rome si la direction ne se montre pas plus prudente. Il envoie cette mise en garde à Laurendeau :

> Pour cela, j'ai assuré mes collègues dans l'Épiscopat que *Le Devoir* avait promis fidélité à l'Église par la voix de son directeur. Vous avez manqué à

vos engagements. Ne soyez pas surpris si des protestations s'élèvent ici ou là. Pour le moment, je ne me propose pas de porter le débat devant le public... Vous parlez sans cesse de la peur qui paralyse la vie religieuse au Québec. L'école qui soutient une telle thèse enseigne que cette peur est le fruit de l'intervention ou de l'attitude de la hiérarchie. Je suis à Montréal depuis dix ans. Pourriez-vous me signaler un fait qui viendrait corroborer cette thèse ? [16]

Dans cette lettre, le Cardinal reproche à Laurendeau d'avoir publié un commentaire élogieux sur le livre alors que son auteur avait été l'objet d'une mesure disciplinaire de la part de sa communauté. Le frère Untel avait reçu une condamnation de Rome. On lui reprochait en haut lieu « sa conception trop humaine de la vie religieuse, de l'obéissance et de l'autorité ». On blâmait aussi son indiscipline et son insoumission envers les exigences de l'imprimatur. Enfin on le bâillonnait en lui interdisant de prononcer des conférences et de participer à des émissions télévisées [17].

Laurendeau mit plus de deux semaines à répondre à la lettre du Cardinal : il rédigea quatre brouillons de lettre, ce qui révèle son embarras. Il ne veut pas cacher sa pensée, il veut être franc, mais il craint que sa franchise ne passe pour de la révolte ou de l'impertinence :

> Je vous prie de ne point prendre mon silence pour de la désinvolture ou de l'indifférence. Je n'ai cessé depuis quinze jours de penser à votre lettre. Plus j'allais et plus je me rendais compte qu'il n'est pas aisé d'y répondre. Éminence, l'une de mes difficultés majeures, c'est de parvenir à trouver le ton qui convient [18].

Il ne répond pas directement à la question que lui avait posée le cardinal, mais il insiste sur les difficultés du dialogue entre l'Église et les laïcs. L'autoritarisme et le paternalisme du clergé faussent les relations entre ceux-ci. Il plaide pour une revitalisation du rôle de l'Église dans la société, ce qui suppose à son avis une plus grande liberté d'expression et d'opinion et une participation plus active des laïcs dans la vie même de l'Église. Il réclame pour les laïcs le droit à l'interrogation ; il incite l'épiscopat à faire disparaître l'intolérance et à favoriser le respect de la liberté individuelle. Son message ne sera pas entendu puisqu'en haut lieu on décidera d'éloigner le frère Untel du Québec en l'expédiant à Rome sous prétexte de lui faire faire une licence de théologie [19]. L'Église signifiait ainsi son refus de s'engager dans la voie de la modernisation et son intention de s'opposer aux réformes de structures que s'apprêtait à lancer le nouveau gouvernement. Laurendeau souhaitait qu'on en finisse avec la peur et avec la soumission à des situations ou à des clichés auxquels on ne croyait plus guère. Il pressent alors que la partie sera rude car l'emprise du cléricalisme était encore forte au Québec.

Le frère Untel travaillait à la hache et avait proposé dans son livre la fermeture du Conseil de l'instruction publique pour cause d'incompétence, car le titre d'évêque n'était pas une qualification suffisante, à son avis, pour « contrôler l'enseignement et diriger la formation intellectuelle, morale et religieuse des élèves » [20]. Il fallait confier cette tâche à un organisme démocratique qui soit responsable de ses décisions devant le peuple. Seul un ministère de l'éducation pouvait répondre adéquatement aux exigences de démocratisation du système scolaire.

Laurendeau accueille chaleureusement la publication de la première tranche du rapport Parent, qui propose un compromis pragmatique confiant à un ministre de l'éducation la responsabilité administrative ; cependant les commissaires ont aussi recommandé que l'État soit flanqué d'un Conseil supérieur de l'éducation non confessionnel et biculturel dont le rôle serait consultatif. Laurendeau pense que cette dernière proposition n'est pas réaliste, qu'elle sera impraticable [21]. Le 26 juin 1963, le gouvernement soumet à la Chambre le bill 60. Ce projet de loi, qui institue le ministère de l'Éducation, reprend presque intégralement les recommandations du rapport Parent. Il reconnaît la nécessité de démocratiser l'accès à l'éducation par la gratuité qui supprime l'obstacle de l'argent et par la régionalisation qui réduit les distances ; mais surtout il remet la clé du système au peuple. L'éducation cesse d'être soustraite à la démocratie car elle dépendra d'un ministre et d'un gouvernement responsable devant l'Assemblée législative. Cette réforme de structure était aussi indispensable pour mettre fin au désordre administratif et à l'absence de coordination. Laurendeau presse le gouvernement d'aller de l'avant même si le projet de réforme ne fait pas l'unanimité car, dit-il, le Québec accuse déjà un retard de soixante-quinze ans et il est urgent de répondre aux mutations sociologiques qui s'accélèrent [22].

L'opposition des évêques obligea le gouvernement à faire marche arrière. Laurendeau fut amèrement déçu par l'attitude du clergé qui, au lieu d'exposer publiquement ses positions, avait préféré faire une campagne de pression clandestine. Il écrit à ce propos :

Rien ne nous paraît plus malsain et plus dommageable pour l'éducation, pour la démocratie et pour l'Église elle-même que ces tractations présumées et insaisissables au nom desquelles des gouvernements passés se sont laissé arrêter et qui donne peu à peu à la communauté nationale le sentiment d'une mystérieuse paralysie [23].

Les forces conservatrices n'avaient plus le pouvoir de diriger mais avaient encore la capacité de freiner le changement. Elles forcèrent Paul Gérin-Lajoie à modifier substantiellement son projet de réforme. Les évêques exigèrent de l'État des garanties formelles, dont le rétablissement des comités confessionnels au Conseil supérieur de l'éducation et la nomination de deux sous-ministres confessionnels. Dans le rapport Parent et dans le premier projet de loi, les pouvoirs de ces comités étaient restreints et avaient un caractère consultatif. Le gouvernement, estime Laurendeau, a fait des concessions « exorbitantes » qui restaurent à toutes fins utiles l'autorité de l'Église au sein du ministère de l'Éducation en confiant aux comités confessionnels un pouvoir de décision :

Il en résulte un étrange ministère de l'Éducation, dont il ne doit pas y avoir beaucoup d'équivalents à travers le monde. Le rapport Parent, fruit déjà d'un compromis nous paraît trahi dans l'une de ses parties essentielles... C'est peut-être, politiquement, le maximum de ce qui était possible aujourd'hui. Je le regrette pour l'État, pour l'Église — pour l'ensemble du Canada français [24].

Même si on peut admettre que le gouvernement Lesage n'avait peut-être pas les ressources politiques nécessaires pour aller plus loin — car à cette époque l'essoufflement de la Révolution tranquille commençait à se faire sentir sous la pression de plus en plus forte des éléments conservateurs — il faut cependant reconnaître que le manque de courage politique des libéraux a retardé de vingt ans une réforme qui est encore problématique de nos jours. Il faut dire aussi à leur décharge qu'ils avaient ouvert plusieurs fronts et que les chambardements dans les autres secteurs d'activités avaient eu pour effet d'abaisser le seuil de tolérance dans un secteur aussi sensible que celui de l'éducation.

Le gouvernement Lesage avait réussi à moderniser l'administration publique, à instaurer un régime d'assurance-hospitalisation, à créer un ministère de la culture, à nationaliser les compagnies privées d'électricité et il s'apprêtait à mettre sur pied un régime de rentes. Une société peut difficilement absorber autant de transformations à un rythme aussi rapide, surtout après une longue période d'immobilisme.

On avait au moins réussi à faire accepter un accroissement des fonctions de l'État et à valoriser ses interventions dans une société qui depuis des générations refusait à l'État la possibilité de jouer un rôle dynamique. Il y avait là un progrès incontestable, mais qui posait de nouveaux défis d'ordre constitutionnel.

La croissance des responsabilités de l'État québécois exigeait l'accès à de nouvelles ressources financières, le partage des pouvoirs fiscaux n'étant plus suffisant pour répondre aux besoins d'un État moderne. La Révolution tranquille relançait la bataille fiscale avec le gouvernement central. Moderniser, nationaliser, créer de nouvelles institutions, augmenter les responsabilités sociales de l'État ne pouvaient se faire sans de nouvelles sources de revenus pour le gouvernement provincial. Cela posait avec acuité le problème de la révision constitutionnelle. Il fallait refaire la Confédération, non seulement pour permettre à l'État provincial d'assumer efficacement ses nouvelles responsabilités mais pour répondre aux aspirations des nouvelles générations qui soutenaient la montée d'un nouveau nationalisme québécois. Laurendeau estime que le système risque d'éclater si on ne procède pas à des changements majeurs :

> L'urgence est d'abord ressentie dans le Québec. C'est ici surtout qu'on parle de refaire la Confédération. Il le faut si l'on veut empêcher que le régime n'arrive au point de rupture. Il le faut, parce que le gouvernement provincial a des tâches colossales à accomplir, et qu'il atteindra rapidement la limite de ses moyens financiers [25].

Pour satisfaire sa boulimie budgétaire, le gouvernement du Québec ne pouvait compter uniquement sur l'augmentation des taxes ; il devait rapatrier de nouveaux pouvoirs de taxation pour faire face à l'augmentation annuelle de ses dépenses qui était en moyenne, entre 1960 et 1965, de 20,9 p. 100. Exercer son autonomie provinciale ne signifiait plus tellement dire non à Ottawa, mais exigeait plutôt d'obtenir les moyens de rendre l'éducation meilleure et plus accessible, d'organiser un fonctionnarisme plus compétent et de multiplier les initiatives culturelles et économiques. Un État qui intervient coûte plus cher qu'un État qui s'abstient. L'affirmation du Québec nécessitait la croissance de ses ressources et un nouveau partage des pouvoirs, en particulier sur le plan fiscal. Les tergiversations du gouvernement Diefenbaker face aux demandes du Québec — Lesage revendiquait un transfert de 25 p. 100 de l'impôt des particuliers, de 25 p. 100 de l'impôt sur les corporations et de 100 p. 100 des droits de succession

— accentueront les tensions entre Québec et Ottawa à un moment où
la légitimité du système fédéral était menacée par la faible représentation des francophones au sein du Parti conservateur [26] et du Parti
libéral et où elle était contestée par la montée des mouvements
indépendantistes. La dialectique de la revendication et du refus
accréditait les thèses séparatistes. Ottawa était perçu comme l'obstacle
princpal à l'épanouissement de la société québécoise qui manifestait
un nouveau dynamisme. Il fallait repenser le fédéralisme si on voulait
éviter que le réveil du Québec ne pousse le régime à la rupture car, de
l'avis de Laurendeau, les Canadiens français n'accepteraient plus
l'oppression et l'inégalité de traitement qui avaient caractérisé leur
situation dans l'État canadien, d'autant qu'ils avaient de plus en plus
tendance à s'identifier exclusivement à l'État du Québec, foyer
politique national des Canadiens français [27].

Laurendeau ne se braque pas contre l'option séparatiste. Il incite
ses lecteurs à la soumettre à un examen attentif. Il est assez lucide
pour savoir que cette tendance correspond à un profond sentiment
d'alinéation et qu'elle s'appuie sur les nouvelles énergies libérées par
la Révolution tranquille. Au début des années soixante, ce mouvement
n'a pas d'emprise sur les masses, mais il recrute ses soutiens chez les
jeunes et dans l'intelligentsia. Il est en rupture de ban avec le
nationalisme traditionnel car il préconise, en plus de l'indépendance,
le laïcisme et le socialisme. Laurendeau critique durement l'attitude
de Trudeau à l'égard de ce néo-nationalisme car celui-ci réagit par
réflexe conditionné et identifie nationalisme à duplessisme. Un tel
aveuglement le déçoit : « ce que je pardonne mal à un esprit de cette
valeur, c'est sa volonté de ne pas comprendre, et sa volonté de tout
confondre » [28]. Les deux hommes n'ont pas la même vision du Canada
et du rôle de l'État du Québec dans la fédération canadienne. Le
premier rejette par principe le nationalisme québécois alors que le
second y reconnaît des forces positives et dynamiques. Trudeau
croyait qu'il ne devait y avoir qu'un seul nationalisme au Canada et
que la province de Québec avait suffisamment de pouvoirs pour se
développer — elle n'avait qu'à les exercer. À l'inverse, Laurendeau
adhérait à la théorie du pacte entre les deux nations et soutenait que
la Constitution devait être refaite parce que l'État central avait
accaparé des pouvoirs réservés aux provinces et parce qu'il fallait
reconnaître politiquement l'existence et l'égalité de deux sociétés
distinctes au Canada.

Il estime que le séparatisme est une option légitime et logique qui découle des dysfonctionnements du fédéralisme. En tant que mouvement de protestation, il a un sens, il manifeste un refus de la centralisation des pouvoirs à Ottawa et de la dénationalisation qu'elle provoque :

> Le séparatisme, comme mouvement d'opposition, établit son utilité : il force les hommes de la politique fédérale à aborder des problèmes sur lesquels ils restent d'habitude fort discrets... Une partie importante de la génération nouvelle refuse de devoir s'angliciser pour servir son pays. Elle estime que cette « obligation » transforme l'État central en État étranger — et souvent en État hostile. Que des individus se sacrifient, ou se trahissent eux-mêmes pour réussir, c'est leur affaire : le régime lui est inacceptable. Il devient « intolérable »[29].

C'est l'inégalité de traitement qui pousse les Canadiens français au séparatisme. Ce mouvement témoigne contre les injustices que nous avons subies.

Mais si, comme mouvement de pression, le séparatisme peut être utile et hâter le réveil du Canada anglais, il ne peut constituer pour Laurendeau une solution réaliste aux problèmes des Canadiens français ; d'une part celui-ci doute que les masses populaires adhèrent à ce projet et d'autre part il ne voit pas comment l'indépendance pourrait se réaliser.

Pour Laurendeau, le premier obstacle à l'accession à l'indépendance, c'est la situation même des Canadiens français, qui n'est pas comparable à celle des peuples qui sont devenus indépendants depuis la Seconde Guerre mondiale. Il pense que nous ne sommes pas assez sous-développés pour prendre les risques que suppose la décolonisation. Notre oppression est trop douce pour susciter la révolte. Nous sommes certes défavorisés et nous subissons la discrimination mais malgré notre infériorité nous jouissons d'un niveau de vie élevé et nos acquis nous font préférer la sécurité aux risques d'une libération[30]. Laurendeau reproche aux séparatistes de minimiser l'attachement des Canadiens français à l'ensemble du Canada. Un siècle de collaboration ne peut s'effacer de la conscience collective par enchantement.

En outre, il y a à son avis d'autres objections plus sérieuses. Même si les séparatistes réussissaient à convaincre une majorité de Québécois, comment pourront-ils modifier le rapport de force en leur faveur et vaincre la résistance inévitable du Canada et des États-Unis?

> Le Québec n'est pas une île en plein Atlantique : son départ du Canada signifie la mort du Canada. Je n'arrive pas à comprendre comment un gouvernement canadien pourrait accepter sans réaction violente — ou en tout cas sans réaction vigoureuse — le saccage d'un pays qu'il administre depuis un siècle [31].

Il ne fait pas confiance à cet égard à l'argument du fair-play des Anglo-Canadiens. Pas plus que les États-Unis n'ont permis au Sud de faire sécession, pas plus le Canada ne se laissera volontiers casser en deux. On ne nous a jamais montré encore de quelle façon le Québec pourrait pacifiquement conquérir son indépendance [32]. Enfin qu'aurons-nous gagné pour notre survie collective à mettre une frontière entre le Québec et le Canada? Le danger ce n'est pas le Canada, c'est la présence à nos côtés de l'environnement culturel américain qui pèse sur nous. Les thèses séparatistes ne l'ont pas convaincu qu'un Québec indépendant sera mieux placé pour se défendre. Il craint plus de faire partie d'une minorité en Amérique du Nord que de faire partie d'une minorité au Canada. Sans fermer complètement la porte à cette hypothèse, il n'est pas encore prêt à céder à la tentation séparatiste. Il préfère donner une dernière chance au fédéralisme canadien. L'hypothèse qu'il retient est la suivante : « la Confédération vaut mieux que la séparation, pourvu qu'elle soit refaite » [33]. Dans l'éventualité d'un échec de cette réforme, il aurait été prêt à faire sienne l'option indépendantiste. Mais avant d'en venir à ce dernier recours, il veut tenter une dernière fois de sauver le Canada, qui traverse la crise la plus grave de son histoire. Les bombes du F.L.Q. lui firent sentir avec encore plus d'acuité l'urgence d'agir et de faire comprendre au Canada anglais l'exaspération des Canadiens français.

Laurendeau avait commencé sa carrière politique en critiquant le traitement injuste que subissaient les francophones dans la fonction publique fédérale. Trente ans plus tard, il est toujours assis sur le même cheval de bataille. Même si le Canada est théoriquement un pays bilingue, dans les faits le bilinguisme signifie que les francophones sont obligés de parler anglais pour participer à la vie politique canadienne. À l'exception du Québec, tous les États provinciaux sont unilingues anglais. Au niveau fédéral, en dépit de quelques concessions symboliques comme les timbres et les chèques bilingues, la langue de travail des fonctionnaires dans cet État bilingue est l'anglais :

Dans la plupart de ses services, le gouvernement central est, pour les Canadiens français, un agent de dénationalisation. Il fait ou laisse régner une inégalité de base entre les fonctionnaires des deux groupes. Cette attitude existe depuis le début de la Confédération. Elle est à l'origine du séparatisme québécois [34].

L'absence de bilinguisme dans la fonction publique fédérale est à son avis la principale cause de la sous-représentation des francophones dans le haut et le moyen fonctionnarisme. Or lorsqu'on connaît l'influence que les fonctionnaires exercent dans les prises de décisions, surtout dans une structure politique de plus en plus centralisée, cette absence avait des conséquences désastreuses pour le Canada français. Cette situation est devenue intolérable et nourrit l'argumentation des séparatistes. Tant que les Canadiens français seront traités comme citoyens de seconde zone, qu'ils subiront les vexations d'une politique discriminatoire, ils se sentiront étrangers dans leur propre pays et seront tentés de rompre le lien fédéral. Le temps n'est plus aux concessions symboliques, il faut, estime Laurendeau, une réforme d'ensemble qui touche à la fois à la politique des langues officielles et aux rapports de pouvoir entre les deux nations. Cette fois-ci les chèques bilingues ne suffiront pas à apaiser le Canada français car le nouveau nationalisme est une revendication de dignité, qui ne pourra s'incarner que dans l'égalité. Il croit que la reconnaissance de « l'equal partnership » a des chances de réussir en raison de deux nouveaux facteurs : la pression du séparatisme québécois, et l'éveil d'une conscience nationaliste chez certains Canadiens anglais qui veulent résister à l'américanisation du Canada. La participation des Canadiens français à la Confédération dépendait de l'ouverture d'esprit du Canada anglais qui devait accepter les réformes nécessaires à l'établissement d'une juste représentation des francophones dans la fonction publique fédérale.

Dans un éditorial publié le 20 janvier 1962, il propose « un moratoire des miettes » et il demande au gouvernement Diefenbaker, au lieu de concessions insignifiantes, la création d'une commission royale d'enquête sur le bilinguisme dont il définit ainsi les objectifs :

1) Savoir ce que les Canadiens, d'un océan à l'autre, pensent de la question. Ce serait peut-être une bonne façon de crever l'abcès. Car autant cesser de se raconter des histoires : il est sain de connaître la vérité...

2) Étudier à l'extérieur et de près, — en des pays comme la Belgique et la Suisse — la façon dont les sociétés aux prises avec les mêmes questions, les ont résolues.

3) Connaître, toujours de très près, la situation qui est faite aux deux langues dans tous les services fédéraux [35].

La réponse de M. Diefenbaker fut rapide et claire. Il n'en était pas question.

Mais l'idée faisait son chemin. Elle fut reprise par Lester B. Pearson qui avait besoin d'affirmer son leadership au Québec où les créditistes venaient de faire une percée significative, ce qui brouillait le jeu politique traditionnel. Décidément, le Québec n'était pas une province comme les autres. Pour retrouver le pouvoir, les libéraux avaient besoin de regagner l'appui du Québec. Le défi était de taille pour un chef de parti anglophone, d'autant plus qu'il devait réconcilier la revendication du statut particulier défendue par le gouvernement du Québec avec les pressions centralisatrices de l'électorat ontarien, tout en désamorçant les attaques des séparatistes et des créditistes. Une commission d'enquête sur le bilinguisme était la solution idéale pour sortir le Parti libéral de l'impasse où il se trouvait au Québec sans s'aliéner le reste du Canada, puisqu'une fois élu le gouvernement serait libre de donner suite ou non aux recommandations de cette commission.

Le lundi 17 décembre, le créditiste Gilles Grégoire tenta de couper l'herbe sous les pieds des libéraux. Il improvisa un discours en faveur d'une commission d'enquête :

> Je crois que le temps est venu maintenant d'établir une commission royale d'enquête sur le bilinguisme et sur la participation des Canadiens français au Service civil, à tous les niveaux. Nombre d'individus et nombre de groupements aussi ont demandé l'établissement d'une telle commission [36].

Il poussait ainsi les libéraux dans l'engrenage des concessions. Pearson, à titre de chef de l'opposition, ne pouvait offrir moins que les créditistes à la province de Québec. Il se leva et défendit donc pendant une heure le principe d'une enquête sur les deux principales langues et cultures au Canada. Ce discours avait été préparé par Maurice Lamontagne et exprimait la vision libérale de l'unité nationale. Pearson a consigné dans ses mémoires la conception qu'il avait du Canada à ce moment là :

> My view point was one of sympathy to the provinces especially to Quebec, in their desire for more control and for more resources. By co-operative action one could encourage the devolution of power, with the provision that a province could, if it wished, restore authority to Ottawa. In this manner we might make provision for Quebec to develop de facto jurisdiction in

certain areas where she desired it most. Although the federal government had to retain intact certain essential powers, there were many other functions of governement exercised by Ottawa which could be left to the provinces. By forcing a centralism perhaps acceptable to some provinces but not to Quebec, and by insisting that Quebec must be like the others, we could destroy Canada. This becomes my doctrine of federalism [37].

Cette ouverture d'esprit envers le Québec et cette vision d'un fédéralisme décentralisé qui reconnaissait la possibilité d'un statut particulier au Québec rehaussèrent la crédibilité du Parti libéral chez les Canadiens français.

Dans ce discours, Pearson déclarait aussi que la Confédération signifiait non seulement le rejet de l'annexion aux États-Unis, mais aussi le rejet de la conception américaine de l'unité nationale ; c'est-à-dire le melting pot culturel. À l'instar des nationalistes canadiens-français, il reprenait à son compte la thèse du pacte entre les deux nations. À son avis, si la Confédération était techniquement un traité entre États, elle n'en était pas moins fondée sur un accord entre les deux peuples.

Cette réalité devait être reconnue dans le fonctionnement concret du système fédéral. Des changements constitutionnels s'imposent donc pour instituer cette égalité entre les deux peuples fondateurs et permettre aux Canadiens français de participer pleinement à la gestion de l'État canadien :

> Le temps est venu pour les Canadiens de faire un sérieux examen collectif de l'aspect biculturel et bilingue de notre pays, de l'enseignement du français et de l'anglais, des relations générales entre les deux groupes ethniques qui ont fondé le Canada. Il faudrait en profiter pour encourager les Canadiens à exprimer leurs opinions sur la situation, soit eux-mêmes, soit par l'intermédiaire de leurs associations et de leurs organismes. S'ils estiment que la situation laisse à désirer, ils devraient recommander des mesures pratiques pouvant assurer une participation plus équilibrée des deux groupes aux affaires de l'État [38].

Quelques mois plus tard (8 avril 1963), les libéraux prenaient le pouvoir et formaient un gouvernement minoritaire grâce au changement d'allégeance des Québécois, qui étaient revenus au bercail libéral attirés par les promesses de réformes constitutionnelles.

Le 19 juillet 1963, le gouvernement Pearson publiait le décret instituant la Commission royale d'enquête sur le bilinguisme et le biculturalisme et lui accordant un mandat très vaste :

faire enquête et rapport sur l'état présent du bilinguisme et du biculturalisme au Canada et recommander les mesures à prendre pour que la Confédération canadienne se développe d'après le principe de l'égalité entre les deux peuples qui l'ont fondée, compte tenu de l'apport des autres groupes ethniques à l'enrichissement culturel du Canada ainsi que des mesures à prendre pour sauvegarder cet apport.

Le gouvernement délimitait trois champs d'investigation :

1) faire rapport sur l'état et la pratique du bilinguisme dans tous les services et institutions de l'administration fédérale — y compris les sociétés de la Couronne — ainsi que dans leurs contacts avec le public et présenter des recommandations de nature à assurer le caractère bilingue et fondamentalement biculturel et l'administration fédérale.

2) faire rapport sur le rôle dévolu aux institutions tant publiques que privées, y compris les grands organismes de communications, en vue de favoriser le bilinguisme...

3) discuter avec les gouvernements provinciaux compte tenu de ce que la compétence constitutionnelle en matière d'éducation est conférée aux provinces, les occasions qui sont données aux Canadiens d'apprendre le français et l'anglais et présenter des recommandations sur les moyens à prendre pour permettre aux Canadiens de devenir bilingues [39].

Les commissaires nommés pour réaliser ce mandat étaient : André Laurendeau et David Dunton, coprésidents. Ils étaient assistés dans leur fonction par deux secrétaires adjoints : Neil Morrisson et Paul Lacoste. Les autres membres de la commission étaient : le rév. père Clément Cormier, M. Royce Frith, M. Jean-Louis Gagnon, Mme Stanley Laing, M. Jean Marchand, M. Jaroslav B. Rudnyckyj, Me Frank Scott et M. Paul Wyczyinski.

Laurendeau hésita avant d'accepter cette nomination. Il avait certes été l'instigateur de cette commission qui lui offrait l'opportunité de concrétiser sa conception des relations entre le Canada français et le Canada anglais, mais il craignait que cette fonction ne l'éloigne du Québec alors en pleine ébullition. On était au temps fort de la Révolution tranquille, en pleine bataille du bill 60. Le Québec était secoué par les bombes du F.L.Q., alors que se déroulaient les enquêtes préliminaires des felquistes de la première vague : Villeneuve, Hudon et Schoeters. Marcel Chaput avait aussi entrepris une grève de la faim pour financer le Parti républicain du Québec. Alors qu'il était une des voix les plus écoutées au Québec où il pouvait jouer un rôle important, Laurendeau risquait de se retrouver, à titre de coprésident, sur un terrain politique où son influence serait aléatoire. Il risquait aussi de perdre sa crédibilité en tant que leader intellectuel en s'associant directement au pouvoir libéral fédéral, lui qui avait toujours eu par le passé une attitude critique envers le Parti libéral du Canada et l'administration fédérale. Mais ces mêmes antécédents politiques avaient fait de lui le principal défenseur de l'égalité effective des langues à Ottawa et de la juste représentation des francophones dans la fonction publique. Il ne pouvait, sans renier ce passé, refuser de relever ce nouveau défi, d'autant plus qu'il sentait que le Canada était arrivé à la croisée des chemins.

Écrire des éditoriaux condamnant le recours au terrorisme ne suffisait pas à arrêter la violence, il fallait agir sur les causes de l'aliénation qui poussait ces jeunes à la révolte ; mais il n'était pas certain de pouvoir mener cette entreprise à terme dans un milieu étranger qui pouvait lui être hostile. Il avait besoin du soutien des membres influents de l'intelligentsia québécoise. Il consulta à cet effet une vingtaine d'intellectuels lors d'une rencontre informelle organisée par Léon Dion à sa résidence de Cap-Rouge, le 15 juillet 1963. Il rencontra peu d'interlocuteurs enthousiastes ce jour-là. On ne croyait pas possible de réformer le système fédéral de l'intérieur ; on misait plutôt sur le pouvoir de négociation du gouvernement québécois à l'intérieur des conférences fédérales-provinciales.

Le dilemme personnel de Laurendeau reflétait la problématique des rapports entre le Québec et le Canada. Ou bien il choisissait d'œuvrer à résoudre la crise canadienne à l'intérieur du système fédéral en acceptant la coprésidence, ou bien il refusait cette responsabilité et il devait alors, pour être conséquent, opter pour l'indépendance du Québec. Le poids de sa socialisation le fit pencher en faveur du pari canadien. Il fut ainsi l'un des premiers intellectuels québécois prestigieux à s'associer à la réforme du fédéralisme canadien ; il précédait les trois « colombes » sur la scène fédérale. Trudeau à la même époque publiait dans *Cité Libre* un article intitulé « Pearson ou l'abdication de l'esprit », où il fustigeait le Parti libéral : « tous des caves ma foi ». Il proclamait d'ailleurs que récrire la Constitution était une perte de temps [40].

La situation au *Devoir* était préoccupante, ce qui explique aussi en partie les hésitations de Laurendeau. Le 31 janvier 1963, Gérard Filion avait remis sa démission pour occuper le poste de directeur général de la S.G.F. Un second départ aurait pu être fatal au journal. Il fallait donc assurer une période de transition qui permette à Laurendeau de se délester des responsabilités administratives du journal tout en continuant sa collaboration éditoriale. *Le Devoir* fut alors dirigé par un triumvirat formé d'André Laurendeau, de Claude Ryan et de Paul Sauriol. La mise en congé de Laurendeau ouvrait la voie de la direction à Claude Ryan. Laurendeau accepta cette solution, même s'il considérait que Ryan n'était pas assez nationaliste pour occuper cette fonction [41].

Dans un éditorial publié le 23 juillet, il expliquait aux lecteurs du *Devoir* les raisons de sa décision. En dépit du caractère périlleux de l'entreprise, qui risquait de soulever des passions, de cautionner une politique centralisatrice qu'il avait toujours combattue ou encore de se heurter à un mur d'incompréhension, il se devait d'accepter cette mission car, écrit-il, « c'est le destin d'un peuple qui est en cause ». Pour la première fois le gouvernement central, en créant cette commission, acceptait le principe de l'égalité et l'appliquait dans les faits. « Voilà trente ans que je me bats pour l'égalité. Je réclame la tenue d'une enquête depuis janvier 1962. J'ai défendu l'idée dans vingt articles. J'y crois. Je plonge » [42].

Cette commission lui donnait l'occasion de poursuivre un dialogue ouvert avec le Canada anglais — dialogue entrepris dès son retour d'Europe. Laurendeau croyait que la crise canadienne résultait en grande partie de l'ignorance et de l'incompréhension entre les deux peuples fondateurs. Il espérait par le travail de la commission briser les deux solitudes, abattre les palissades qui empêchaient les deux groupes de se comprendre et sensibiliser le Canada anglais aux besoins et aux aspirations des Québécois. Laurendeau entreprit cette mission pédagogique avec un optimisme modéré. Pour lui l'enjeu de cette enquête était dramatique :

> Ou nous sortirons de l'enquête un peu plus séparatistes qu'auparavant, ou nous en ressortirons convaincus que la coexistence avec le groupe de langue anglaise est possible et mutuellement fructueuse [43].

NOTES

1. *Le Devoir* (éditorial), 24 février 1959.
2. *Le Devoir* (éditorial), 29 janvier 1959.
3. Voir *Le Devoir* (éditorial), 14 février 1959.
4. Voir *Le Devoir* (Bloc-notes), 20 février 1959.

284

5. Voir *Le Devoir* (éditorial), 16 mars 1959.

6. Voir *Le Devoir*, 8 septembre 1959.

7. *Le Devoir*, 6 janvier 1960.

8. André LAURENDEAU, *Ces choses qui nous arrivent*. Montréal, HMH, 1970, p. 9.

9. Voir *Le Devoir*, Entretien avec J.M. Léger, 21 mai 1959.

10. André LAURENDEAU, *Ces choses qui nous arrivent*, p. 46 (décembre 1961).

11. Voir *Le Devoir* (Bloc-notes), 1er juin 1960 et (éditorial), 15 novembre 1960.

12. Voir *Le Devoir* (éditorial), 21 octobre 1960.

13. Voir *Le Devoir* (Bloc-notes), 17 novembre 1960.

14. *Le Devoir* (Bloc-notes), 23 janvier 1961.

15. *Le Devoir* (Bloc-notes), 8 avril 1960.

16. Collection André Laurendeau. Lettre de Son Éminence le cardinal Léger à André Laurendeau, le 30 septembre 1960. P2A63.

17. Ces sanctions sont décrites dans une lettre du frère Jérôme à André Laurendeau, 12 janvier 1961. P2A65.

18. Collection André Laurendeau. Lettre d'André Laurendeau à Son Éminence le cardinal Léger, le 18 octobre 1960. P2A64.

19. Collection André Laurendeau. Lettre du frère Jérôme à André Laurendeau, 3 août 1961. P2A66.

20. *Les Insolences du frère Untel*. Montréal, Les Éditions de l'Homme, 1960, p. 53.

21. Voir *Le Devoir* (éditorial), 27 avril 1963.

22. Voir *Le Devoir* (éditorial), 12 octobre 1963.

23. *Le Devoir* (éditorial), 10 juillet 1963.

24. *Le Devoir* (éditorial), 18 janvier 1964.

25. *Le Devoir* (éditorial), 9 janvier 1962.

26. « Jamais depuis M. Bennett, croyons-nous, les Canadiens français ne se sont sentis absents des affaires du pays au point où ils le sont sous Diefenbaker », *Le Devoir* (Bloc-notes), 14 septembre 1960.

27. Voir *Le Devoir* (éditorial), 18 septembre 1961.

28. Voir *Le Devoir* (Blocs-notes), 5 mars 1961.

29. *Le Devoir* (éditorial), 11 novembre 1961.

30. Voir *Le Devoir* (Blocs-notes), 20 février 1961.

31. *Le Devoir* (Blocs-notes), 8 mars 1961.

32. *Le Devoir* (Blocs-notes), 20 février 1961.

33. Titre d'un article paru dans le *Maclean's*, mars 1962. *Ces choses qui nous arrivent*, p. 60–64.

34. *Le Devoir* (éditorial), 27 janvier 1962.

35. *Le Devoir* (éditorial), 20 janvier 1962.

36. Cité par J.R. BEALS et J.M. POLIQUIN, *Les Trois Vies de Pearson*. Montréal, Éditions de l'Homme, 1968, p. 16.

37. L.B. PEARSON, *The Memoirs of the Right Honourable Lester B. Pearson*. Toronto, University of Toronto Press, 1975, vol. 3, p. 239.

38. Cité par J.R. BEAL et J.M. POLIQUIN, *Les Trois Vies de Pearson*. Montréal, Éditions de l'Homme, 1968, p. 17-18.
39. Cité *ibid.* p. 19-20.
40. Voir *Le Devoir*, 17 mars 1964.
41. Voir procès-verbal de la réunion du conseil de rédaction du 21 mars 1964. Collection André Laurendeau. P2A685.
42. *Le Devoir* (éditorial), 23 juillet 1963.
43. *Le Devoir*, 25 juillet 1963, p. 1.

Chapitre XII

Pèlerinage
en vrai Canada

Cette commission d'enquête avait été instituée surtout pour répondre aux critiques et aux revendications du Québec envers le régime fédéral, ce que reconnaissait d'entrée de jeu le rapport préliminaire de la Commission :

> si la Commission a été formée, c'est, dans une certaine mesure, pour examiner les griefs formulés de plus en plus vigoureusement par les Canadiens français et en particulier le Québec [1].

L'affirmation culturelle et politique du Québec rompait avec une longue tradition de résignation et de soumission. Cette nouvelle identité nationale se forgeait dans la lutte contre la discrimination linguistique et débouchait sur la volonté d'accroître les pouvoirs politiques de l'État québécois. La revendication nationaliste recouvrait aussi un conflit de classe car l'État québécois était la seule source de mobilité sociale pour les nouvelles élites francophones.

Cette dynamique de changement mettait en cause la structure même de l'État canadien, en provoquant une diminution des soutiens envers le régime fédéral. C'est donc dans ce contexte de crise qu'on décida, pour la première fois depuis la Confédération, d'entreprendre un examen systématique des relations entre les deux peuples fondateurs. On espérait, de cette façon, amorcer une réforme de la Constitution et enrayer l'escalade de la violence et la montée du mouvement indépendantiste qui menaçait la survie du système politique canadien.

Laurendeau jouera un rôle déterminant dans l'orientation des travaux de la Commission en donnant une interprétation extensive du mandat. Les deux coprésidents eurent un entretien avec Lester B.

Pearson en novembre 1963, afin de préciser le mandat de la Commission et d'éliminer l'ambiguïté causée par la présence du mot anglais « race » dans le texte du mandat. Ils consignèrent au procès-verbal de la réunion des 21 et 22 novembre 1963 leurs impressions de cette rencontre :

> D'une façon générale, le Premier ministre s'est montré très bien disposé à l'endroit de la Commission ; il souhaite que celle-ci se livre à un travail approfondi en y consacrant le temps et les moyens financiers voulus. Il exprime le vœu qu'il ne se crée pas trop d'agitation autour de l'activité de la Commission, tout en comprenant que celle-ci doit se tenir en contact avec le public [2].

L'enquête devait porter sur tous les aspects de la société afin de recommander au gouvernement les moyens à prendre pour établir une égalité réelle entre le Canada anglais et le Canada français. Laurendeau ne se sentait aucunement limité à cet égard par les dispositions de la Constitution canadienne. Il pensait que la Commission devait suggérer des amendements à la répartition des pouvoirs qui aillent dans le sens d'une égalité de fait entre les deux peuples fondateurs [3]. Dans son esprit, le travail de la Commission devait établir les principes de base d'une nouvelle Confédération.

La notion d'égalité était, à son avis, l'idée-force du mandat :

> Deux postulats se dégagent en effet de l'idée même de cette Commission ainsi que du mandat qu'elle reçoit, l'un : que cette égalité n'existe pas ; l'autre : qu'elle est possible [4].

La Commission devait donc, dans un premier temps, établir les faits de façon irréfutable, identifier ensuite les causes de ces inégalités et enfin proposer des changements. Laurendeau adopte une définition sociologique de l'égalité. Le rôle de la Commission n'est pas, de son point de vue, de favoriser l'égalité des citoyens devant la loi. Les problèmes qui menacent la communauté canadienne ne relèvent pas du statut des individus mais proviennent des disparités entre les deux peuples qui coexistent au Canada. Il s'agit donc de promouvoir l'égalité des citoyens en tant que personnes appartenant à deux collectivités distinctes. Comme nous le verrons dans le chapitre suivant, cette définition était lourde de conséquences et ne fit pas l'unanimité parmi les commissaires car elle supposait un changement des structures de l'État canadien.

Avant d'amorcer ses travaux, la Commission devait aussi clarifier son attitude envers les autres groupes ethniques du Canada. Cette question risquait d'aviver les susceptibilités surtout dans l'Ouest. Léon Dion avait déjà prévenu Laurendeau des difficultés qui l'attendaient à cet égard : « Les pires difficultés ne viendront pas des Canadiens anglais mais du tiers groupe qui a été soumis à une formation civique reposant sur la prémisse que le Canada était un pays anglo-saxon purement et simplement » [5]. Les nouveaux Canadiens ne comprenaient pas pourquoi les francophones devaient recevoir un traitement particulier et craignaient d'être forcés d'apprendre le français alors qu'ils devaient déjà faire des efforts considérables pour apprendre l'anglais. Sur la question des autres cultures, Laurendeau propose à la Commission d'éviter deux positions extrêmes, l'une consistant à les oublier ou à les considérer comme des objets à transformer, l'autre visant à leur reconnaître un statut officiel. L'ambiguïté de cette attitude deviendra plus tard le talon d'Achille de la position constitutionnelle de Laurendeau, qui ne réussira pas à institutionnaliser sa vision biculturelle du Canada.

La Commission, dès sa première réunion tenue les 4 et 5 septembre 1963, adopta deux approches méthodologiques convergentes en décidant de procéder à des audiences publiques et de commander des recherches spécifiques à des universitaires.

Les premières réunions de la Commission furent consacrées à la préparation des rencontres préliminaires et des séances régionales, à la définition du mandat et à la mise en train de la recherche. Il fallait à cet égard établir le plan des travaux et recruter le personnel de recherche. On pressentit plusieurs universitaires de renom comme messieurs Keffits, P. Fox, J. Brazeau, L. Dion et M. Oliver pour diriger l'équipe de recherche ou, pour employer l'expression de Jean-Louis Gagnon, « la superuniversité canadienne » [6]. On peut dire qu'à cet égard la Commission B et B a stimulé le développement de la recherche en sciences sociales au Canada et au Québec en attribuant plus de trois millions de dollars en contrats de recherche, ce qui était considérable à l'époque. Cette manne créa des débouchés pour les jeunes diplômés en sciences sociales que commençaient à produire les universités québécoises. Elle favorisa indirectement l'institutionnalisation des jeunes disciplines qu'étaient chez nous la sociologie, la démographie, la science politique et l'économie. Elle permettait à de jeunes professeurs d'acquérir une expérience de recherche et contribuait, de cette façon, à accréditer l'autorité d'une nouvelle élite intellectuelle.

Le programme de recherche de la Commission fut élaboré par Michael Oliver, qui était directeur de la recherche, et par Léon Dion, qui agissait à titre de conseiller spécial. Les chefs des différents services de recherche étaient : J. Meisel, M. Brownstone, O. Hall, B. Neatby, S. Gagné, J. Éthier-Blais, K. McRae, W. Mackey, J. Fortier et A. Raynaud.

Ce programme de recherche devait fournir à la Commission les données scientifiques qui lui permettraient d'évaluer en profondeur les problèmes du Canada. Ce programme était divisé en sept volets. On devait réaliser des études sur le personnel, les conditions de travail et les conditions d'avancement dans la fonction publique fédérale. Une attention particulière devait être accordée aux problèmes du bilinguisme dans les forces armées. La Commission s'est aussi intéressée aux grands organes de communication en commanditant des études sur les mass media (presse, radio, télévision, etc.). L'éducation était le troisième secteur de recherche ; il s'agissait d'analyser, de façon comparative, les programmes d'études des écoles de langue française et des écoles de langue anglaise. La langue et la culture étaient le quatrième champ d'études. Les dimensions juridiques et constitutionnelles des problèmes linguistiques constituaient le cinquième volet du programme de recherche qui visait à déterminer quelles étaient les implications du concept de « partenaires égaux » appliqué aux institutions politiques. La Commission commanda enfin de nombreuses études démographiques ainsi que des recherches sur d'autres pays dont la situation était comparable à celle du Canada.

L'objectif de la Commission n'était pas seulement d'accumuler des données mais aussi de susciter une prise de conscience. L'enquête devait avoir une fonction éducative et forcer les Canadiens anglais et les Canadiens français à réfléchir sur l'avenir de leurs relations à l'intérieur de la Confédération. Pour recueillir les témoignages, évaluer la situation directement sur le terrain et susciter un débat public, les Commissaires entreprirent un long pèlerinage à travers le Canada. Ils commencèrent par une tournée de rencontres avec les premiers ministres provinciaux pour obtenir des renseignements sur l'enseignement des langues. Ils organisèrent, au printemps 1964, une série de rencontres régionales afin de saisir le pouls de l'opinion publique et de préparer les audiences publiques qui devaient débuter en mars 1965. Il s'agissait de favoriser une participation active du plus grand nombre possible de citoyens. Même si cette façon de procéder risquait de donner une tribune aux extrémistes et d'accentuer les divisions, elle était indispensable pour Laurendeau qui estimait que le dialogue était un préalable à la compréhension mutuelle et à la coexistence des deux peuples. Les commissaires participèrent donc à 23 rencontres à travers le Canada de Victoria à Saint-Jean (Terre-Neuve). Les séances du jour attirèrent 3 600 personnes alors qu'il en vint 8 200 à celles du soir [7]. Ces rencontres représentaient une expérience de socialisation à la diversité canadienne pour les commissaires eux-mêmes, qui n'étaient pas là pour transmettre un message ou orienter les discussions mais pour écouter et « apprendre le Canada ». À chaque séance, le débat était lancé par les trois questions suivantes que posait l'un des coprésidents de la Commission :

> Ces deux peuples, l'anglophone et le francophone, peuvent-ils et veulent-ils vivre ensemble ?
>
> À quelles conditions ?
>
> Et ces conditions, sont-ils prêts à les accepter ? [8]

Laurendeau a relaté l'évolution de sa perception du Canada durant ce périple dans un journal confidentiel dont nous reproduisons les extraits les plus représentatifs de cette expérience, qu'il a lui-même qualifiée d'unique.

20 janvier 1964

Manitoba

Arrivés à Winnipeg la veille au soir. Le matin dès 10 h 00 conférence de presse dans notre suite de l'hôtel Fort Garry : plutôt laborieuse parce que la plupart des rédacteurs n'ont pas de questions très précises à l'esprit. Cette difficulté même paraît révélatrice : le problème est étranger à la plupart des interlocuteurs...

À 12 h 30, à l'hôtel, rencontre avec Roblin et deux de ses ministres... Je le crois sympathique aux Canadiens français parce qu'il est un homme cultivé et d'esprit assez libéral. En même temps, il sent que ses concitoyens sont loin d'être aussi généreux que lui... J'en déduis que M. Roblin fera tout ce qu'il pourra dans le sens de l'égalité culturelle au Canada, mais qu'il mesurera toujours avec beaucoup de soin la portée de chacun de ses actes et qu'en définitive, sauf changement important d'atmosphère, il ne pourra pas faire grand-chose.

À 13 h 30, au collège Saint-Boniface... En résumé, j'ai l'impression que ces éducateurs, à peu près tous venus du Québec, ont le sentiment de participer à une œuvre assez artificielle au Manitoba. Un professeur de sociologie a mené, auprès de ses collégiens, une enquête assez poussée... on a demandé aux collégiens s'ils préféraient écouter la télévision française, anglaise ou les deux, d'après les réponses recueillies, 2 p. 100 seulement des collégiens préfèrent la TV française.

21 janvier 1964

Alberta

Arrivés là de nuit. Conférence de presse le matin à 10 h 30... Même genre de questions courtes et sans grand intérêt; il faut dire que nos réponses diplomatiques ne sont pas de nature à susciter des débats intéressants. À midi lunch avec un groupe d'hommes d'affaires. À entendre ces hommes, on a la conviction que la Commission crée un problème artificiel, que le français est destiné à disparaître, en tout cas qu'il n'existe que dans l'est, que le biculturalisme est une vieille querelle Ontario-Québec. C'est par des conversations de ce genre que j'en suis venu à me résumer à moi-même les Prairies de la façon suivante: ces provinces ont eu des problèmes délicats à résoudre parce qu'elles ont été construites par des groupes ethniques très divers, elles ont réussi à trouver un certain équilibre; elles craignent que le biculturalisme ne vienne mettre cet équilibre en danger. Partout le provincialisme est très fort. On a beau se dire Canadien, on raisonne d'abord et avant tout en Albertain.

22 janvier 1964

2 h 00, rencontre avec le premier ministre Manning... Il est sûr de lui, on le sent maître absolu de son cabinet et peut-être de sa province. Il nous a promis toutes les informations qui nous seraient nécessaires dans notre enquête sur l'enseignement des langues... il reconnaît l'existence d'une grave et intense crise dans le Québec, il ajoute qu'il faut en tenir compte : après quoi il passe à d'autres sujets...

23 janvier 1964

Saskatchewan

Régina, 10 h 00, à la législature, chez le premier ministre Lloyd. Changement radical de climat. Lloyd écoute plus volontiers qu'il ne parle, et écoute vraiment... nous avons commencé à nous formuler à nous-mêmes la situation comme nous commencions à la voir : c'est-à-dire un multiculturalisme de fait, indiscutable, et dont il faut tenir compte mais dont les incidences sont constamment locales. Par là-dessus, le grand problème des relations entre Français et Anglais du Canada. Comment arriver à faire sentir à nos interlocuteurs qu'un « groupe ethnique », même relativement nombreux au sein de sa province, mais qui ne représente que 3 p. 100 de la population canadienne totale, ce n'est pas du tout la même chose qu'une société organisée comme la société québécoise...

3 février 1964

Québec

Jean Lesage nous reçoit avec Pierre Laporte et Paul Gérin-Lajoie. Très à son aise, il accepte qu'on aborde tous les sujets. La province ne préparera un mémoire pour la Commission que si l'Ontario en fait autant... M. Lesage estime que Bennett est franchement anti-canadien-français, et que sa province est la plus séparatiste de toute la confédération.

10 février 1964

Ontario

L'entrevue avec Robarts et son ministre de l'éducation nous a déçus. C'est un homme sûr de soi, solide, d'une intelligence surtout pratique, et qui ne paraît pas se poser de questions... Je crois qu'il ne nous a pas posé une seule question. L'Ontario ne présentera pas de mémoire à la Commission et le motif invoqué est assez étonnant ; en somme un gouvernement souverain n'a pas à présenter de mémoire à la créature d'un

autre gouvernement souverain... Robarts est typiquement
« anglais », il conduit la conversation et réagit peu, on ne
l'atteint pas, ou bien il a l'art de se cacher — quoique moins
imperméable que Manning, sur le plan humain, un type avec
qui je ne saurais pas quoi échanger... « J'ai mangé là un des
plus mauvais steaks de ma carrière. »

11 février 1964

Nouveau-Brunswick

L'entrevue avec Robichaud a été fort agréable. Il a
commencé par demander dans quelle langue nous parlerions.
J'ai répondu que comme il est le seul premier ministre avec
Lesage, qui s'exprime en français, je serais heureux que la
conversation ait lieu dans cette langue, ce qui l'a peut-être
déçu ; car pour l'expédition des affaires, il est évident qu'il a
plus l'habitude de l'anglais. Il combat vivement l'expression
État du Québec que je défends. Il est optimiste pour l'Acadie
mais craint le séparatisme comme la peste. La province ne
présentera pas de mémoire.

13 février 1964

Île-du-Prince-Édouard

À la réunion du soir, avec des notables locaux, la densité du
provincialisme nous a étonnés à tort sans doute... J'avoue que
peu à peu, je me sentais devenir assez agressif. Ces gens
répètent que les Acadiens (17 p. 100 de la population totale
quant à l'origine ethnique mais peut-être seulement 6 à 8 p. 100
par la langue maternelle) ne causent aucun problème, que tout
va bien, qu'il n'y a pas de lutte, etc. Or j'avais entendu dire que
nulle part ailleurs peut-être les Acadiens n'ont été traités aussi
sévèrement à la fois par l'État et par l'Église (irlandaise).
J'avais donc l'impression d'une immense hypocrisie sociale et
le désir de leur dire : « ils ne vous causent aucun problème
parce que vous leur avez cassé les reins ».

14 février 1964

Nouvelle-Écosse

Stanfield est, avec Lloyd, le premier ministre le plus sympathique que j'ai rencontré, mais intellectuellement il lui est supérieur. Il croit que les habitants de la Nouvelle-Écosse accepteront de faire des concessions à la langue française mais il tient à un gouvernement central fort qui redistribue les richesses aux provinces pauvres comme la sienne... Encore une fois la conférence de presse fut frustrante, la plupart des journalistes ne savent pas poser les bonnes questions. Très souvent, ils rapportent mal nos paroles.

Bilan provisoire

Je suis revenu de ce voyage style sauterelle avec des impressions fort négatives et par moments assez vives. J'espère qu'elles demeureront provisoires. Nous avons trouvé là une somme extraordinaire d'ignorance, d'incuriosité, de tranquille possession de ses petits points de vue provinciaux. Je me suis fait à plusieurs reprises une réflexion qui ne paraît pas avoir beaucoup de relation avec les rencontres rapportées plus haut. C'est que les nationalistes d'autrefois comme Henri Bourassa en ont appelé constamment au sens de la justice tandis que ceux d'aujourd'hui cherchent à établir un meilleur équilibre des forces. L'histoire me paraît établir le bien-fondé de la seconde attitude, à quoi je ne parviens pas toujours spontanément car les Anglais ont l'habitude de dominer, je ne l'avais jamais senti à ce point... il faut par moments pouvoir parler à partir d'une situation de force. En ce sens, les séparatistes servent au moins à inquiéter le Canada anglais...

Les groupes ethniques ont l'impression qu'accorder quelque chose aux Français, c'est arracher quelque chose à leur groupe, c'est créer une injustice car si eux acceptent de perdre leur langue, pourquoi devrait-il y avoir exception pour le français? Le biculturalisme pour eux n'a aucun sens. La résistance dans l'Ouest est aussi alimentée par une vieille rancune contre l'Est, contre en fait la domination économique de Bay Street et de Saint-James Street. Ils voient les Canadiens français comme faisant partie du groupe exploiteur. Ils ont peur qu'on les force à parler français. Il faut partout leur répéter le contraire... Très souvent nos interlocuteurs ont l'impression que c'est la Commission qui crée le problème.

... il y a une véritable paresse intellectuelle, sans doute nord-américaine, qui est assez grave dans ses conséquences puisqu'elle empêche des centaines d'universitaires de communiquer directement avec le Canada français, au moins par l'intermédiaire des journaux, des revues, des livres, etc. Leur erreur me paraît double : et par rapport à leur culture personnelle, et par rapport à leur appartenance à un pays dont le tiers de la population parle le français.

Sur le Québec, on rencontre une grande variété d'opinions, presque toutes courtes et mal informées ; certains confondront par exemple un Caouette et un Lévesque... Absence étonnante d'autocritique dans toute cette société anglo-canadienne, qu'il s'agisse de l'Ouest ou des Maritimes. Ils n'examinent pas les postulats sur lesquels sont fondées leurs sociétés. Ils accordent tous une priorité au gouvernement central, et ils en tirent une bonne conscience ; mais l'Ontario y cherche et y trouve d'abord son intérêt économique, et les provinces pauvres une redistribution du produit des taxes. Malgré leurs dénégations plus ou moins chaleureuses, j'ai souvent l'impression qu'il existe une lassitude d'être Canadien — gageure difficile à tenir, et onéreuse, à côté des États-Unis. Ceci reste complexe d'ailleurs, et je ne parviens pas à démêler leurs sentiments. Ce qui me frappe, c'est qu'ils ne paraissent guère se préoccuper du problème et vivent dans ce clair-obscur sans remords et apparemment sans inquiétude.

Le rôle de la presse quotidienne, et en particulier celui de la Canadian Press, est vraiment mal joué et ne favorise pas la communication. Plusieurs des reporters rencontrés nous ont paru assez incompétents : leurs rapports sont incomplets, archisimplifiés, souvent faux et je ne crois pas que ce soit par mauvaise volonté. L'incompétence vient ici de l'ignorance du Canada français et de l'insécurité : ce qui revient à dire que les journalistes, en cela comme dans le reste, appartiennent à leur milieu. Ils voient le Québec de la même façon que les minorités de leur province.

22 février 1964

Dans un certain état de fatigue et de nervosité, les divergences auxquelles on assiste ou dont l'on se souvient, sur les thèmes les plus centraux, deviennent comme autant de pointes d'aiguille. Concevoir une politique canadienne, c'est bâtir un casse-tête.

Comment faire en sorte que le minimum de ce que les Canadiens français exigent aujourd'hui rencontre le maximum de ce que les anglophones estimeront acceptable?

Devant certains anglophones, j'éprouve intérieurement des poussées de séparatisme. Ils sont trop bêtes, ils ne cèderont que devant la force. Revenus au Québec, les séparatistes me rendent au Canada: ils sont trop naïfs, trop loin des réalités politiques — ou bien curieusement mobiles et superficiels. Je garde un mauvais souvenir de certaines réactions d'un Bourgaud (sic), d'un Godbout et d'un Bernard Jasmin. Les deux premiers disaient: « C'est un effort de cinq ans. Ensuite si ça n'a pas bougé, nous aurons compris et nous nous occuperons de nos petites affaires... » Mais, ils ne me paraissent pas bien comprendre les mécanismes de la société, ni mesurer la passivité qui demeure dans les masses (ceci exprime mal ma pensée. Encore le bourbier, peut-être la joie du séparatisme vient-elle de ce qu'enfin ils peuvent penser clair sinon vrai?).

Discours de Pearson aux Communes

Ce qu'il dit sur le bilinguisme est assez précis et sain: peut-être ne pouvons-nous pas aller beaucoup plus loin... Il ne s'occupe toutefois que de la fonction publique ce qui reste trop étroit. Mais dans le moment, cette déclaration gouvernementale, c'est excellent — en particulier l'idée qu'aux critères actuels de compétence et d'expérience il faudra peu à peu, sans déloger les gens en place, ajouter ce troisième critère du bilinguisme (défini comment?).

25 février 1964

En train vers Ottawa

On prête (dans The New York Times*) à René Lévesque cette affirmation: « nous croyons que nous pouvons nous en* *tirer mieux sans le Canada que le Canada sans nous ». Retour des Prairies et des Maritimes. J'applaudis à ces propos, et j'espère qu'on les entendra ailleurs.*

2 mars 1964

Colombie-Britannique

Je suis physiquement mal en point : grippe, furoncles, etc. Réception chaleureuse et empressée du premier ministre qui se laisse compromettre en acceptant d'être photographié en compagnie des deux coprésidents. En général, le premier ministre noie les problèmes dans son sourire et dans des expressions générales d'optimisme. Cet homme peut assurément être brutal comme il a été gentil avec nous, par décision consciente... Selon lui il ne faut concéder aucun privilège particulier au Québec, mais d'autre part, il est prêt à donner beaucoup au Québec pour le garder dans la Confédération.

3 mars 1964

Une rencontre avec des hommes d'affaires

Une idée souvent exprimée c'est que le désir de plusieurs Canadiens du Pacifique est d'abord d'augmenter la production et le niveau de vie, il s'agit d'un idéal uniquement économique qui, à mon sens, pourrait être bien mieux réalisé si la Colombie faisait partie du système américain... plusieurs Colombiens sont portés à dire : « The hell with Quebec ! » À quoi je réponds que c'est une bonne façon de dire : « The hell with Canada ». Nous sommes sortis de là la bouche amère, convaincus bien davantage que le Canada anglais, en particulier en Colombie, traverse une crise dont nous ne sommes que l'élément second : le grand problème, c'est les États-Unis.

6 mars 1964

Ce soir avait lieu à Montréal un débat entre René Lévesque et le député Douglas Fischer. On attribue à René Lévesque la déclaration suivante : « J'en ai soupé du bilinguisme et du biculturalisme ». Le lendemain, ayant lu ces propos dans les journaux, j'ai tenté sans succès de rejoindre Lévesque... J'avais l'intention de lui dire : il n'y a pas beaucoup de Québécois qui pourraient comprendre plus que votre serviteur les sentiments qui animent une pareille déclaration.

9 mars 1964

Terre-Neuve

Smallwood nous reçoit d'abord dans son bureau — «je suis le seul premier ministre provincial à avoir un Union Jack sur son pupitre, de même que deux photos de la Reine devant lui». Mais ceci est dit avec une grande gentillesse. On a fait à cet homme une réputation de farceur... Le premier ministre se déclare prêt à toute collaboration nécessaire et est très favorable à la Commission... Ses thèmes : nous voudrions que tous les Canadiens soient heureux. Nous sommes désolés d'apprendre que les Canadiens français ne le sont pas. Il faut trouver des solutions... Nous mesurons comme Terre-Neuve n'a pas de tradition canadienne. On ne sait par quel bout les prendre. Nuit presque sans sommeil mais non sans angoisses.

15 mars 1964

Lettre à Francine

Le biculturalisme, comme la plupart de mes contemporains l'entendent, pour le bénir ou le honnir, est une vaste blague (réédition moderne de la vieille « bonne entente »). Il faut sans cesse se le répéter pour n'être pas dupe des mots. Je reste un nationaliste canadien-français qui ne croit pas au séparatisme et qui se demande comment deux nations peuvent vivre au sein de quelle fédération — deux nations dont l'une est dominatrice et l'autre dominée mais ne veut plus l'être. Le biculturalisme en ce sens parasite donc les nationalismes réalisateurs (comme René Lévesque) qui entendent modifier l'équilibre des forces. La difficulté, c'est que les deux besognes soient menées de front en même temps — modifier l'équilibre des forces et signer « un nouveau pacte ».

16 mars 1964

Réunion de la Commission à Montréal

Il y règne une certaine nervosité, à cause des « réunions régionales » qui commenceront le surlendemain à Sherbrooke et Trois-Rivières. Il souffle même un petit vent de défaitisme parce que les nouvelles de partout sont mauvaises : la division s'accentue... Paul Lacoste souligne la tendance à l'unanimité séparatiste des éléments dynamiques de la jeunesse universitaire. « Au moins ils s'affirment, sans peur et bien plus que nous ne le faisons ». Bien entendu aucun intérêt pour le travail de la Commission. Il en est ainsi d'une grande partie des professeurs, surtout chez les jeunes... André Patry : toute la jeunesse est ou sera séparatiste ; caractère presque fatal de cette poussée.

17 et 18 mars 1964

Sherbrooke

Je pose au maire et aux échevins la même question : Le séparatisme compte-t-il ici ? Réponse : il y en a chez les collégiens. Le 18, ouverture officielle. Grande affluence. On se sépare en cinq ateliers. Il y en a un qui groupe les jeunes où je vais. Tous ceux qui ont parlé ont trouvé le moyen de dire qu'ils n'attendent rien de l'enquête, certains ont l'air de penser que c'est une feinte de politiciens... quel est l'intérêt d'une pensée qui ne mord pas sur la jeunesse ? Des gens comme Trudeau et Pelletier, habitués à incarner l'avant-garde et à être suivis, semblent décontenancés, blessés, presque détruits. Sans les étudiants, mercredi, la journée de Sherbrooke aurait eu une tout autre allure. Ils apportent la passion, l'élan et la coupure entre deux mondes. Ils n'écoutent rien, sauf ce qui va dans leur sens. Rien ne leur paraît sérieux, sauf des attitudes absolues... S'ils convainquaient la population que le séparatisme sera économiquement avantageux pour les Canadiens français, leur partie serait gagnée. Le malheur, c'est que la crainte soit actuellement le seul bon argument anti-séparatiste. Il faut bien noter, en outre, que le séparatisme est tout ce qui fait réfléchir l'Anglais dominateur. Il est « notre » argument, notre réveille-matin pas toujours entendu.

28 mars 1964

Tout paraît sombre et menaçant même, le cas échéant, pour nos vies. Dunton a dit en souriant «pourvu que nous sauvions nos peaux». Cette nuit, à cause de la fatigue, cette pensée prend du corps et du relief, elle est une autre forme de l'angoisse de la mort... Mais une autre impression, née d'une série d'expériences, est plus profonde ; celle d'un milieu qui change, et dont une partie de la jeunesse refuse d'entendre ce qu'on lui dit. Me voici donc coupé de ceux qui m'intéressent le plus... D'ailleurs l'impression de heurter un mur n'existe pas seulement avec «les jeunes». On a l'impression, aujourd'hui plus qu'autrefois, de ne pouvoir atteindre les gens... Mon propre état d'esprit m'inquiète. D'où vient-il ?

De ce que je viens d'écrire. De la fatigue. Des difficultés à résoudre, et notamment, dans un tout autre ordre, des difficultés que nous crée le Conseil du Trésor. De ce que cette vie de nomade, que je mène depuis septembre, me convient mal, brise toutes mes habitudes, rend la réflexion plus difficile, empêche de se centrer, et en même temps ramène constamment les mêmes conversations interrompues et sans issue, l'idée fixe ; la vie d'hôtel, les restaurants, trop d'alcool, les inconnus indifférents et hostiles, etc. En outre quand on est commissaire, on est réduit au silence et aux clichés ; circonstances aggravantes, je continue d'écrire des articles, mais sur des thèmes qui ne passionnent ni mes lecteurs ni moi-même.

Bref j'aborde le jour suivant dans un meilleur état d'esprit. Il sera consacré au plan de la recherche avec Oliver et Dion, et très fructueux. On sent chez Oliver et Dion de la compétence, une maîtrise de leurs thèmes... J'ai suggéré à Jean Marchand de proposer son idée de mémoire intérimaire, par exemple sur l'armée ; cette question sera étudiée à la prochaine réunion d'Ottawa. Je tique devant l'idée d'un mémoire intérimaire mais s'il en faut un, l'armée me paraît un excellent sujet... parce qu'elle est un cas «pur» de domination anglaise sur les Canadiens français et d'absentéisme des Canadiens français.

11 avril 1964

Frédéricton

Assemblée régionale regroupant une centaine de participants. En soirée, durant la réunion publique, des incidents
furent provoqués par une vieille dame de 77 ans qui tentait
délibérément de saboter la rencontre en exigeant qu'on chante
le God Save the Queen. Les commissaires ont pu constater que
dans cette région l'armée pratiquait une politique systématique
d'anglicisation des francophones.

12 avril 1964

Halifax

Le Maritimer est un Canadien mal satisfait du Canada, qui
se souvient de la période préconfédérale comme de sa prospérité et qui éprouve un besoin constant des interventions au
moins financières, ce qui veut dire des subventions d'Ottawa.
Ce n'est pas seulement une attitude politique : cela fait partie
de sa psychologie profonde. Il se juge maltraité presque autant
que le Québécois mais se sentant plus faible économiquement,
et moins différent au point de vue culturel, ses critiques
aboutissent à des demandes d'argent plutôt qu'à une récla-
mation de plus grande autonomie.

18 avril 1964

Soirée chez Neil Morrisson

... nous passons la soirée avec le ministre M. Sharp et sa
femme. Cet homme est décidément très intelligent, il a l'esprit
ouvert, et l'on sent qu'on peut parler librement avec lui...
Sharp nous demande dans quelle mesure on peut avoir confiance
dans les engagements de Lesage : est-il vraiment le maître de
son cabinet ?... Ils ont l'impression que Lesage s'engage de
bonne foi, puis que René Lévesque le force à retraiter, ce qui
rend toute négociation sérieuse à peu près impossible. Nous
avons été ainsi entraînés à parler très longuement de René
Lévesque, du fait qu'il n'est pas un doctrinaire, qu'il est lui-
même poussé dans le dos par une partie de l'opinion nationaliste, qu'il a le sens des réalités et veut s'établir sur une

position de force avant de dialoguer, etc. Sharp paraissait très intéressé... En revenant en ville, en train, je constate une fois de plus comme il y a peu de Canadiens français en première classe dans les trains ou les avions. Il semble que nous voyagions beaucoup moins que les anglophones, au moins en dehors du Québec et ainsi s'exprime probablement en outre la différence de l'état des fortunes entre francophones et anglophones.

20 avril 1964

Dîner avec René Lévesque

Je lui parle de notre rencontre avec un ministre fédéral, et des questions posées sur la bonne foi de Lesage et l'influence de René Lévesque. Sur le premier : « Ils devraient le connaître, c'est entendu, c'est un menteur, il ment comme il respire, cela dit, on peut quand même conclure une entente avec lui... » Bien qu'il ne m'ait fait aucune confidence dans ce sens, il me paraît évident que René Lévesque a « les tripes séparatistes ». Je lui confie à quel point les divers contacts que nous avons eus avec les Anglo-Canadiens à travers le pays me confirment dans l'idée que l'existence d'une force réelle, donc de lui, est essentielle. Il paraît envisager l'avenir dans des perspectives confédérales.

26 avril 1964

Réunion de la Commission à Vancouver

... plusieurs Canadiens anglais résistent aux termes mêmes de notre mandat : ils ne veulent pas de « l'equal partnership », d'où leur opposition à la Commission, aux rencontres régionales, à tout ce que nous pourrions faire ou dire.

27 avril 1964

Séance régionale à Vancouver

Je n'ai pu assister aux réunions du groupe parce que je devais causer avec Michel Roy de la situation au Devoir. J'en avais causé avec lui très prudemment la semaine précédente à Montréal mais cette fois-ci, j'ai été plus ouvert. J'ai expliqué pourquoi il était nécessaire de nommer un directeur au journal et pourquoi, à mes yeux et en dépit de quelques divergences d'opinion, la nomination de Ryan s'imposait. Il a adopté là-dessus une attitude fort raisonnable et m'a appris l'offre intéressante que lui faisait Gérard Pelletier à La Presse, *offre que, pour l'instant, il a refusée... L'après-midi encore j'ai raté les discussions du groupe parce que Jean Marchand, mis au courant par Michel Roy, a voulu causer de la situation au* Devoir *(il fait partie de notre conseil d'administration). Il est très négatif à Ryan, et surtout croit que l'opinion recevra mal cette nomination. Il dit : « Ce sera la mort du Devoir»... Je constate une fois de plus que les opinions rapides sont rarement justes, et que les hommes les plus raisonnables ne peuvent s'empêcher d'en émettre à l'occasion.*

28 avril 1964

Windsor

Les Canadiens français que nous avons rencontrés à Windsor nous ont paru plus combatifs que ceux des autres minorités. Ils sont néanmoins en perte de vitesse : au moins la moitié des Canadiens d'origine française qui habitent la ville et les environs ont l'anglais pour langue maternelle et l'assimilation continue. Ici encore, j'ai l'impression qu'on a cassé les reins à notre peuple et il semble que ce soit surtout l'Église irlandaise qui se soit chargée de l'opération... Les anglophones ont paru dans l'ensemble assez négatifs au français et ils ont manifesté la même ignorance du Québec qu'on rencontre à Edmonton ou à Vancouver... Ai-je souligné ailleurs un aspect important des voyages que nous faisons ? Dans un bref espace de temps, nous entrons en contact avec un nombre considérable d'individus, nous entendons dire des choses dont plusieurs nous touchent et nous émeuvent, souvent en sens contradictoire, et le lendemain la même expérience recommence ailleurs. C'est exactement comme si nous subissions une mitraillade. Il est facile de comprendre pourquoi les plus faibles plient immédiatement et pourquoi les plus vigoureux traversent des moments de grande émotivité. Pour tout le monde, c'est un rude traitement, et en même temps, je le crois profondément utile...

Michel Roy me disait hier que la question que je répète au début de chaque séance régionale est vraiment celle qui se pose : ces deux peuples, l'anglophone et le francophone, veulent-ils, peuvent-ils vivre ensemble ? Il serait prématuré de tenter d'y répondre. Disons seulement que la coexistence sera plus difficile encore que je ne l'imaginais... laissé à moi-même, j'éprouve quelques fois chaque semaine, et même quelques fois par jour, de véritables poussées intérieures vers le séparatisme. Il s'agit là de réactions élémentaires, à caractère émotif, auxquelles je n'accorde pas plus d'importance qu'il ne faut. Mais la densité, la profondeur de l'ignorance et des préjugés sont vraiment insondables...

5 mai 1964

Speak White !

Nous avons discuté parfois de cette insulte, adressée à des Canadiens français qui s'expriment dans leur langue, en un lieu où la majorité est anglophone. Frank Scott éprouvait de la difficulté à y croire : selon lui, l'expression n'est même pas anglaise. Il est évident qu'elle nous arrive du sud des États-Unis et qu'elle combine deux insultes.

Depuis cette conversation avec Scott, très souvent j'ai demandé à des Acadiens ou à des Canadiens français de l'Ouest s'ils s'étaient déjà fait apostropher de la sorte. Si j'y avais pensé, j'aurais pu accumuler à ce sujet un véritable sottisier... En somme, le fait de parler français paraît irriter les anglophones plus que le fait d'être Canadien français. Il serait fort intéressant d'arriver à psychanalyser la réaction qui détermine l'insulte : est-on froissé d'entendre une langue étrangère ? Ou plus particulièrement d'entendre le français ? Se sent-on alors mis à l'écart ? A-t-on l'impression que les Canadiens français échangent entre eux des remarques inamicales à l'endroit des unilingues présents ? J'ai le sentiment que le conformisme est pour beaucoup là-dedans.

10 mai 1964

Moncton

Ce qui m'a le plus frappé, c'est une sorte de malentendu constant entre, d'une part, les Acadiens les plus conscients, qui ont la sensation que le bilinguisme massif les appauvrit et les désarticule et, d'autre part, les Canadiens anglais bien disposés qui désirent du bilinguisme et s'imaginent ainsi répondre aux besoins et aux réclamations des Acadiens... Les Acadiens de Moncton, comme les Franco-Ontariens à Windsor, et dans certains cas comme nous-mêmes à Montréal, nous nous sentons submergés par la langue anglaise, et de moins en moins en possession de nos propres moyens d'expression. Devant cette réaction, l'anglophone est toujours porté à croire à une volonté séparatiste, culturellement séparatiste: mais voilà, l'enracinement dans une culture suppose un minimum de séparation. De la même façon, l'individu qui désire avoir une vie personnelle, surtout une vie intérieure, éprouve le besoin de ne pas appartenir tout entier à ses fonctions et à ses concitoyens, et ses compagnons le trouvent snob.

14 mai 1964

Séance régionale à Chicoutimi

Journée excellente malgré la présence, nombreuse dans quelques comités, de séparatistes. Joie de les entendre s'exprimer dans une langue colorée et musclée... On revit là quelques aspects de la situation «coloniale» rencontrée à Sherbrooke et à Trois-Rivières. Le soir, les séparatistes se sont emparés de la réunion et ils nous ont donné une série de petits discours RIN... J'en ai personnellement attrapé mon rhume, notamment à propos du Devoir qui, paraît-il, fut jadis nationaliste... ce sont, au moins symboliquement, les fils des anciens bloqueux de la région. Et, disent-ils, un ancien nationaliste, même s'il n'est pas d'accord avec les séparatistes, est assez fier de voir son fils aller plus loin que lui dans cette direction...

Lu au cours du voyage le dernier Cité Libre qui contenait un Manifeste pour une politique fonctionnelle signé notamment par les Breton et par P.E. Trudeau. J'y ai trouvé une nouvelle manifestation de ce dogmatisme antinationaliste qui sévissait aux premières heures de Cité Libre. *Aussi ai-je assez peu prisé l'éditorial consacré par Ryan à ce manifeste.*

20 mai 1964

Rencontre avec Pearson

Je résumerais cette conversation, du point de vue de la Commission, en disant qu'elle a été fort sympathique mais qu'elle est demeurée fort vague... Je crois qu'il voudrait que nous nous manifestions le moins possible en public et que nous en finissions rapidement : « Vous savez bien comme moi, dit-il, qu'avec les gens de la recherche, surtout les meilleurs, ça n'est jamais fini, ils veulent toujours en faire davantage. Commencez à écrire votre rapport avant de recevoir les documents d'experts, sans quoi vous serez perdus. » Je dis : « Quelques commissaires — ni Dunton ni moi — se sont sentis abandonnés quand, un certain vendredi soir, le gouvernement ne nous a pas défendus contre une opposition déchaînée. » — « C'était inattendu. Et peut-être McIlraith n'était-il pas exactement l'homme qu'il fallait pour défendre la Commission. C'est vrai que Diefenbaker est sans pitié contre vous, il regarde la Commission comme l'un des actes que j'ai posés pour diviser délibérément le pays »... il a un seul réflexe politicien : « pas d'histoires, de grâce, pas d'histoires ».

23 mai 1964

En route vers Winnipeg

Puisque je suis dans une veine pessimiste — je pars pour un voyage de trois semaines, c'est un long calvaire, je serai plus gai au retour — consignons cette image qui m'est venue peu à peu d'une région à l'autre : chacune localement influencée par la région américaine répondante à Vancouver, à Winnipeg, à Toronto, dans le Nouveau-Brunswick. On a beau parcourir 3 000 milles, à l'horizontale, on est toujours dangereusement près des États-Unis. Alors, le Canada ressemble à un très long navire qui ferait eau de toutes parts — (Propos d'un Ukrainien) « Personne dans ce pays n'a autant subi de discrimination que les Ukrainiens jadis. Ils arrivaient ici pauvres, sans instruction, sans même pouvoir s'exprimer en anglais, et on les insultait. Or un homme sans argent et sans instruction a quand même sa dignité personnelle (je l'aurais applaudi !) : quand il reçoit des coups, il souffre. Maintenant, ça va beaucoup mieux, mais nous avons reçu des coups longtemps. » Puis, presque sans transition — et il me semble que cela éclaire le lien inconscient : « L'autre jour, j'ai entendu un Canadien français du Québec à la télévision. Il disait que les Néo-Canadiens, et il a désigné particulièrement les Ukrainiens, ne sauraient obtenir ici les mêmes privilèges que les Canadiens français qui ont développé une grande partie du pays. Eh bien, nous aussi nous avons été des pionniers dans d'autres parties du pays, où nous étions avant plusieurs autres... »

4 juin 1964

Victoria

Jean-Louis (Gagnon) nous parle du défaitisme de la plupart des ministres canadiens-français à Ottawa, y compris Maurice Sauvé qui a tenu devant lui un langage assez étrange. Il aurait déjà un certain revenu personnel qui lui permettrait, le cas échéant, d'aller vivre, par exemple, en Italie. Notre génération selon lui n'aurait pas assez de courage et d'imagination pour proposer les solutions radicales qui s'imposeraient sans doute, et que veut en tout cas la jeune génération.

5 juin 1964

Victoria

Visite à un groupe, où l'on manifeste beaucoup de bonne volonté et d'ignorance. Témoignage d'un chef indien sur l'attitude que les Canadiens anglais avaient vis-à-vis de sa langue et de son peuple lorsqu'il était jeune : interdiction formelle de parler dans sa langue même en récréation, et corrections physiques lorsque ses camarades ou lui avaient le malheur de dire une phrase en indien. Arrestation pour vagabondage quand ils se livraient à des danses publiques...

7 juin 1964

Calgary

Souper au Country Club de Calgary, puis rencontre d'un groupe d'animateurs au Highlander. Wright engage mal la discussion, que ni Neil ni moi-même ne réussissons à rétablir tout à fait... Je déclare, la réunion finie, à une dame d'un certain âge : « Vous demandez ce que le Québec veut et vous n'êtes pas satisfaits de la réponse que nous avons donnée. En réalité vous ne voulez pas connaître la réponse. Vous voulez qu'on vous la serve en pilules, et c'est impossible. Vous ne voulez pas consentir l'effort nécessaire pour comprendre une situation compliquée, etc.» Je note ceci parce que c'est une réflexion que je ne me suis pas permis souvent de faire, mais qui m'est souvent venue à l'esprit à travers toutes ces pérégrinations.

12 juin 1964

Ottawa

Séance d'étude, l'exécutif et la recherche, sur notre budget rapetassé par Jacques Côté. Je tends à faire rétablir quelques-uns des montants qui avaient été supprimés (318 000 $) mais cette opération a perdu son intérêt lorsque nous avons appris que les crédits étaient déjà déposés en Chambre, que par conséquent le gouvernement semblait déjà engagé : quel sens aurait alors la rencontre de l'après-midi avec le Conseil du Trésor ? J'ai d'abord suggéré à Dunton : abstenons-nous d'y aller, et allons une fois de plus frapper à la porte du premier ministre. Dunton m'a convaincu qu'il valait mieux être présents, mais nous sommes tombés d'accord pour y aller seuls, au lieu de toute l'équipe annoncée : ce serait signifier que nous discutons le principe du budget et non son détail. Je passe rapidement sur ce moment, mais ça a certainement été l'un des plus sombres de la Commission. Nous étions quelques-uns à penser à l'hypothèse d'une démission.

16 juin 1964

Séance régionale de Québec

Premier étonnement : alors qu'il y avait 200 participants à Saskatoon, à peine y en a-t-il une centaine à Québec. On me décrira plus tard la discussion dans plusieurs comités, très dure et dominée par les séparatistes... Le soir à 8 h 00, quand nous revenons à la salle de la CSN, je jette un regard sur la foule et plaisante : « il y a trop de jeunes ici ».

Le récit de cette réunion serait long à faire, presque aussi long qu'à vivre... Ce qui m'a frappé, c'est qu'il y avait au plus une centaine de séparatistes dans la salle. Or, ils ont dominé l'assemblée, malgré la présence relativement nombreuse d'anti-séparatistes capables de s'exprimer, et dont trois ou quatre seulement ont pris la parole, d'ailleurs fort mal.

Une quarantaine d'entre eux sont venus me serrer la main après l'assemblée, en nous félicitant de notre courage : je ne pouvais leur rendre la pareille. J'ai été très particulièrement surpris en reconnaissant mon vieil ami Philippe Girard, dont je connais les ressources, et dont je continue de m'étonner, même s'il est très nationaliste, qu'il n'ait pas bondi sur ses pieds pour répondre à quelques-unes des insultes que subissaient en particulier Jean Marchand et moi-même. Ceci m'a paru très significatif.

Fin de soirée au Château Frontenac. D'abord, impression de veillée au corps... Finalement, Frith s'est installé au piano et nous avons dansé.

17 juin 1964

Réunion à Beauport

À peine a-t-elle duré deux heures, et c'est la plus pleine, la plus émouvante, la plus grave que nous ayons eue. Sans doute, nous étions tous secoués par l'expérience de la veille... La réunion a vraiment commencé par un exposé de Royce Frith : « Je suis, dit-il, un Anglo-Canadien, et en un sens, je viens de loin. Mais j'en suis arrivé à certaines convictions que je veux vous transmettre. D'abord, je me dis ceci : si je transpose ma vie dans le Québec et m'imagine français, je comprends l'insatisfaction profonde des Canadiens français. Comme au surplus, à titre de commissaire, je connais l'état d'esprit du Canada anglais — mieux disposé que je ne l'aurais prévu, mais à mille lieux de comprendre ce qui se passe dans le Québec et certainement pas préparé au genre de négociation qui s'impose — je me demande vraiment comment notre pays va sortir de cette crise; et je comprends très bien l'état d'esprit des séparatistes; peut-être même serais-je un séparatiste, si j'étais Canadien français. De toute façon je crois à l'importance extrême du rôle de la Commission, je crois aussi que nous sommes peut-être les gens les plus renseignés sur l'état d'esprit des Canadiens. Que faire alors? Tenter à tout prix de transmettre ce sentiment d'urgence au reste du pays. »

Ce que nous avons traduit par : lançons un cri d'alarme, ou encore, publions la conclusion du rapport sur les séances régionales avant le rapport lui-même.

5 juillet 1964

Rencontre avec Pearson

Conversations exploratrices, notamment sur le rapport préliminaire... Le premier ministre paraît enseveli dans son divan, les yeux fermés ou dans le vague. Il en sort pour poser quelques questions.

J'admire sa lucidité. Il a toutes les qualités, sauf celles du leader : intelligence vive et sensible, bon sens,... une certaine audace intellectuelle. Il a le regard de l'homme d'État, quand il est à son mieux; mais en a-t-il le bras? Ce qu'il voit, peut-il le réaliser malgré ses collègues, amis et adversaires?... Il se sent impuissant à réaliser ce qu'il faudrait.

Il croit à un Canada fondé sur la notion d'une spécificité québécoise — les autres provinces n'essayant pas d'imiter nos démarches particulières; comment y arriver?

Oui un « Interim Report » s'impose. Il y a des choses que vous pouvez dire et qu'on prendra plus au sérieux, venant de vous que de moi. Surtout faire mesurer la gravité de la crise, donc la nécessité de réformes plus profondes que le Canada anglais ne croit.

Vous coûtez cher, dit-il avec un sourire. Vous provoquez des maux de tête aux Finances.

11 juillet 1964

Je passe par Montréal avant de commencer mes vacances, et je vais consacrer deux jours à la rédaction d'un texte préliminaire pour la Commission : ce « brouillon » demandé fort imprudemment à tous les commissaires...

NOTES

1. Rapport préliminaire de la Commission royale d'enquête sur le bilinguisme et le biculturalisme. Ottawa, Imprimeur de la Reine, 1965, p. 15.
2. Procès-verbal de la 7ᵉ réunion tenue les 21 et 22 novembre 1963.
3. Voir le mémorandum préparé par André Laurendeau et daté du 24 septembre 1963. Collection André Laurendeau. P2C796.
4. *Ibid.*
5. Collection André Laurendeau. Lettre de Léon Dion à André Laurendeau, 24 janvier 1963, P2A70.
6. Voir *Le Devoir*, 15 décembre 1967.
7. Voir Rapport préliminaire de la Commission royale d'enquête sur le bilinguisme et le biculturalisme. Ottawa, Imprimeur de la Reine, 1965, p. 20.
8. *Ibid.*, p. 22.

Chapitre XIII

Un projet inachevé

Si Laurendeau demeure fidèle aux objectifs du nationalisme traditionnel, il se distingue toutefois de ses prédécesseurs par sa méthode de lecture de la réalité canadienne. Au lieu de privilégier une approche juridique de la question linguistique et de réclamer, comme le faisaient Bourassa et ses disciples, des concessions mineures comme la monnaie bilingue ou des chèques bilingues, il aborde dans une perspective plus sociologique la question des rapports entre les communautés nationales, ce qui l'amène à mettre l'accent sur l'existence des rapports de force et à développer une conception plus englobante, plus systémique des réformes qui s'imposent. Dans cette optique, le bilinguisme n'est pas une simple question de droit ou de justice, c'est aussi un problème dont la solution nécessite des changements de structures, qui établiraient une égalité de fait dans les rapports entre les deux groupes nationaux. Dès lors, le biculturalisme est un préalable institutionnel à l'établissement du bilinguisme au Canada. Il ne suffit pas que l'État fédéral soit officiellement bilingue, il faut en plus que le bilinguisme soit une exigence qui corresponde à une nécessité pratique. Or celle-ci ne peut exister que s'il y a deux sociétés distinctes et qui coexistent sur un pied d'égalité. Laurendeau en arrive même à la conclusion paradoxale que l'unilinguisme est une condition d'un sain bilinguisme :

> ... on est bilingue en Amérique du Nord si la possession des deux langues est nécessaire ou vraiment utile. Or cette nécessité ou cette utilité n'existent que si l'on doit avoir affaire à un groupe unilingue assez important de *l'autre* langue. Deuxièmement, un milieu ne possède sa langue que s'il y est immergé et s'il s'en sert dans ses principales activités. Je parle bien d'un « milieu » et non d'un individu. En d'autres termes, l'expérience qui nous a été transmise jusqu'ici au Canada, et que paraissent confirmer les exemples

belges et suisses, établit que le bilinguisme ne saurait vivre que s'il s'appuie sur deux unilinguismes, sans quoi le bilinguisme est une situation transitoire qui aboutit à l'unilinguisme du plus fort et du plus nombreux [1].

Cette conception du bilinguisme avait trois conséquences majeures. D'abord le bilinguisme d'un pays n'implique pas le bilinguisme de tous les individus. Ensuite, puisqu'il y a persistance de l'unilinguisme, cela suppose l'établissement d'unités de travail francophones dans la fonction publique fédérale. Enfin cette logique nécessitait la reconnaissance d'un statut spécial pour le Québec. Laurendeau n'a jamais abandonné l'idée d'une réforme constitutionnelle qui consacrerait l'autonomie et l'extension des pouvoirs du Québec. C'était même son objectif prioritaire :

> Au début de l'enquête, j'aurais été porté à concevoir l'ensemble canadien comme un pays bilingue à l'intérieur duquel on aurait reconnu au Québec des prérogatives particulières. Aujourd'hui, le problème me paraît se poser à l'inverse ; le status (sic) particulier du Québec est une exigence première : comment parvenir à intégrer sans l'étouffer le nouveau Québec qui se manifeste depuis 1959 ?... Ceci est particulièrement vrai dans l'ordre économique : où sera faite la planification ? Quels pouvoirs sont nécessaires pour la réaliser ? Peut-on prévoir des planifications régionales efficaces ? Québec dans ce domaine doit être un centre de décision [2].

Cette enquête devait à son avis aboutir à une refonte en profondeur de la Constitution. Toutefois, cette conviction n'était pas partagée par tous les commissaires. Ainsi Frank Scott s'opposera à cette vision sociologique et décentralisée du Canada. À l'inverse de Laurendeau, il refusait d'accepter la thèse des deux nations et affirmait plutôt la nécessité d'un gouvernement central fort. Il s'opposait au partage de souveraineté qu'impliquait la notion de statut particulier car il ne croyait pas que la promotion d'une culture impliquait nécessairement l'accroissement des pouvoirs politiques d'une province. Il estimait que le Québec à cet égard avait suffisamment de pouvoirs et de toute façon le Québec ne devait pas avoir l'exclusivité de la promotion de la culture française. L'État central avait aussi cette responsabilité et devait être le garant du bilinguisme à travers tout le Canada.

Dans cette perspective, le mandat de la Commission devait se limiter à faire des propositions visant à améliorer progressivement l'usage des deux langues officielles dans la fonction publique fédérale, dans les cours de justice et dans les systèmes scolaires des provinces.

Frank Scott s'opposait à une réforme de la Constitution qui reconnaîtrait un statut particulier au Québec :

> Personnally, I am opposed to any attempt at rewriting the Canadian Constitution at this time... Since my aim is to make the whole of Canada a place in which both cultures may develop freely, I wish to avoid any constitutional change which will widen the gulf between French and English Canada and thus tend to associate the French culture exclusively with Québec and the English and other cultures with the other provinces. The end result of this tendency would be to create the Belgian situation, where on one side of the line nothing is spoken but Flemish (English for us) and on the other side, French. I would prefer to see both languages recognized everywhere so that each language group can feel reasonably at home in any part of the country [3].

Cette position était diamétralement opposée à celle de Laurendeau qui considérait le Québec, et non pas l'État central, comme principal garant de la culture française au Canada. Pour Laurendeau, une politique des langues officielles devait être accompagnée d'une réforme de la Confédération qui fonderait l'avenir du Canada sur la reconnaissance du principe de la double majorité et qui institutionnaliserait ainsi l'égalité politique entre les deux peuples fondateurs. La prédominance du point de vue de Laurendeau s'amenuisera au fur et à mesure de la montée au pouvoir de Pierre Elliot Trudeau, qui avalisera les thèses de Frank Scott et enverra aux oubliettes le projet d'un Canada non seulement bilingue mais aussi biculturel, comme le proposait Laurendeau. Ces divergences deviendront plus explicites après la publication du rapport préliminaire qui tentait d'évaluer l'état des esprits au Canada. On pourra d'ailleurs constater que les deux points de vue exprimés par Laurendeau et Scott reflétaient les deux principaux courants d'opinion retrouvés par les commissaires tout au long de leur périple à travers le Canada.

À la réunion du 2 septembre 1964, les commissaires décident de rédiger un rapport préliminaire signalant l'existence d'une crise au Canada. Trois raisons majeures poussaient la Commission à publier ce rapport :

a) The Prime Minister wants the report even apart from the fact that the Commission told him there is a crisis.

b) The interval to the publishing a final report is a long one. It is useful not only for the situation but also for the prestige of the Commission to produce something beforehand.

c) Ideas must be put in a new way. To locate the essence of the problem for people will put the discussion a step forward[4].

Ce rapport devait surtout servir à éveiller la conscience du Canada anglais à la réalité de la crise. Frank Scott pour sa part craignait que cet électrochoc ne déclenche la panique dans le pays.

La responsabilité de superviser la rédaction du rapport fut confiée à Laurendeau qui en écrivit lui-même plusieurs sections, dont le chapitre V, qui traitait des aspects politiques du problème et qui souleva beaucoup d'objections de la part de certains commissaires. Le père Cormier insistait pour que les responsabilités de la crise soient partagées à part égale entre les Canadiens anglais et les Canadiens français et pour que la bonne volonté du Canada anglais soit reconnue. Selon M. Oliver, ce chapitre allait trop loin dans ses conclusions, qui n'étaient pas soutenues par des données scientifiques et ne reposaient que sur des impressions fragmentaires recueillies lors des rencontres régionales. Pour Frank Scott, le chapitre V reflétait trop le point de vue du Québec de sorte que les Canadiens anglais ne pourraient pas s'y reconnaître. Cormier, Oliver et Scott insistèrent pour atténuer l'impression de crise en insérant des facteurs positifs qui laisseraient aux lecteurs des raisons d'espérer. Frank Scott rédigea une version qui atténuait l'effet de choc que voulait produire le texte de Laurendeau.

Le rapport présente donc une synthèse des points de vue exprimés lors des 23 séances régionales tenues par la Commission à travers le Canada. Il dégage un constat de crise et souligne avec force la gravité du problème causé par l'écart grandissant entre le Québec francophone et le Canada anglais. Cet écart, précise le rapport, risque d'aboutir à l'éclatement du Canada si des réformes majeures ne sont pas réalisées.

Les commissaires reconnaissent que la crise tire son origine du Québec où, dans toutes les séances régionales, la plupart des intervenants ont dénoncé la position servile des francophones et les inégalités politiques et économiques qui les affectent. Les commissaires constatent par ailleurs que la grande majorité des participants, surtout chez les jeunes, n'entretient plus d'illusions sur les chances de survie des minorités francophones hors du Québec et conclut à la nécessité d'un Québec unilingue. La générosité envers la minorité anglophone n'a jamais eu de contrepartie dans le reste du Canada et ne contribue, en pratique, qu'à l'assimilation.

Au Canada anglais, on avait une tout autre perception puisqu'on avait tendance à tenir les Québécois responsables des inégalités qu'ils subissaient. Lors des séances régionales, les interventions témoignaient le plus souvent d'une grande ignorance de ce qui se passait au Québec. Les anglophones se préoccupaient surtout de l'enseignement des langues comme tel et ils s'interrogeaient sur l'utilité d'une langue seconde.

Les commissaires constatent qu'une véritable barrière sépare les deux cultures. Alors qu'au Québec «l'impatience est à l'ordre du jour», au Canada anglais la réaction la plus fréquente en est une d'étonnement et de scepticisme lorsqu'on entend dire que le Canada est en crise. Les vues contradictoires exprimées par les représentants des deux groupes nationaux reposent sur une conception différente de la société et de l'État canadien. Si, pour la plupart, les Canadiens français acceptent d'emblée l'idée de l'égalité entre les deux peuples et cherchent à définir ses modalités d'application, les Canadiens anglais ne comprennent pas la notion d'égalité et sont nombreux à rejeter carrément le concept de deux peuples fondateurs. Alors qu'au Québec on affirme avec force l'existence de deux nations au Canada, dans le reste du pays on a plutôt tendance à soutenir qu'il n'y a au Canada qu'une seule nation composée de plusieurs cultures. Les Canadiens anglais opposent l'unité nationale à l'idée d'un Canada binational. Ces divergences auront des incidences sur les solutions politiques privilégiées par les deux groupes nationaux.

Ainsi, les francophones qui acceptent de maintenir le lien fédéral exigent au minimum des réformes de la Constitution reconnaissant le Québec comme société distincte et patrie de la nation canadienne-française, ce qui implique l'attribution d'un statut particulier. Ce statut prend, pour beaucoup, la forme des États associés. Ce projet vise l'instauration d'une véritable Confédération fondée «sur l'as-sociation de deux États quasi indépendants, l'un formé par le Québec et l'autre par le reste du Canada, et que couronnerait un conseil confédéral aux fonctions très limitées [5].» En dépit de leurs divergences d'opinion, les Québécois partagent le même sentiment et une volonté commune. Ils sont insatisfaits de la situation qui leur est faite au Canada et veulent des réformes du système politique canadien.

Le point de vue du Canada anglais est différent. La plupart des intervenants se déclarent satisfaits de la situation et étonnés par les revendications québécoises. Les anglophones ont conscience de former la majorité et ne comprennent pas pourquoi ils devraient faire des concessions politiques à une minorité particulière. Pour eux l'essentiel de la démocratie se trouve dans la règle de la majorité, ce qui exclut a priori la possibilité de reconnaître l'égalité entre deux groupes d'inégale importance numérique. Cette vision de la démocratie fondée sur la loi du nombre reconnaît des droits à l'individu parce qu'il est l'unité contractuelle sur laquelle se fonde l'autorité de l'État, mais tend à nier l'existence de droits collectifs. Elle admet l'égalité des individus devant la loi, mais pas l'égalité des droits collectifs. Cette logique empêche le Canada anglais de comprendre la gravité du problème et l'urgence d'instaurer des réformes.

L'objection la plus fréquente à la thèse de la dualité canadienne fut le multiculturalisme. De nombreux Néo-Canadiens exprimèrent leur crainte de devenir des citoyens de seconde classe si le biculturalisme était institué. Cette réaction se manifestait surtout dans l'Ouest, où la notion de mosaïque culturelle était fréquemment employée pour caractériser le Canada. Pour beaucoup de ces intervenants, la persistance de la langue française en Amérique du Nord était une anomalie. Ils affirmaient qu'il était anormal de parler une autre langue que l'anglais. Ces opinions montraient à quel point le fossé entre les deux communautés pouvait être profond. Le rapport qualifie cette situation de tragique, car les Canadiens anglais sont inconscients des sentiments et des aspirations des Canadiens français. Ils ne comprennent pas pourquoi le renouveau québécois constitue une menace pour le Canada.

Le nouveau Québec ne pouvait plus tolérer le colonialisme économique des anglophones et la sujétion politique entretenue par le rapport majorité-minorité. Contrairement à ce qu'on avait toujours affirmé, l'industrialisation et la modernisation de la société québécoise n'avaient pas favorisé son intégration politique et culturelle. Au contraire, la modernisation avait fait naître de nouvelles élites et de nouvelles aspirations qui rendaient plus vive la concurrence avec les Canadiens anglais et plus aiguës les contradictions de la société canadienne. Les revendications linguistiques et politiques des Québécois mettaient en cause la structure du pouvoir économique, où les francophones étaient absents des postes de responsabilité, de même que la structure du pouvoir politique, où leur statut de minoritaires les privait du contrôle des ressources publiques et des leviers de développement qui leur étaient nécessaires pour assurer la mobilité sociale à laquelle ils aspiraient. Il y avait un écart quasi absolu entre les exigences d'ordre structurel liées au développement et au nouveau dynamisme québécois et la bonne conscience où vivait le reste du Canada. La volonté de libération du Québec risquait d'entraîner une rupture entre les deux sociétés si le Canada anglais se réfugiait dans l'intransigeance et le maintien du statu quo constitutionnel. Le Canada, selon les commissaires, traversait la crise majeure de son histoire, car l'un des deux peuples se sentait écrasé, mal à l'aise et insatisfait à l'intérieur de la Confédération alors que l'autre n'éprouvait nullement le besoin de réformer la Constitution et de modifier ses relations avec l'autre communauté nationale.

Ces contrastes flagrants ont convaincu les commissaires de l'urgence d'agir :

> Tout ce que nous avons vu et entendu nous a convaincus que le Canada traverse la période la plus critique de son histoire depuis la Confédération. Nous croyons qu'il y a crise : c'est l'heure des décisions et des vrais changements ; il en résultera soit la rupture, soit un nouvel agencement des conditions d'existence[6].

Ils concluent qu'il y a crise parce qu'à leur avis la volonté de vivre ensemble est fragile. Le Québec français s'attend à être reconnu comme société distincte et autonome. Il aspire à devenir l'égal partenaire du Canada anglais et désire conclure un nouveau contrat d'association. Le diagnostic des commissaires est sans équivoque :

> Il ne s'agit plus selon nous du conflit traditionnel entre une majorité et une minorité. C'est plutôt un conflit entre deux majorités : le groupe majoritaire au Canada et le groupe majoritaire au Québec[7].

Ils sont persuadés que ce conflit ne pourra être résolu que par des réformes de structures qui impliquent une redistribution des pouvoirs politiques et pas seulement par la reconnaissance de droits individuels. Ils estiment que la survie du Canada ne peut être fondée que sur une association réelle qui reconnaisse l'égalité entre le Québec et le Canada. Ils lancent un appel aux gouvernements pour qu'ils négocient en ce sens.

Le *Rapport préliminaire* fut un succès de librairie. En 24 heures, il s'en vendit plus de 5 000 exemplaires. Il suscita des réactions contradictoires à travers le Canada et atteignit l'objectif visé par Laurendeau qui espérait ainsi éveiller le Canada anglais par un électrochoc. Si le premier ministre du Québec approuva le diagnostic posé par la

Commission, ses collègues Manning de l'Alberta, Bennett de la Colombie-Britannique et Robichaud du Nouveau-Brunswick se déclarèrent en désaccord avec les conclusions du Rapport qui étaient à leur avis inutilement alarmistes et ne donnaient pas une juste idée de la réalité canadienne. L'ex-premier ministre John Diefenbaker commenta en ces termes la publication du Rapport : « C'est un recueil de généralités et de platitudes qui n'offre aucune solution[8]. » Les adversaires de la Commission lui reprochaient de ne pas contribuer à l'harmonie canadienne, d'exagérer les antagonismes entre le Québec et le Canada et en plus de coûter très cher aux contribuables. Ces divergences d'opinions se manifestèrent aussi dans les grands journaux. Si les quatre journaux du Québec étaient unanimement favorables aux conclusions du Rapport, à l'inverse, l'ensemble des quotidiens de l'Ontario se montraient défavorables. Le constat de crise dans les rapports entre francophones et anglophones heurtait la bonne conscience de nombreux Canadiens.

Mais la critique la mieux articulée viendra du Québec et sera élaborée par le Comité pour une politique fonctionnelle composé d'Albert Breton, de Claude Bruneau, de Yvon Gauthier m.d., de Marc Lalonde et de Maurice Pinard[9]. La revue *Cité Libre* publiera leur manifeste intitulé « Bizarre algèbre » dans son numéro de décembre 1965. Les auteurs du manifeste mettent en cause les méthodes et les hypothèses de travail adoptées par la Commission qui sont, pour les signataires du texte, naïves et confuses et qui « risquent d'introduire dans le circuit des idées et dans l'organisation sociale elle-même des principes corrosifs, mal mûris et que de toute façon le Rapport ne justifie pas »[10]. Ils reprochent en particulier aux membres de la Commission de vouloir repenser les structures constitutionnelles du pays ce qui, disent-ils, n'est pas nécessaire et n'est pas explicitement prévu dans le mandat. La Commission a eu tort d'adopter une interprétation extensive de son mandat. Elle aurait dû se restreindre à faire enquête et à faire des recommandations sur l'application des langues officielles dans l'administration fédérale. Ils reprennent essentiellement l'argumentation présentée par P.E. Trudeau lors de l'audience préliminaire qui avait eu lieu à Ottawa les 7 et 8 novembre 1963. Ils rejettent l'idée de l'égalité entre les deux peuples fondateurs, car l'égalité au niveau des droits collectifs est, disent-ils, « étrangère à notre pensée juridique et à nos formes politiques... Encore une fois, la science politique connaît bien l'idée d'égalité entre les individus à l'intérieur d'un même État ; mais l'idée d'égalité entre les peuples est à la base même du concept de souveraineté nationale et on aurait aimé savoir comment la Commission entend interpréter son mandat sans être amenée nécessairement à préconiser la division du Canada en deux États nationaux » [11].

Ils s'attaquaient à la crédibilité de l'analyse contenue dans le *Rapport préliminaire* en disqualifiant la méthodologie employée, qui relevait plus du journalisme de témoignage que de l'analyse objective et rigoureuse. La méthode privilégiée par la Commission était inacceptable parce qu'elle ne s'appuyait pas sur un échantillon systématique et que rien ne pouvait démontrer que les groupes rencontrés et les témoignages entendus reflétaient réellement l'état de l'opinion.

Les auteurs affirmaient que les commissaires avaient une perception biaisée de la réalité québécoise, tout particulièrement lorsqu'ils écrivaient dans le Rapport que l'idée d'émancipation était centrale chez tous les Québécois. C'était là pour eux une interprétation tendancieuse car d'une part les masses ouvrières et paysannes avaient peu participé aux séances régionales et d'autre part les questions posées tendaient à marginaliser les partisans du statu quo constitutionnel parce qu'elles posaient comme prémisse la nécessité du changement. Ils contestaient enfin le diagnostic de crise. Cette conclusion, à leur avis, avait été posée avant même le début de l'enquête, ce qui faussait la perspective. Ils mettaient en doute l'impartialité de la Commission qui, à leur avis, est intoxiquée par la pensée des nationalistes canadiens-français : « On croirait lire une thèse de maîtrise présentant une analyse de contenu d'une collection de *L'Action nationale* » [12]. Cette ironie s'adressait tout particulièrement à André Laurendeau et visait à miner sa crédibilité et son autorité morale au Canada anglais. Ils rejettent l'idée de crise qui n'est à leurs yeux qu'une fiction entretenue par la littérature nationaliste. Ce n'est qu'une affirmation gratuite. S'il n'y a pas crise, il n'est donc pas nécessaire de changer la Constitution pour répondre aux menaces d'une poignée de séparatistes. Il suffit d'introduire des ajustements fonctionnels dans le système par des réformes partielles et progressives qui institutionnaliseront le bilinguisme dans la fonction publique et dans les services offerts par le gouvernement fédéral. Il n'était nullement question de remettre en cause la structure des pouvoirs en faveur du Québec pour sauver une unité nationale qui n'était pas vraiment menacée. Puisque la source du problème était le Québec, il s'agissait d'amener les Québécois à s'identifier au fédéralisme par des réformes symboliques et en leur offrant la possibilité de participer pleinement à la gestion des affaires canadiennes.

L'entreprise de sensibilisation aux revendications québécoises amorcée par Laurendeau allait être contrebalancée et court-circuitée par l'entrée en scène des trois colombes : Pelletier, Marchand et Trudeau, qui furent élus le 8 novembre 1965. Ils avaient accepté d'œuvrer au sein du Parti libéral parce que seul ce parti pouvait leur ouvrir les portes du pouvoir et leur permettre d'appliquer leur programme de politique fonctionnelle. Ils voulaient aussi rétablir l'équilibre dans le rapport de force car, disent-ils, avec la Révolution tranquille « le Québec est devenu fort et l'État central s'est affaibli » [13]. Conscients du vacuum politique sur la scène fédérale, ils veulent renforcer l'État fédéral pour contrer l'offensive des nationalistes québécois. Ils estiment que « la façon la plus efficace de guérir l'aliénation nationaliste, c'est d'instaurer un régime meilleur. C'est à cela aussi que nous voulons nous employer » [14].

Cet engagement politique signifiait qu'il y avait des intellectuels québécois qui rejetaient le nationalisme et qui étaient prêts à mettre les intérêts du Canada au-dessus de ceux du Québec et pour ce faire à renforcer le pouvoir de l'État fédéral. La division des élites québécoises permettait de faire l'économie de réformes structurelles, ce qui représentait une solution inespérée pour le Canada anglais qui eut l'intelligence politique de laisser à des francophones la tâche d'éroder la force de négociation du Québec. Trudeau mobilisa à son profit l'identité et la solidarité générées par le nouveau nationalisme québécois et il utilisa cette force de soutien pour s'imposer comme sauveur du fédéralisme canadien.

Après la publication du *Rapport préliminaire*, il y eut un changement de cap méthodologique et idéologique dans les travaux de la Commission. Jusque-là toute l'attention et l'énergie des commissaires avaient été accaparées par les rencontres régionales qui devaient leur permettre de prendre le pouls de l'opinion canadienne, de poser un diagnostic et d'identifier les causes du problème. Ils vécurent très intensément cette expérience de socialisation à la réalité canadienne, au point d'oublier l'existence de l'autre volet de la Commission : la recherche, qui s'était développée indépendamment des réflexions et de la problématique des commissaires. En effet, la première rencontre officielle de la Commission avec les responsables de l'équipe de recherche n'eut lieu que le 2 février 1965. On se rendit compte alors que le programme de recherche avait pris des proportions gigantesques et qu'il ne pourrait être terminé qu'en 1969. Les commissaires étaient prisonniers d'une démarche qui les dépassait. Ils se retrouvaient en situation de dépendance, autant sur le plan intellectuel qu'organisationnel. Ils avaient perdu le contrôle de l'élaboration du rapport final car ils étaient à la remorque de l'équipe de recherche.

L'arrimage entre la recherche et la Commission fut difficile, non seulement pour des raisons de calendrier mais aussi pour des raisons psychologiques. Les commissaires étaient plus à l'aise avec les témoignages qu'ils avaient recueillis pour rédiger le *Rapport préliminaire*. Leurs analyses reposaient sur des opinions, sur des perceptions subjectives du Canada, ce que les critiques leur avaient d'ailleurs reproché. Ils devaient maintenant s'ajuster au langage et à la procédure scientifiques qui ne leur étaient pas familiers, ce qui les rendait encore plus dépendants des universitaires de renom qui travaillaient pour la Commission. Les chercheurs prirent donc de l'ascendant sur les commissaires en faisant valoir la nature objective et scientifique de leurs données, ce qui eut pour effet de relativiser l'approche impressionniste qui avait prévalu jusqu'alors à la Commission.

Les commissaires avaient recruté les meilleurs professeurs d'université de l'époque. Ils furent éblouis par leur éducation, la qualité de leur travail, par la sérénité de ces gens qui travaillaient en dehors des préoccupations politiques et par l'apparente certitude qu'on pouvait tirer de leurs travaux. Ils décidèrent donc de se répartir dans les diverses équipes de recherche afin de suivre de plus près l'évolution des travaux, ce qui accrut davantage l'autorité morale des spécialistes. En définitive, on peut dire que dans la suite des travaux de la Commission, les chercheurs ont eu une influence déterminante sur le contenu du Rapport.

La ventilation du budget des quatre premières années de la Commission montre l'importance réservée à la recherche :

Budget de la Commission réparti
selon les principaux postes [15].

	Commissaires		Secrétariat		Recherche	
	$	%	$	%	$	%
1963-64	75 000	27	170 000	64	25 000	9
1964-65	170 000	9	430 000	25	1 150 000	66
1965-66	150 000	7	500 000	23	1 600 000	70
1966-67	150 000	15	500 000	40	550 000	45

Laurendeau estimait que le coût total de la Commission serait de sept millions de dollars, ce qui n'était pas excessif à son avis car cette somme ne représentait que 0,01 p. 100 du budget annuel du gouvernement central. De plus, ces dépenses étaient justifiées, car elles étaient investies dans la recherche sur des sujets qui n'avaient à peu près jamais été étudiés au Canada et qui pouvaient s'avérer déterminants pour l'avenir du pays.

En raison de son budget imposant et des délais qu'elle entraînait, la recherche fit l'objet de nombreuses questions et critiques à la Chambre des communes où les conservateurs prenaient prétexte des moindres erreurs ou maladresses pour attaquer la Commission qui, à leur avis, ne servait qu'à accroître les dissensions dans le pays. Les députés mirent aussi en cause les honoraires touchés par les commissaires, montants qu'ils jugeaient disproportionnés par rapport aux services rendus [16]. Ainsi Laurendeau, au 15 mars 1967, avait touché 74 000 $ en honoraires et 13 903,40 $ en frais de voyage [17]. Chaque commissaire recevait environ 15 000 $ par année. Le premier ministre était sensible aux critiques de l'opposition car elles créaient une mauvaise impression dans l'opinion publique et pouvaient jeter un discrédit sur l'impartialité des commissaires. Mais à l'exception de demandes d'informations, il se gardait bien d'intervenir dans le travail de la Commission. D'après Léon Dion, « il n'y a pas eu d'intervention politique extérieure sur la Commission tant que Laurendeau a vécu. Les pressions politiques ont commencé à se faire sentir quand Jean Louis Gagnon est devenu coprésident » [18]. Le seul accrochage entre le gouvernement et la Commission eut lieu au sujet d'un sondage effectué auprès des députés sur la dualité culturelle à la Chambre des communes. À la suite d'une question que posèrent en

Chambre les députés Korchinski et Mandziuk, le premier ministre blâma publiquement la Commission pour l'impertinence des questions posées. Les coprésidents répondirent à cette critique par une lettre publique dans laquelle ils rappelaient que la Commission était indépendante du gouvernement et qu'en conséquence elle était maîtresse de sa démarche et de sa méthode de travail.

Si les commissaires ne pouvaient publiquement se désolidariser de leur équipe de recherche, ils n'en blâmèrent pas moins le directeur de la recherche, M. Oliver, car l'administration de ce questionnaire aux députés n'avaient pas été approuvée par la Commission. L'affaire du sondage des députés révéla le manque de contact et de consultation entre la Commission et son service de recherche, qui prenait des initiatives sans avoir reçu d'autorisation. Madame Laing dénonça à cette occasion le contrôle qu'exerçaient les universitaires sur la politique de recherche et se déclara indignée par l'attitude des chercheurs qui auraient même refusé de lui faire lire le questionnaire [19]. M. Oliver, pour clore l'incident, reconnut qu'il avait commis une erreur de jugement et il s'engagea à faire approuver tous les questionnaires par les membres de la Commission.

La langue de travail utilisée à la Commission fut aussi l'objet d'une controverse, au sein de l'équipe de recherche cette fois-ci. En théorie, l'anglais et le français devaient être utilisés comme langues de travail à la Commission. Cette exigence était une première dans l'histoire des commissions royales d'enquête au Canada, où l'anglais avait jusqu'alors été la règle dans les délibérations des commissaires. Cette fois-ci, étant donné l'objet même de l'enquête, il fallait prêcher par l'exemple et illustrer concrètement l'idéal de bilinguisme que la Commission voulait instaurer dans la fonction publique fédérale.

Tous les commissaires étaient bilingues et dans les délibérations chacun utilisait la langue de son choix. Aussi, lorsque Dunton s'exprimait en français, Laurendeau lui répondait en anglais. S'il y avait partage équitable au niveau des commissaires, tel ne fut pas le cas au niveau des communications de régie interne et dans l'équipe de recherche. La bonne volonté ne suffit pas toujours à rendre la réalité conforme aux principes. Ainsi nous avons pu constater, en dépouillant les archives André Laurendeau, que les communications de régie interne étaient, dans une très large mesure, rédigées en anglais. De plus des tensions linguistiques et méthodologiques viendront ternir l'image d'harmonie et de bonne entente que voulait projeter la

Commission. À une échelle réduite, la Commission vivra en février et mars 1966 l'expérience concrète de la crise canadienne à l'occasion d'un conflit entre les chercheurs francophones et les chercheurs anglophones.

Même si on avait bien pris soin d'embaucher un nombre équivalent de chercheurs juniors francophones (50) et de chercheurs juniors anglophones (57)[20], le recrutement des responsables de recherche francophones avait été difficile car peu de chercheurs du Québec avaient l'expérience de la direction de recherche et il y en avait encore moins qui étaient prêts à s'installer à Ottawa pour deux ou trois ans, de sorte que la Commission avait été forcée d'engager des directeurs de recherche ou des consultants anglophones qui, pour la plupart, ne parlaient pas le français ou le parlaient très peu[21]. Ces choix étaient déterminants pour la langue de travail des équipes de recherche qui dépendait de la langue parlée par le responsable de la recherche. Ainsi toutes les discussions lors des rencontres et des séminaires de recherche se faisaient en anglais à l'exception de l'équipe sur la culture dirigée par Jean-Éthier Blais où le travail se faisait en français. Mais aux dires de Léon Dion, elle ne fut pas la plus productive[22].

Dans un tel contexte, les chercheurs francophones se plaignaient de servir de traducteurs et d'être en voie d'anglicisation. Les anglophones pour leur part accusaient leurs collègues francophones de fausser consciemment les résultats de la recherche. Les deux groupes se reprochaient mutuellement de pratiquer le favoritisme dans le recrutement du personnel[23]. Même si ces escarmouches verbales n'eurent pas de suites, elles étaient prémonitoires et annonçaient les irritations et les frustrations qu'allait provoquer l'application de la politique du bilinguisme dans la fonction publique.

Ce conflit attira l'attention de la presse qui en profita pour critiquer la lenteur des travaux de la Commission, qui était à l'œuvre depuis presque trois ans. La presse anglophone se montrait de plus en plus agressive et négative envers la Commission et ces critiques agaçaient le gouvernement. Lester B. Pearson se montrait de plus en plus impatient devant la lenteur des travaux et pressait les coprésidents d'accélérer la cadence car il voulait disposer des recommandations de la Commission pour faire adopter la politique du bilinguisme à l'occasion des célébrations du Centenaire du Canada[24].

Cette querelle linguistique n'était que la partie visible de divergences beaucoup plus fondamentales qui auront des incidences déterminantes sur le contenu du rapport final de la Commission. Selon Léon Dion, il y avait deux conceptions différentes de la recherche qui s'affrontaient, l'une qu'on pourrait qualifier de pragmatique et l'autre d'analytique. Ces deux écoles de pensée se manifesteront lorsque les commissaires discuteront de la forme que devait prendre le rapport final. Devait-on s'orienter vers la rédaction d'un seul rapport présentant des recommandations générales ou devait-on au contraire publier une série de volumes, chacun présentant un aspect de la situation? Cette question d'apparence anodine et technique mettait en jeu deux stratégies différentes d'intervention et de changement. De ce choix dépendait en fait la réponse que la Commission apporterait à la crise canadienne.

Dans l'esprit de Laurendeau et en conformité avec la démarche annoncée dans le *Rapport préliminaire*, le rapport final devait être un rapport général, synthétique, exposant les principes de base qui devaient régir le développement du Canada dans la perspective de « l'equal partnership ». Il devait aborder en premier lieu la question du rapport entre le Québec et le reste du Canada. Laurendeau, Dion, Lacoste et Laing étaient partisans de la conception verticale ou française du rapport, qui consistait à définir le cadre d'analyse et ses concepts fondamentaux de dualité et d'égalité, biculturalisme et bilinguisme, pour ensuite les rendre opérationnels et évaluer leur impact sur différents aspects du mandat comme la politique des langues officielles, l'éducation, l'armée, le monde du travail, etc. Autrement dit, il fallait d'abord produire un cadre de référence, un point de vue global qui encadrerait par la suite les différents secteurs de la recherche. On ne pouvait présenter les parties sans d'abord s'entendre sur le tout. Le général devait précéder le particulier.

L'autre conception qualifiée d'anglo-saxonne ou d'horizontale consistait à présenter séparément chacun des aspects du problème, à rédiger une série de livres portant sur les langues officielles, l'éducation, le monde du travail, la capitale nationale, etc., et de ne présenter qu'à la fin les principes, les concepts et les recommandations générales. Selon cette approche, les dimensions politiques et constitutionnelles du problème ne devaient être abordées que dans le dernier livre, ce qui avait pour effet de marginaliser la question du Québec et de mettre l'emphase sur le rôle protecteur que le gouvernement fédéral devait jouer envers les minorités. Ce point de vue était soutenu principalement par Frank Scott, M. Oliver, le père Cormier, J.L. Gagnon, Rudnyckyi et Wyczynski.

Scott et Oliver formaient un tandem efficace à l'intérieur de la Commission car ils se connaissaient depuis longtemps, Scott ayant été le professeur d'Oliver. Ils partageaient aussi les mêmes allégeances partisanes envers le N.P.D. et la même vision centralisatrice du Canada. Ils constitueront le principal pôle d'influence à la Commission, l'autre étant regroupé autour de Laurendeau qui ne pouvait cependant exercer le leadership dans les discussions car il était entravé par son rôle de coprésident. Laurendeau exerçait surtout son influence par les conversations intimes à l'extérieur des réunions. Il intervenait très peu dans les délibérations des commissaires.

La Commission décida donc d'adopter la conception horizontale et de publier une série de rapports basés sur les travaux de recherche, sans les relier les uns aux autres par un cadre général ou une nouvelle philosophie des relations entre les deux peuples fondateurs. Selon Léon Dion cette décision fut la grande défaite de Laurendeau. Celui-ci savait qu'il serait impossible de revenir à la fin sur les concepts de dualité et d'égalité. Les dés étaient jetés ; la Commission venait de changer de cap. L'adoption d'un format descriptif pour la rédaction du rapport final évacuait les revendications du Québec et accordait la priorité aux droits des minorités et à l'égalité des individus. Il serait désormais impossible à la Commission de faire des recommandations sur les droits collectifs et sur la reconnaissance institutionnelle de l'existence de deux majorités. Cette orientation consommait l'échec de Laurendeau qui estimait que le statut politique du Québec était au cœur de la crise canadienne. La dynamique des rapports de force au sein de la Commission avait progressivement détourné l'attention des problèmes constitutionnels, qui avaient pourtant été reconnus comme faisant partie du mandat de la Commission[25]. Ce détournement de finalité fut amené par F. Scott et M. Oliver qui n'associaient pas l'equal partnership à l'accroissement des pouvoirs du Québec.

Laurendeau fut victime de la dynamique des compromis, qui est inhérente à tout processus de négociation informelle dans un groupe restreint qui fonctionne selon la règle du consensus. Le dialogue mène nécessairement aux concessions et lorsque le niveau des exigences n'est pas assez élevé, le statu quo a plus de chance de s'imposer que le changement, surtout lorsqu'il est question de modifier la structure du pouvoir. Il en résulte toujours une dilution des exigences initiales. Cet engrenage a édulcoré les idées-forces qui avaient motivé Laurendeau à accepter la coprésidence de cette Commission d'enquête. Ainsi, au cours des discussions, l'égalité entre les deux peuples se changea en égalité des langues en fonction de l'égalité des chances des individus. On gomma progressivement les revendications du Québec pour se concentrer sur les problèmes des minorités canadiennes-françaises hors du Québec. On abandonna aussi la conception du Québec comme État national des Canadiens français pour reconnaître à l'État fédéral une responsabilité dans la défense du français. Enfin, la notion de biculturalisme qui impliquait la coexistence de deux sociétés distinctes fut marginalisée pour laisser plus de place aux aspirations des autres groupes ethniques. En échange, on décida de consacrer l'avant-propos du livre I, qui portait sur la politique des langues officielles, à un essai de définition des concepts clefs qui avaient balisé le travail de la Commission. Ce texte est une version schématique de ce qu'aurait été le Rapport final si la conception verticale avait été acceptée. Il contient en quelque sorte le testament politique de Laurendeau qui en assuma la conception et la rédaction préliminaire durant l'été 1966. On prit bien soin de distinguer ce texte du reste du rapport en le publiant sur des pages bleues.

L'écriture collective est un processus long et complexe, qui nécessite de nombreux ajustements afin de niveler les divergences de points de vue et d'arriver à un consensus. Le résultat final est un amalgame de concessions qui dessinent les limites de la pensée commune. Dans cette mise en commun des minima, l'accord sur l'ensemble n'implique pas forcément l'accord sur toutes les parties. La Commission avait à cet égard adopté des règles de procédures précises [26]. Ainsi tout membre qui ne pouvait se rallier à une décision majoritaire de la Commission pouvait enregistrer sa dissidence au procès-verbal. Toutefois, si une décision devait être rendue publique ou donner naissance à un document public, les dissidences ne devaient pas être mentionnées et les dissidents n'étaient pas autorisés à faire connaître leur désaccord au public. Compte tenu de ces contraintes, il est difficile d'isoler dans une telle œuvre l'apport de chacun des participants. C'est par recoupements avec des thèses exprimées antérieurement et à l'aide des comptes rendus de réunions que nous avons pu dégager des rapports de la Commission les principales positions d'André Laurendeau.

Nous nous concentrerons en particulier sur le tome I du rapport final traitant de la politique des langues officielles car ce fut la seule partie du rapport qui fut publiée du vivant de Laurendeau. La Commission décida de publier d'abord ses travaux sur la question linguistique, non pas parce que les commissaires jugeaient cette question plus importante que les autres mais parce qu'ils étaient plus avancés dans leurs réflexions sur ce sujet et qu'il leur fallait livrer rapidement la marchandise. Nous examinerons aussi la contribution de Laurendeau à la rédaction du tome III qui analyse les dimensions économiques et sociales des rapports ethniques au Canada. À l'origine, ce livre devait paraître après le rapport sur les langues officielles mais, pour des raisons politiques, on retarda sa publication et on le remplaça par le livre sur l'éducation. Les autres volets du rapport final traitaient de l'apport des autres groupes ethniques, de la capitale fédérale et des associations volontaires. Mais le dernier livre qui devait regrouper les conclusions générales de la Commission et aborder les grandes questions constitutionnelles relatives à l'avenir des deux sociétés ne vit jamais le jour.

Dans l'esprit de Laurendeau, le bilinguisme ne signifiait pas que tous les individus devaient nécessairement parler deux langues. Il devait exister institutionnellement dans les situations où deux groupes de langues différentes devaient entrer en interaction.

La philosophie du bilinguisme fut longuement débattue à la Commission. Certains, comme Frank Scott, s'opposaient à la thèse de Laurendeau qui faisait de l'unilinguisme la condition du bilinguisme. Laurendeau soutenait qu'un bilinguisme réel et équitable impliquait nécessairement deux forts unilinguismes car autrement le poids du bilinguisme ne serait porté que par la minorité francophone ; « si les Canadiens veulent que le pays continue à exister, il est normal que le poids principal du bilinguisme soit porté par la majorité »[27]. Cette position impliquait une forme de séparation linguistique. Il fallait donc favoriser le bilinguisme des institutions et l'unilinguisme des individus et ainsi assurer à chacune des deux langues « les moyens de vivre ». Cette philosophie s'exprima ainsi dans le rapport :

> Un pays bilingue n'est pas un pays dont tous les habitants doivent nécessairement parler deux langues ; c'est un pays dont les principales institutions, tant publiques que privées, doivent dispenser leurs services dans les deux langues, à des citoyens qui peuvent fort bien dans l'immense majorité être des unilingues[28].

Chez Laurendeau, il n'y a pas de mystique du bilinguisme, qui n'est considéré que comme un moyen fonctionnel de faciliter les rapports entre les citoyens et les institutions. Ce qui compte surtout pour lui, c'est d'assurer l'existence de deux cultures distinctes au Canada et, à cet égard, le bilinguisme n'est qu'une condition parmi d'autres et elle n'est certes pas la plus déterminante.

Les chances de vie et d'épanouissement d'une culture dépendent du degré d'utilisation de la langue dans la vie quotidienne. Lorsque les membres d'un groupe culturel doivent recourir à une autre langue pour exprimer les réalités de la vie quotidienne, ce groupe est alors en voie d'assimilation. Cela peut être une conséquence du bilinguisme généralisé. Pour éviter cet étiolement de la personnalité culturelle d'un peuple, il faut que le biculturalisme soit un préalable au bilinguisme, c'est-à-dire qu'il faut assurer que les deux cultures s'incarnent dans des sociétés distinctes et qu'elles le restent. Pour Laurendeau, il y avait coïncidence entre la culture française et la société québécoise :

> Les deux cultures dominantes, nous l'avons déjà noté, s'incarnent au Canada dans des sociétés distinctes. Le mot « société », dirions-nous, désigne ici, « les formes d'organisation et les institutions qu'une population assez nombreuse, animée par la même culture, s'est données et a reçues, dont elle dispose librement sur un territoire assez vaste et où elle vit de façon homogène selon des normes et des règles de conduite qui lui sont communes. Et nous avons reconnu dans le Québec les principaux éléments d'une société francophone distincte [29].

Assurer l'égalité des chances des francophones et des anglophones sur le plan professionnel, dans l'armée, dans la fonction publique, devant les tribunaux, etc., ne sera pas suffisant pour répondre aux besoins d'épanouissement de la société québécoise, d'une part parce que la langue et la culture sont des phénomènes collectifs et non pas seulement individuels et d'autre part parce que le problème linguistique comporte d'importantes dimensions politiques. Le bilinguisme ne pourra pas à lui seul résoudre la crise canadienne car « il y a d'autres conditions également vitales du maintien et du progrès des cultures anglaises et françaises au Canada »[30]. L'égalité des individus, l'égalité des langues et des cultures, doit être complétée par l'égalité politique. Cette dimension de l'égalité entre les deux cultures est ainsi définie :

> C'est la faculté laissée à chacune de choisir ses propres institutions ou du moins de participer pleinement aux décisions politiques prises dans les

cadres partagés avec l'autre communauté... Il ne s'agit plus de développement culturel et de l'épanouissement des individus, mais du degré d'autodétermination dont dispose une société par rapport à l'autre [il s'agit] de la maîtrise plus ou moins complète de chacune sur les gouvernements qui la régissent [31].

Cette dimension politique de l'égalité s'applique exclusivement au Québec, « qui n'est pas une province comme les autres »[32] parce que quatre francophones sur cinq au Canada y vivent. Les francophones étant en majorité au Québec, il est normal que cette province exerce le leadership pour la promotion de la langue et de la culture françaises au Canada. Puisque la situation de fait reconnaissait l'existence de deux majorités au Canada, Laurendeau souhaitait que l'avenir de leurs relations se fonde sur une association entre partenaires égaux. À cet égard, l'analyse de la situation et les suggestions proposées dans les pages bleues ne sont pas très éloignées de la thèse des États associés ou encore de la formule de souveraineté-association préconisée par René Lévesque dans *Option Québec*. Il fallait déterminer un nouvel équilibre constitutionnel qui puisse concilier le désir d'autonomie du Québec avec le maintien du lien fédéral. Mais cet objectif fondamental ne faisait pas l'objet des recommandations du livre I consacré à l'égalité linguistique.

En plus de l'introduction générale, le rapport comprend deux parties : la première établissant les fondements démographiques et juridiques du bilinguisme au Canada et l'autre définissant les moyens à prendre pour instaurer un régime d'égalité linguistique à travers le pays. La Commission propose au gouvernement fédéral d'adopter un nouveau statut des langues officielles et de modifier l'article 133 de la Constitution pour reconnaître le français et l'anglais comme langues officielles : « Que le français et l'anglais soient déclarés langues officielles du Parlement du Canada, des tribunaux fédéraux, du gouvernement fédéral et de l'administration fédérale ». Pour assurer l'efficacité de cette loi sur les langues officielles, la Commission propose de créer un poste de commissaire aux langues officielles qui sera chargé de veiller au respect de la loi.

La deuxième modification constitutionnelle proposée par la Commission consiste à ajouter un alinéa à l'article 93 de l'A.A.B.N. se lisant comme suit :

Chaque province établira et soutiendra des écoles primaires et secondaires utilisant l'anglais comme unique langue d'enseignement et des écoles primaires et secondaires utilisant le français comme unique langue d'enseignement dans les districts bilingues et autres régions appropriées que déterminera la législation provinciale...

L'institution de districts bilingues était la pierre angulaire de l'égalité linguistique et l'application de cette mesure supposait la collaboration des gouvernements provinciaux puisque l'éducation était de leur juridiction. La Commission repousse ainsi l'idée de confier au gouvernement fédéral la responsabilité de l'éducation des minorités. Le district bilingue n'est ni une nouvelle compétence ni une nouvelle structure administrative, c'est un espace géographique où une minorité officielle est assez nombreuse (10 p. 100 de la population) pour justifier l'obtention des services dans l'une ou l'autre des deux langues officielles. Dans les districts bilingues, les deux langues officielles pourront être utilisées devant les tribunaux de première instance, dans les rapports avec les services administratifs de tous les niveaux de gouvernement et dans l'enseignement, «l'étendue des services variant selon les moyens pédagogiques et financiers.» La Commission proposait la création de 34 districts bilingues à travers le pays et insistait pour que la région de la capitale nationale devienne un modèle de district bilingue.

La Commission recommande aussi aux provinces de l'Ontario et du Nouveau-Brunswick de déclarer d'elles-mêmes qu'elles reconnaissent le français et l'anglais comme langues officielles et que, tout comme pour le Québec, ce bilinguisme soit inscrit dans la Constitution. Dans les provinces officiellement bilingues et dans celles qui choisiraient plus tard de le devenir, le bilinguisme devait comprendre les éléments suivants : légalisation de l'usage des deux langues au Parlement, dans l'administration, devant les tribunaux, et établissement progressif de deux systèmes scolaires parallèles pour les deux groupes linguistiques. Il s'agissait en quelque sorte d'étendre à ces deux provinces le régime linguistique qui existait au Québec.

Cette première tranche du Rapport s'adressait d'abord au Canada anglais à qui il proposait des solutions souples, non contraignantes et simples à appliquer. On faisait appel à la générosité, à la bonne entente et à l'esprit de coopération du Canada anglais, qui pouvait ainsi faire un pas dans la voie de la justice envers la minorité francophone et réduire les tensions entre les deux peuples fondateurs. Mais cet espoir des commissaires ne fut que partiellement réalisé. Si cette réforme ne répondait qu'aux exigences minimales des Canadiens français, elle représentait des concessions extrêmes pour le Canada anglais, de sorte que les districts bilingues ne virent jamais le jour. Jusqu'à présent, l'Ontario a toujours refusé de se déclarer officiellement bilingue et a préféré adopter une approche pragmatique en offrant des services sans jamais reconnaître de droits. Laurendeau pensait que, si une province anglophone avait le droit de refuser le bilinguisme, le Québec devait avoir aussi le droit de se déclarer unilingue français [33]. Le respect de l'égalité impliquait la réciprocité. Sa position à cet égard rejoint la proposition de réciprocité offerte par le gouvernement du Québec aux provinces canadiennes lors de la conférence de Saint-Andrew.

Le tome I du rapport final fut publié en décembre 1967 dans un contexte d'effervescence politique. Il suffit, pour rendre l'ambiance, de rappeler quelques événements marquants de l'année du Centenaire, où les fondements de l'État canadien furent fortement ébranlés par la visite du général de Gaulle et sa déclaration « Vive le Québec libre ». La pression qu'exerçait le Québec sur le système canadien avait atteint un maximum d'intensité. Tous les partis politiques du Québec s'entendaient pour remettre en cause le statu quo constitutionel et revendiquer soit un statut particulier avec des pouvoirs accrus pour le Québec, soit l'égalité ou l'indépendance, soit l'indépendance pure et simple. Cette contestation atteignit son paroxysme durant l'automne 1967. René Lévesque préparait son manifeste *Option Québec* et tentait de faire adopter le projet de souveraineté-association par le Parti libéral du Québec [34]. Le Congrès du parti rejette cette option, lui préférant la revendication « d'un statut particulier très accentué dans un fédéralisme renouvelé »[35]. Lévesque est forcé de quitter le Parti libéral et lance le mouvement souveraineté-association.

Les États généraux du Canada français se réunissent sous la présidence de Jacques Yvan Morin du 24 au 26 novembre 1967 et décident, au terme de ces assises de la nation canadienne-française, de rejeter le fédéralisme et de réclamer les pleins pouvoirs pour le Québec. Quelques jours plus tard débutait à Toronto une conférence interprovinciale convoquée par le premier ministre ontarien, John Robarts, où les premiers ministres provinciaux devaient discuter de l'avenir de la Confédération. Pendant une trentaine d'heures, sous l'œil des caméras et du public canadien, s'engagera un dialogue sur les problèmes éprouvés par les provinces dans leur rapport à l'État central, en l'absence de représentants officiels du gouvernement fédéral. Daniel Johnson définissait en ces termes la position constitutionnelle du Québec :

> Il s'est passé que le Québec, point d'appui du Canada français, 1) remet en question la structure du pays, 2) demande un nouveau partage des pouvoirs entre les deux ordres de gouvernement et exige, pour le Canada français, la reconnaissance concrète de droits égaux à ceux dont jouit depuis toujours le Canada de langue anglaise [36].

Le Québec à cette conférence fut la seule province à réclamer la rédaction d'une nouvelle constitution, les autres provinces se contentant d'exprimer leur désir d'une meilleure consultation fédérale-provinciale et leurs besoins d'une meilleure distribution des richesses afin de réduire les disparités régionales. Cette conférence ne donna pas de résultats concrets mais elle sensibilisa l'opinion publique aux demandes du Québec et fit monter d'un cran la pression psychologique sur le gouvernement fédéral, qui avait convoqué une conférence constitutionnelle pour le 5 février 1968, conférence qui devait être celle de la dernière chance. Le gouvernement fédéral avait l'intention de proposer aux provinces l'inclusion d'une charte des droits de la personne dans la Constitution et de discuter de la politique des langues officielles et des recommandations de la Commission B.B. Le gouvernement du Québec, quant à lui, espérait obtenir de nouveaux pouvoirs.

Le 15 décembre 1967, Pearson annonce sa démission. La tenue d'un congrès à la chefferie est prévue pour les 4-5 et 6 avril 1968. Ce coup de théâtre aura une influence déterminante sur le cours de l'histoire canadienne. Alors que la tension entre Ottawa et les provinces avait atteint son paroxysme, on allait tenir une conférence constitutionnelle présidée par un homme qui ne serait plus en autorité quelques mois plus tard. Advenant un débordement de l'ordre du jour et un consensus des provinces sur le partage des pouvoirs, le fédéral pouvait se replier et invoquer le prétexte du départ de Pearson pour refuser de faire des concessions qui de toute façon ne sauraient lier le prochain leader du gouvernement. À ce jeu, les risques d'Ottawa étaient nuls et seul le Québec pouvait perdre, d'autant plus que l'effacement volontaire de Pearson allait permettre à un Québécois francophone de se mettre en évidence comme principal obstacle aux prétentions du Québec. P.E. Trudeau utilisa cette tribune publique comme tremplin pour se lancer dans la course à la chefferie du Parti libéral. Même s'il avait connu une certaine notoriété avec le bill omnibus (qui légalisait entre autres l'avortement), il n'était pas considéré avant la conférence d'Ottawa comme un aspirant sérieux à la direction du P.L.C. Il s'imposera à la conférence d'Ottawa comme le champion de l'unité canadienne. Le public canadien assistera à un spectaculaire duel opposant le ministre fédéral de la justice et le premier ministre du Québec.

La position défendue par le Québec avait été exposée à de multiples reprises par Jean Lesage et surtout par Daniel Johnson, qui avait posé clairement les termes de l'alternative dans son livre *Égalité ou indépendance*. Toutefois, jamais avant cette conférence d'Ottawa les enjeux n'avaient été aussi dramatiques pour l'avenir du Québec et du Canada. Aucune des conférences fédérales-provinciales tenues antérieurement n'avait eu cette envergure et cette importance. Il ne s'agissait pas de discuter d'un point particulier comme le logement ou l'assurance-maladie, mais d'amorcer une révision complète de la Constitution. Depuis 1960, les partis traditionnels, poussés par les exigences de la modernisation de l'État et par les pressions des jeunes mouvements indépendantistes, réclamaient une réforme de la Constitution canadienne. On désirait maintenir le lien fédéral à la condition que la nouvelle fédération soit fondée sur le principe de l'égalité entre les deux peuples fondateurs. L'égalité demandée par le Québec allait bien au-delà de l'extension territoriale du bilinguisme et du statut des langues dans l'administration fédérale. Cette égalité était d'abord de nature politique et non pas seulement linguistique, et elle signifiait l'extension des pouvoirs du Québec. Reconnaître de nouveaux droits aux Canadiens français dans l'ensemble du Canada, leur accorder des services en français à l'aéroport de Toronto ou à la poste de Winnipeg, ne réglait en rien le rapport d'inégalité existant entre les deux sociétés. La politique des langues officielles était à la périphérie du problème fondamental de l'égalité des deux nations.

Le gouvernement du Québec se disait prêt à discuter les recommandations de la Commission Laurendeau-Dunton à la condition qu'on tienne compte des principes contenus dans l'introduction générale du tome I où, sous la plume de Laurendeau, les commissaires avaient mis en relief les dimensions politiques de la coexistence des deux peuples. Il n'était donc pas question de dissocier la reconnaissance des droits fondamentaux de la négociation de la réforme constitutionnelle et du partage des pouvoirs. Telle était la substance du mémoire présenté par le Québec à la Conférence d'Ottawa. Pour maintenir le Canada à dix, il fallait construire le Canada à deux.

Laurendeau fut vivement impressionné par la performance de Daniel Johnson dans le débat qui l'opposa à P.E. Trudeau. Les thèses exprimées par Johnson rejoignaient les positions autonomistes qu'il soutenait depuis toujours[37]. Le Canada, à ses yeux, était formé de deux sociétés distinctes mais qui avaient besoin l'une de l'autre pour résister à la puissante attraction de leur voisin américain. Il rappelait fréquemment dans ses éditoriaux qu'il y avait au Canada deux nations et pas seulement deux langues :

> Deux nations : pas seulement deux langues considérées comme moyens d'expression, mais deux cultures, deux milieux sociologiques qui l'un et l'autre doivent politiquement se structurer. Là-dessus se fonde l'autonomie du Québec[38].

Pour réaliser cet idéal de l'égalité, il avait sacrifié sa liberté de journaliste et sa carrière littéraire pour s'engager tout entier dans le travail de la Commission d'enquête. Il espérait aboutir à une nouvelle entente qui donnerait des assises institutionnelles au biculturalisme, qui devait se concrétiser par l'égalité politique des deux peuples fondateurs. Il croyait que son influence morale et intellectuelle, que la force de la raison arriveraient à convaincre le Canada anglais d'accepter les réformes et les changements constitutionnels demandés par le Québec. La Commission devait en quelque sorte servir de modèle et de creuset à la formation d'un Canada fondé sur la coexistence de deux majorités.

Mais ce projet restera inachevé parce qu'il n'était relayé par aucune des forces politiques à l'œuvre sur la scène fédérale. Ce projet a peut-être été victime de la tradition apolitique du nationalisme canadien-français qui, de Bourassa à Groulx et à Laurendeau, a toujours rejeté la logique partisane, lui préférant une relation directe entre le peuple et ses leaders intellectuels. Mais on ne peut faire fi de la dynamique du pouvoir et des jeux de l'arène électorale. L'influence de l'intellectuel ne peut suffire à changer les rapports de force. Elle ne peut rivaliser avec le pouvoir du politicien à moins que l'intellectuel ne descende sur la place publique pour assumer lui-même le pouvoir politique. C'est ce que fera Trudeau pour enrayer l'affirmation des droits politiques du Québec.

À la conférence d'Ottawa, la thèse des deux nations défendue par le Québec fut reçue avec hostilité par le ministre fédéral de la justice qui poussa l'arrogance jusqu'à interpeller le premier ministre du Québec comme s'il n'était qu'un simple député, lui niant ainsi le titre de représentant légitime des francophones. À cette occasion, par son attitude intransigeante et la rigueur de sa dialectique, il s'affirma comme celui qui était capable de mettre le Québec à sa place. Il annonçait la fin de l'ère de la conciliation et la reprise de l'offensive centralisatrice. Trudeau refusait la thèse des deux nations et sa conséquence politique : l'extension des pouvoirs du Québec [39]. À son avis, les droits individuels devaient avoir préséance sur les droits collectifs et il estimait que dans le cadre de la Constitution actuelle les provinces avaient suffisamment de pouvoirs. Les droits de la personne et l'idéal de la société juste exigeaient plutôt un gouvernement central fort qui puisse créer des conditions favorables à l'épanouissement de la personne et au progrès économique. Réduire le chômage, assurer une distribution plus équitable de la richesse, moderniser le système judiciaire, tels étaient les objectifs qui devaient mobiliser les énergies du Canada et baliser la problématique du changement constitutionnel.

Dans cette optique, le problème de l'égalité ne concernait que les individus, qui doivent jouir des mêmes chances et des mêmes services peu importe leur langue, leur origine ethnique ou leur religion. Cette logique inversait la dynamique des négociations fédérales-provinciales, qui avait été centrée depuis le début de la décennie sur le statut politique du Québec. L'État fédéral devait être l'État de tous les Canadiens. Trudeau contestait la légitimité du Québec à se présenter comme le foyer national des Canadiens de langue française. Le Québec était une province comme les autres et ne pouvait prétendre à un statut particulier. Certes les francophones se sentaient aliénés dans le système fédéral parce que leurs droits linguistiques n'avaient pas été reconnus. Mais cette situation d'injustice pouvait être corrigée par une politique de bilinguisme fonctionnel qui assurerait une représentation plus équitable des francophones dans l'appareil d'État fédéral et dans la vie politique canadienne. Trudeau soutenait que « Ce que les Canadiens français veulent, ce sont des garanties à l'égard de leurs droits linguistiques. C'est ça l'égalité des deux nations »[40]. Il n'était pas nécessaire de modifier la structure du pouvoir pour favoriser l'épanouissement des individus. L'égalité juridique suffisait.

Cette logique abstraite occultait la réalité des rapports de force économiques et les dimensions socio-politiques du rapport majorité-minorité. Elle était fausse dans la mesure où elle postulait que la domination économique et politique d'un groupe n'avait pas d'effets structurants. Elle était enfin irréaliste car l'égalité juridique des langues ne s'appliquait qu'au secteur public et ne changeait rien à la place des francophones et du français dans le secteur privé. À cet égard, la position de Trudeau ne respectait ni l'esprit ni les résultats des travaux de la Commission Laurendeau-Dunton, qui soulignait dans le rapport consacré au monde du travail la portée très limitée d'une égalité linguistique qui ne serait pas accompagnée d'une égalité économique :

> En effet, une langue qui n'est pas utilisée dans le monde du travail ne peut à long terme s'épanouir, malgré les dispositions législatives garantissant son emploi dans les services publics, devant les tribunaux et à l'école [41].

Après des études en profondeur, le rapport démontrait, chiffres à l'appui, l'infériorité économique et sociale des francophones qui se retrouvaient au bas de l'échelle des revenus et des occupations, arrivant, par exemple, au 12e rang dans l'échelle des salaires où ils devançaient de justesse les Italiens et les Amérindiens. La minorité anglophone du Québec, quant à elle, occupait une position plus privilégiée que dans le reste du Canada, l'anglophone du Québec jouissant d'un revenu de 30 p. 100 supérieur à celui de l'anglophone du Canada. En outre, la Commission confirmait la sous-représentation des francophones dans les secteurs influents et rentables, ceux-ci n'occupant à Montréal, par exemple, que 17 p. 100 des postes administratifs. Pour Laurendeau, cette infériorité économique devait être attribuée à des facteurs historiques comme la conquête et la discrimination qui en a résulté [42] et qui a créé une situation d'inégalité que la simple reconnaissance de droits individuels sera incapable de corriger. Le destin d'un peuple ne peut dépendre uniquement de garanties constitutionnelles qui ne protègent que les individus, car un peuple n'existe que par les institutions qu'il contrôle et qui structurent son identité et sa culture. Il ne peut, s'il veut se développer, se contenter d'être une minorité soumise aux aléas de la volonté majoritaire. Pour maîtriser son destin, il a besoin de contrôler ses ressources collectives et les leviers de commande politiques.

Les thèses trudeauistes ont été contredites par les faits. Après quinze ans de pouvoir et de politiques libérales, le « French Power » n'a pas réussi à inverser les tendances démographiques, sociales et économiques qui avaient provoqué la crise canadienne. Quinze ans de bilinguisme et de langues officielles n'ont pas empêché les minorités francophones hors du Québec de continuer à s'assimiler. Le nombre des francophones entre 1971 et 1981 dans les autres provinces a baissé en *chiffres absolus*. Le rythme de l'assimilation s'accroît puisque le taux de transfert linguistique des francophones vers la langue anglaise, qui était de 29 p. 100 en 1971, est passé à 32,8 p. 100 en 1981[43].

La présence de francophones au pouvoir à Ottawa n'a pas empêché non plus les disparités régionales de s'accroître et les centres industriels de se concentrer en Ontario au détriment du Québec. Ainsi l'inégalité économique entre le Québec et l'Ontario a persisté, le taux de chômage atteignant des records au Québec et les salaires étant plus faibles qu'en Ontario. Au Québec même, selon les dernières statistiques fédérales, les anglophones ont encore un revenu supérieur aux francophones. L'écart est considérable puisque la ville anglophone qui a le revenu imposable moyen le plus élevé est Hampstead avec 32 809 $, alors que la ville francophone qui a le revenu moyen le plus élevé est Cap Rouge avec seulement 21 714 $[44].

Enfin dans la fonction publique fédérale, où devraient normalement se manifester concrètement les effets de la volonté politique, on peut constater qu'en 1981 les francophones sont encore sous-représentés et qu'il y a une relation inversement proportionnelle entre l'importance des ministères et la proportion de francophones dans les échelons supérieurs. Règle générale, dans les ministères et organismes clefs de l'administration fédérale où se prennent les décisions stratégiques ayant de fortes incidences économiques, les francophones sont fortement sous-représentés et le sont encore plus dans les postes de haute direction. Ainsi en 1980, pour la catégorie de la haute direction, nous étions sous-représentés dans 33 ministères et organismes publics sur un total de 44; pour la catégorie des emplois scientifiques, les francophones étaient sous-représentés dans 41 organismes sur un total de 52, alors que dans la catégorie des emplois de soutien, nous étions sur-représentés dans 35 organismes sur 51[45]. Chaque année, le Commissaire aux langues officielles nous rappelle que le nombre de francophones ne progresse pas dans les postes de responsabilité. Il y a certes aujourd'hui plus de francophones dans la fonction publique fédérale mais ils occupent des postes subalternes qui n'ont pas d'incidences sur les choix politiques de l'administration fédérale.

Laurendeau n'aurait certes pas cautionné la récupération centralisatrice des travaux de la Commission. Il n'aurait pas accepté, comme l'a fait son successeur, le rétrécissement des objectifs et des conclusions de la Commission. Avec la disparition de Laurendeau et l'arrivée de Jean Louis Gagnon à la coprésidence, la politique s'est emparée de la Commission et Trudeau s'en est servi pour légitimer sa politique de bilinguisme. Laurendeau avait investi le meilleur de ses énergies dans cette entreprise de rénovation du fédéralisme canadien et malgré les frustrations et les déceptions éprouvées en cours de route, il continuait d'espérer que l'œuvre entreprise débouche sur une réforme de la Constitution qui renforcerait l'autonomie du Québec. L'autonomie et la décentralisation des pouvoirs avaient toujours été à ses yeux des conditions préalables à toute politique réaliste au Canada, en raison de l'étendue du territoire, de la faible densité de la population et de la diversité des cultures. Dans ce contexte, l'égalité politique était la pierre angulaire du destin du peuple québécois et pouvait seule garantir l'épanouissement individuel et collectif des francophones. Sa façon de définir les conditions de l'égalité pouvait, à la limite, mener à la pleine souveraineté. Mais cette option était pour lui une solution extrême et prématurée. Avant d'en arriver là, il avait voulu tenter loyalement de réformer le système politique canadien. Québécois d'abord, il avait accepté de jouer la carte de la dernière chance en explorant, par une recherche systématique, les avenues d'une nouvelle entente qui donnerait satisfaction aux revendications du Québec tout en maintenant le lien fédéral. Il voulait éviter d'avoir à choisir entre le Québec et le Canada.

Il est disparu trop tôt pour faire le bilan de cette expérience et nous livrer ses conclusions. Il avait pendant cinq ans porté l'angoisse du destin collectif et vécu intensément les tensions et les contradictions du fédéralisme canadien. Il s'était laissé absorber par les responsabilités administratives de la Commission, qui l'obligeaient à vivre en permanence à Ottawa. Il se sentait de plus en plus isolé, obligé de vivre parmi des gens dont il ne partageait ni les valeurs ni les idées et séparé de ceux pour qui il éprouvait des sympathies intellectuelles, la jeunesse et ses amis nationalistes. Le 15 mai 1968, alors qu'il donnait une conférence de presse, il s'affaissa, victime d'une hémorragie cérébrale causée par la rupture d'un anévrisme qui fut attribuée au stress et à la fatigue. Après quinze jours de semi-conscience, il mourut à l'Hôpital général d'Ottawa, le 1er juin 1968.

Un des meilleurs esprits du Canada français disparaissait sans avoir pu achever son œuvre. La cérémonie des adieux fut célébrée à l'église Saint-Viateur d'Outremont, en présence de Pierre Elliot Trudeau, Daniel Johnson et Jean Drapeau. Plus d'un millier de personnes suivit le cortège funèbre. Les anciens des Jeunes-Canada, les membres du Bloc populaire, des lecteurs de *L'Action nationale* et du *Devoir* vinrent rendre un dernier hommage à celui qui avait continué l'œuvre de renaissance nationale amorcée par Bourassa et Groulx et qui avait consacré plus de trente ans de sa vie au destin national des Québécois.

Dunham, 18 août 1983.

NOTES

1. Collection André Laurendeau, 18 août 1965. P2C805, p. 1.
2. *Ibid.*, p. 6.
3. Frank R. SCOTT. *A view of Canada* (Confidential). Collection André Laurendeau 11 août 1965. P2C727.
4. Compte rendu de la réunion des 2 et 3 septembre 1964, p. 12.
5. Rapport préliminaire de la Commission royale d'enquête sur le bilinguisme et le biculturalisme. Ottawa, Imprimeur de la Reine, 1965, p. 84.
6. *Ibid.*, p. 125.
7. *Ibid.*, p. 127.
8. Voir *Le Devoir*, 26 février 1965.
9. Certains membres de ce comité étaient recherchistes pour la Commission.
10. *Cité Libre*, décembre 1965, p. 13.
11. *Ibid.*, p. 14.
12. *Ibid.*, p. 17-18.
13. *Cité libre*, octobre 1965, p. 4.
14. *Ibid.*
15. Collection André Laurendeau. P2C13.
16. Procès-verbal de la réunion du 10 juin 1965.
17. Collection André Laurendeau. Lettre de Neil Morrisson à M. Léo Lafrance, bureau du Conseil privé, 16 mars 1967. P2C19.
18. Entrevue avec Léon Dion, 20 juin 1983.
19. Voir compte rendu de la réunion du 25 avril 1965, p. 6.
20. Voir Collection André Laurendeau. P2C31.

21. C'était tout particulièrement le cas de M. Brownstone qui était responsable de la recherche sur la fonction publique.

22. Entrevue avec Léon Dion, 20 juin 1983.

23. Voir *La Presse*, 1ᵉʳ avril 1966.

24. Voir procès-verbal de la réunion du 14 juin 1965 ainsi que le compte rendu de la réunion des 13-14 et 15 avril 1966.

25. Voir procès-verbal de la 1ʳᵉ réunion du 4 septembre 1963, p. 2.

26. Voir procès-verbal de la réunion des 5 et 6 décembre 1963.

27. Compte rendu de la réunion du 19 novembre 1966, p. 25.

28. Rapport de la Commission d'enquête sur le bilinguisme et le biculturalisme. Ottawa, Imprimeur de la Reine, p. XVIII.

29. *Ibid.*, p. XXIII.

30. *Ibid.*, p. XXVII.

31. *Ibid.*, p. XXXV.

32. *Ibid.*, p. XXXVIII.

33. Voir le compte rendu de la 52ᵉ réunion, 22-23-24 février 1967, p. 59 et de la 60ᵉ réunion les 11-12-13-14 juillet 1967, p. 11.

34. Il avait prévenu Laurendeau de ses intentions.

35. Voir *Le Devoir*, 12 octobre 1967.

36. Gouvernement du Québec. Exposé préliminaire présenté à la conférence sur la « Confédération de demain ». Toronto, 27–30 septembre 1967.

37. Entretien avec Yves Laurendeau, le 16 août 1983.

38. André LAURENDEAU, *Le Devoir* (Bloc-notes), 20 juin 1961.

39. Dans l'exposé de politique présenté par le gouvernement fédéral, on ne retrouve pas une seule fois le mot Québec à travers les 49 pages du texte. Il n'y a pas la moindre allusion à la situation particulière du Québec.

40. Trudeau, cité par *le Devoir*, le 7 février 1968.

41. *Le monde du travail*, t. 3 du rapport de la Commission d'enquête sur le bilinguisme et le biculturalisme. Ottawa, Imprimeur de la Reine, 1969, p. 3.

42. Voir compte rendu de la 49ᵉ réunion, 15-16-17 décembre 1966, p. 4.

43. Voir *La Presse*, 27 avril 1983.

44. Voir *La Presse*, 27 mai 1983.

45. Voir rapport annuel de la Commission de la fonction publique, 1980, p. 36–38–41.

COMPOSÉ AUX ATELIERS
GRAPHITI BARBEAU, TREMBLAY INC.
À SAINT-GEORGES-DE-BEAUCE

LITHO CANADA